# DAS GROSSE SCHNAUZER BUCH

## Schnauzer Gestern - Heute - Morgen

Johan Gallant

KYNOS VERLAG MÜRLENBACH

Vor- und Nachsatz:
»Russ Plavia« Originalölgemälde Richard Strebel, 26.02.1899, Sammlung Dr. Fleig

Aus dem Englischen übertragen von:
Walter Schicker, Richterobmann des Pinscher-Schnauzer Klub, 1895 e.V.


Am Remelsbach 30, D-54570 Mürlenbach/Eifel
Telefon: 06594/653, Telefax: 06594/452

ISBN 3-929545-79-9

Gesamtherstellung: Dr. Cantz'sche Druckerei, 73760 Ostfildern-Ruit

# INHALTSVERZEICHNIS

Weitere Dokumente für die Bereiche »Zucht-, Ausstellung und Sport mit dem Hund« können Sie bei der PSK-Geschäftsstelle unter folgender Anschrift anfordern:

PSK-Geschäftsstelle, Barmer Straße 80, 42899 Remscheid
Tel.: 02191 / 54042, Fax: 02191 / 55399
E-mail : <Pinscher-Schnauzer-Klub-Sport@t-online.de>

Körordnung (KO) des Pinscher-Schnauzer Klubs 1895 e.V. (Zum Zeitpunkt der Drucklegung meines Buches befindet sich die Körordnung in einer Phase der grundlegenden Überarbeitung und Ergänzung)

# Danksagung

Mein innigster Dank gilt -

- meiner Frau Edith für ihr kritisches Auge, ihre Ratschläge und Zeichnungen,
- allen Schnauzerliebhabern, die mir spontan Bilder überließen,
- der PSK Geschäftsstelle - früher in Alsdorf und nun in Remscheid - für die umfangreichen Informationen, die Expertenbeiträge der Kynologinnen Terry Ryan und Wendy Volhard, und die Abhandlung des PSK-Sportbeauftragten, Herrn Ludwig Hornsmann. Sie stellen eine Bereicherung meines Buches dar.

Ganz besonderen Dank und aufrichtige Verbundenheit an meinen Freund, den amtierenden PSK - Richterobmann Walter Schicker, an erster Stelle für seine spontane Bereitschaft, das englischsprachige Original ins Deutsche zu übertragen und für die wochenlange mit Sachkenntnis geleistete Arbeit. Es ist für mich eine Ehre, daß Walter Schicker bereit war, nicht nur seine akademische Bildung als Philologe, sondern auch seine Erfahrungen als Richterobmann des PSK in diese Übersetzung einzubringen. Die Arbeit wurde nicht im Rahmen eines bezahlten Auftrages ausgeführt, sondern basiert auf seinem herzhaften Engagement und reinem »Goodwill«, zurückgehend auf seine jahrzehntelangen, umfangreichen Bemühungen um die Pinscher- und Schnauzerrassen.

Dank auch an Frau Gisa Schicker für ihre Gastfreundlichkeit und liebevolle Unterstützung, sowie für das Verständnis, wenn wir Männer unter anderem einen ganzen Sommerurlaub - Stunden, Tage, Wochen und Monate, mühsam von Kapitel zu Kapitel vorankommend - in diese Übersetzung investierten.

# Vorwort

Natürlich, auch ein Vorwort hat eine Vorgeschichte und die begann zu einer ISPU-Tagung. Nach vorausgegangenen offiziellen Gesprächen, Erörterungen und Diskussionen der ISPU-Delegierten, erzählte mir Herr Gallant während der Einnahme des gemeinsamen Abendessens von seinem Buch über Schnauzer, das er bereits in englischer Sprache fertiggestellt habe. Von anderen Schnauzerfreunden hatte Herr Gallant erfahren, daß mein Mann Anglist ist und langsam, höflich und behutsam bat er um meine Vermittlungsdienste, meinen Mann dazu zu bewegen, sein Buch ins Deutsche zu übersetzen. Ich tat dies, und damit war der erste bescheidene Brückenschlag zwischen Südafrika und Deutschland erfolgt, der Beginn freundschaftlicher und familiärer Beziehungen, die allesamt auf den gemeinsamen Interessen am Fortbestand und der Vervollkommnung der Schnauzerrassen beruhen.

Bereits im Sommer desselben Jahres begann die konkrete Arbeit, und über mehrere Wochen saßen die beiden Schnauzerliebhaber beisammen - mein Mann übersetzte und ich hörte interessiert den Diskussionen und Fachgesprächen bis in die tiefe Nacht hinein zu.

Das Buch hat mich deswegen so sehr in Bann geschlagen, weil man hinter jeder Zeile das ehrliche und ernsthafte Bemühen des Autors verspürt, den wahrhaftigen und unverwechselbaren Schnauzer - von seinen ersten Anfängen bis zum heutigen Tage - zu beschreiben. Insgesamt mehr als zehn Jahre mühsamen Zusammentragens, Recherchierens und Ermittelns - selbst private Aufzeichnungen anerkannter Pinscher- und Schnauzerexperten wurden einbezogen - in Kombination mit der Überzeugung des Autors, ausschließlich der Rasse dienen zu wollen, machen dieses Buch für mich so wertvoll.

Es ist das Werk eines Kynologen, der unvoreingenommen und vorbehaltlos bereit ist, sein langjähriges und nachweislich züchterisch erfolgreiches Wissen allen Schnauzerliebhabern zur Verfügung zu stellen, ohne Unangenehmes zu verschweigen oder Warnungen auszusprechen.

So wie die gemeinsame Arbeit an diesem Buch eine gemeinsame Brücke zwischen zwei Familien und zwei Kontinenten schlug, so möge es auch eine weltweit einvernehmliche Plattform für die hochgesteckte und verantwortungsvolle Aufgabe der Erhaltung des so wertvollen Schnauzererbes bieten.

Auf allen Gebieten der Kynologie wünsche ich meinen Freunden, Edith und Johan Gallant, weiterhin so viele Erfolge, Verdienste, die nicht zuletzt in Johans Werk ihren deutlichen Niederschlag gefunden haben.

Gisa Schicker, Melsungen.

# Einleitung

Es war im Jahre 1975, daß ich mich in Bella, eine 6 Monate alte schwarze Riesenschnauzerhündin, verliebte. Sie sollte für die folgenden dreizehn Jahre das Leben mit meiner Familie teilen und uns dabei gleichzeitig auch völlig verändern. Innerhalb weniger Monate wurden meine Frau, meine Kinder und ich schlichtweg Schnauzernarren. Mein Sohn schaffte sich Bles, eine pfeffersalz Mittelschnauzerhündin an, und meine sechsjährige Tochter wurde stolze Besitzerin von Irma la Douce, einer schwarzsilbernen Zwergschnauzerhündin.

Seit meiner Kindheit bin ich nicht mehr ohne Hund gewesen. Die Palette der Rassen reichte vom Zwergspitz bis zu einer Dogue de Bordeaux, aber Bella war einfach etwas Besonderes. Sie öffnete meiner Frau Edith und mir ganz allgemein die Türen in die Kynologie, führte uns zu Hundeausstellungen, auf Übungsplätze und zu Prüfungsveranstaltungen. Sie ist auch verantwortlich dafür, daß ich nun dieses Buch schreibe.

Seit vielen langen Jahren hegen wir eine tiefe Wertschätzung für den Schnauzer. Deswegen möchte ich aber nicht irgendeine andere Rasse herabmindern, dennoch, für uns ist der Schnauzer eben etwas Besonderes. Wir entdeckten sehr früh, daß er vor allem einen ausgeprägten Sinn für Zuverlässigkeit besitzt. Ein Schnauzer ist ein **guter** Hund im wahrsten Sinnes des Wortes.

Was Bella angeht, war es in unserer Familie offensichtlich, daß sie - neben meiner Frau und mir - die Meuteführerin war. Sie hatte die Gabe, einen Streit sofort zu unterbinden. Aber nicht nur die Aufhebung eines Streites zwischen Hunden war ihre Spezialität! Ich erinnere mich an ein Picknick mit Freunden, wo einer der Väter einen unartigen Sohn strafen mußte. Der Junge schrie fürchterlich, und Bella griff sofort ein. Ohne den Vater zu verletzen, schob sie ihn weg und indem sie ihre Zähne bleckte, blockierte sie ihm den weiteren Weg zu dem Kind. Sie demonstrierte deutlich, daß mit der Unterwerfung des Kindes der Konflikt beendet sein sollte.

An einem schönen Sommerabend, Bella war 6 Jahre alt, schauten wir Fernsehen bei geöffnetem Fenster. Plötzlich konnten wir aus weiter Ferne, aber dennoch klar hörbar, einen Verzweiflungsschrei wahrnehmen. Ein paar Sekunden später hörten wir erneut einen Laut, aber dieses Mal klang er unterdrückt. Als ich aufsprang, stand Bella bereits an der Tür. Wir bewegten uns schnell und vorsichtig in Richtung auf den Schrei, der aus einem kleinen Busch, ungefähr einhundert Schritte entfernt, von jenseits des Weges kam. Das Schreien hatte aufgehört, aber ein gedämpftes Seufzen und Brechen von Ästen und Unterholz war ausmachbar. Bella bewegte sich auf ihren Zehenspitzen und ihr schwaches Knurren verriet mir, daß da wirkliches Unheil drohte. Plötzlich konnte ich in der Dunkelheit zwei Männer wahrnehmen, die offensichtlich eine Frau vergewaltigten. Ohne Zögern und Zaudern nahm ich das Recht in meine eigenen Hände und erteilte Bella das Kommando »faß!«. Sie hatte bereits meinen Befehl erwartet, was ihre eigene Entscheidung nur noch bekräftigte. Ihr Angriff war ernst und blitzschnell. Die überraschten Männer liefen um ihr Leben, wobei einer von ihnen fluchte und gleichzeitig um Hilfe rief. Als ich bei der Frau angekommen war, rief ich Bella zurück. Bis heute weiß ich nicht, welchen Schaden Bella dem Mann zugefügt hatte, und übrigens interessiert mich dies am wenigsten.

Später, als ich Bella mit Welpen spielen (sogar von einer anderen Mutter) sah, oder sie zusammen mit den kleinen Mädchen meiner Schwägerin herumtollte, dachte ich oft an jene Nacht zurück. Es ist unglaublich, daß ein so gutartiges Tier so konsequent in einer wirklich gefährlichen Situation handelte. Es ist die perfekte Verbindung eines idealen Wesens mit einer unerbittlichen instinktsicheren Tüchtigkeit, was den Schnauzer zu einer so ausgeglichenen Rasse macht.

Ich schreibe dieses Buch aus Hochachtung für Bella und all die anderen liebenswerten Schnauzer der Welt. Wenn es überhaupt etwas gab, was Bella haßte, dann war es Ungerechtigkeit. Traurig genug, ich muß dennoch feststellen, daß in den verflossenen Jahren ihrer Rasse große Ungerechtigkeiten widerfahren sind. Ich hoffe, daß dieses Buch dazu beiträgt, die Augen jener unwissenden Menschen zu öffnen, die unverantwortlich in die Natur eingreifen und schuldhaft die

Rasse manipulieren, indem sie sie leichtfertig wegen kurzlebiger Modeerscheinungen modifizieren. Ihr Eingriff ist nicht etwa auf Verbesserung oder Erhaltung der physischen und psychischen Qualitäten ausgerichtet, zumal sie sehr wenige Kenntnise von den Rasseanfängen und den Charakterzügen, nach denen Auslese betrieben wurde und werden sollte, haben. Mit den grundlegenden Absichten, Methoden und Errungenschaften der züchterischen Pioniere des Ursprungslandes sind sie kaum vertraut.

Mit den Prinzipien, die Mr. A. Croxton-Smith in dem Vorwort zu seinem Buch »Dogs since 1900« (London 1950) vertritt, bin ich überhaupt nicht einverstanden. Er führt folgendes aus: »Von ein paar wenigen Ausnahmen abgesehen, hat die Zuchtgrundlage ausländischer Rassen wenig Geld gekostet. Wir haben uns dieser Hunde angenommen, sie verbessert, auf einen allgemeinen Standard zurückgeführt und haben sie dann nach kurzer Zeit zu einem erheblich höheren Preis als wir für ihre Ahnen bezahlt haben, exportiert«. Die Wahrheit ist, daß fast ausnahmslos alle Rassen, die nach England aus Ländern mit offiziellen kynologischen Organisationen - und daher auch mit Rassebeschreibungen und Tradition - gleichbehandelt wurden mit importierten Tieren aus weit entfernten Kolonien und Protektoraten. Ihre bereits bestehenden Rassestandards wurden in denselben Topf der dumpfen Gleichmacherei geworfen. Daher verloren sie einen Teil ihrer wirklichen Identität und Authentizität zugunsten von örtlichen Neigungen und verschwommenen Verallgemeinerungen. Die ländlichen Einwohner in den südöstlichen Teilen Deutschlands haben die Schnauzer über Jahrhunderte hin geformt. Wesensmäßig und körperlich erfüllten die drei Schnauzerrassen alle in sie gesetzten Erwartungen und entwickelten sich zu einem nützlichen und vitalen Teil ihrer Gesellschaft schlechthin. Mit anderen Worten, unsere Rassen wurden als Bestandteil eines kulturellen Patrimoniums entwickelt.

Neuere Zeiten brachten den Schnauzer weg von diesem ausschließlich nützlichen Leben in ländlichen deutschen Wohngemeinschaften, hin zu Hundeausstellungen und verschafften ihnen somit viel Popularität, und schnell wanderten die Rassen rund um den Erdball. Allzuoft wurde ihr ursprüngliches Erbe vergessen oder nicht richtig verstanden. In vielen Fällen haben Modeerscheinungen und oberflächlicher Ruhm sie ihrer ländlichen Einfachheit und Funktionalität beraubt. Das oberste Ziel meines Buches ist es, einen tieferen und ernsthafteren Einblick in die speziellen Eigenschaften dieser wunderbaren Rasse zu vermitteln. Insofern schreibe ich dieses Buch für alle Schnauzerliebhaber - sowohl für jene, die lediglich beabsichtigen, einen Teil ihres Lebens mit einem Schnauzerkumpel zu verbringen, aber auch für Leute, die wegen ihrer Aktivitäten und ihrer Positionen in der Hundewelt die Entwicklung der Rassen massiv beeinflussen können.

Ich glaube ernsthaft, daß man eine Rasse nur wertschätzen und lieben kann, wenn man Verständnis für ihre angeborene Natürlichkeit und ihre typischen Fähigkeiten besitzt.

***Oberste Handlungsmaxime soll und muß es sein, die originären, biologischen Grundlagen der Rasse zu bewahren und weiterzuentwickeln, damit sie eine unverwechselbare Synthese mit den geforderten, liebenswerten, vielseitigen und zugleich nützlichen Charaktereigenschaften unseres Schnauzers bilden.***

Johan Gallant

# Kapitel 1

# RATSCHLAG AN EINEN FREUND

Eines Abends besuchte mich ein Freund. Er kannte mein ernsthaftes Interesse an Hunden und kam, um mir seine jüngste Entscheidung mitzuteilen. Er wollte sich eine Deutsche Dogge, einen Harlekin Rüden, kaufen. Ich persönlich mag Deutsche Doggen, jene stolzen Apollos unter den Hunden, sehr. Einige von ihnen habe ich sogar schon ausgebildet und ich begegne diesen starken Burschen nach wie vor äußerst respektvoll! Aber ich kannte ja meinen Freund und war von seiner Antwort auf meine erste Frage überhaupt nicht angetan: »Charles, weswegen eine Deutsche Dogge und einen Rüden noch dazu?«

»Schließlich ist das ein Hund, mit dem man Eindruck schindet und das umso mehr mit einem Rüden! Oder denkst du, daß ich etwa eine Hündin an die Leine nehme?«

Seine Antwort überzeugte mich überhaupt nicht, und vermutlich bemerkte er mein Grinsen, als ich ihn in das Haus bat. Ich schenkte zwei Gläser Bier ein und begann mit meiner Erklärung. »Charles, man schafft sich doch nicht nur einen Hund an, um lediglich Leute damit zu beeindrucken. Dies ist doch kein Sportwagen, mein Freund, es ist ein lebendes Tier und vor allem des Menschen bester Freund - noch mehr, des Menschen ältester Gefährte.«

Ich erzählte ihm einiges über die primitiven Steinzeitmenschen, die als erste Wildhunde domestizierten und sie später durch Zuchtauswahl so entwickelten und anpaßten, daß sie ihren Bedürfnissen genügten. Ich erklärte, daß parallel zur menschlichen Entwicklung, sich die verschiedenen Hunderassen geformt haben. Die unterschiedlichen Rassen entstanden durch des Menschen Eingriff und seine Selektion nach bestimmten Einsatzmöglichkeiten oder Aufgaben.

Zwischen halbwilden Hundeartigen, die um die Höhlen der prähistorischen Menschen wanderten, wurden erste, frühe Verbindungen eingegangen. Diese Tiere besaßen bereits ein äußerst wertvolles Organ - ihre Nase, eine sichere Hilfe zum Verfolgen und Auffinden von Beutetieren. Die Nase des Hundes und des Menschen Speer gingen eine äußerst erfolgreiche und zugleich für viele Lebewesen tödliche Verbindung ein. Das Aufziehen wildgeborener Welpen, die ihre Mutter verloren hatten, markiert eine weitere sichere Stufe in Hinsicht auf den langen Prozeß der Domestikation.

Im Verlauf der Geschichte beendete der primitive Mensch sein Nomadenleben und wurde seßhaft und damit ergab sich die Notwendigkeit für einen anderen Typ Hund. Die Behausung und die gesamte Siedlung brauchten nun Schutz gegen Eindringlinge. So blieben zwar die ursprünglichen ›Jäger‹ weiterhin Jagdhunde, aber die stärksten und härtesten von ihnen wurden auch zu Schutz- und Wachhunden umgezüchtet. Darüber hinaus hatte der Mensch sich bereits eine Zuchtgrundlage geschaffen, denn er brauchte Hunde, die seine Herden bewachten und schützten. In jenen frühen Tagen wurde der Wolf, des Hundes direkter Vorvater, sein größter Feind. Die Herde mußte gegen die hungrigen Wölfe verteidigt werden. Aus Hundepopulationen, sowohl mit Hirten- als auch Wachqualitäten, züchtete sich der Mensch besondere Schäferhunde und andere starke, furchtlose Verteidiger für seine Herden heraus. Damit konnte sogar nun eine große Herde, die von Schäferhunden betreut und von zusätzlich umgebenden Wachhunden abgesichert, gegen Eindringlinge geschützt und nun sogar nachts alleingelassen werden.

So wirdt man verstehen, daß der Mensch bereits sehr früh über Jagdhunde, Schäferhunde, Wach- und Schutzhunde verfügte.

In den isolierten Niederlassungen nahm die Zahl der Menschen rapide zu. Schnell entwickelten sich Stämme, Nationen und Kulturen. Rivalitäten zwischen jenen Kulturen führten zu ersten Kriegen. Aus molossoiden Wachhunden, die in der Lage waren, Vieh und Haus zu schützen, wurden harte Kriegshunde herausgezüchtet. Historiker haben nachgewiesen, daß die Sumerer vor 4000 Jahren harte Kampfhunde in ihren Armeen benutzten, wie es später auch die Assyrer und Perser taten. Erwähnt werden muß, daß es eine Vielzahl von unterschiedlichen Belegen dafür gibt, daß sich die alte ägyptische Kultur auch dadurch besonders auszeichnete, daß man Hunde verschiedener Typen und Verwendbarkeiten systematisch züchtete.

Der griechische Eroberer ›Alexander der Große‹ war sehr beeindruckt von den mit eisernen Rüstungen ausgestatteten Kriegshunden von persischer Herkunft. Als Kriegsbeute brachte er Exemplare jener mittelöstlichen Kampfhunde mit nach Hause. Aus den persischen Kriegshunden entwickelten griechische Züchter der Antike andere starke molossoide Typen.

Das griechische Volk schätzte die Hunde sehr und erbaute ihnen zu Ehren sogar eine Stadt. Die antiken griechischen Völker waren bereits so kultiviert, daß kleine Hunderassen als Begleiter für die Damenwelt schick wurden. Sogar der gelehrte Aristoteles überliefert uns eine feine Beschreibung der Vorfahren unserer modernen Malteser und Bologneser.

Mit dem Untergang des griechischen Reiches beherrschten die Römer die Welt. Die griechischen Molosser wechselten über nach Rom und aus ihnen wurden neue Rassen entwickelt. Besonders populär wurden nun Arena- und Schaukämpfe, wo bösartige Hunde sowohl gegen Menschen als auch gegen Tiere kämpften. Alles, was damals von der Welt bekannt war, eroberten die Römer. Ihre kämpfenden Legionen schufen die »Pax Romana« einerseits und sie verbreiteten ihre Kriegshunde anderseits. Den Soldaten folgten die römischen Siedler und jene benötigten jetzt gutartigere und leichter beherrschbare Hundetypen. Caesar war sehr überrascht, als ihm die britischen Ureinwohner Widerstand leisteten, indem sie fürchterliche Kriegshunde - so wie auch er es übrigens tat - gegen ihn einsetzten. All dies beweist, daß die Existenz und Rolle des Hundes im Leben des Menschen nicht begrenzt war auf die primitiven Siedlungen und alten Kulturen um das Mittelmeer herum.

In der Tat belegen Ausgrabungen das Vorhandensein von engeren Beziehungen zwischen Mensch und Hund an verschiedenen Orten unseres Erdballs. Die ältesten Funde gehen zurück auf 12.000 Jahre vor Christi Geburt. Es gibt nicht nur die bedeutenden Ausgrabungsorte in der Türkei, Persien und Israel, sondern von noch größerer Tragweite sind die Funde in Deutschland, Dänemark und England. In Nordamerika wurden ähnliche Entdeckungen, speziell in Idaho und Arizona gemacht. Es steht fest, daß die alten Kulturen des mittleren Ostens bereits vor Rom das Aufkommen einer Vielzahl von Hunderassen begünstigten.

Auch die Kelten entwickelten ihre eigenen Rassen und verbesserten sie später durch gegenseitigen Austausch mit den Römern. So, gebunden an örtliche Umgebung und Umstände, können wir die Entwicklung wohlbekannter Berghunde, wie den »Pyrenäenhund« auf der französischen Seite der Pyrenäen und den »Mastin de los Pirineos« auf der spanischen Seite des Gebirgszuges beobachten. Isoliert in den Alpen entstand der Bernhardiner. In den niedrigeren schweizer Tälern entwickelten sich berühmte Sennenhunde, wie der »Appenzeller«, »Entlebucher« und »Berner Sennenhund«. Etwas weiter in Deutschland bewiesen die »Rottweiler«, versehen mit einem römischen molossoiden Hintergrund, ihre Arbeitsfähigkeiten.

Nach sechs Jahrhunderten wurde die römische Herrschaft in Gallien durch eine anstürmende Flut von Barbaren aus dem Osten gestürzt. Wilde Horden von Hunnen, Vandalen, Gothen, Alanen und anderen verdrängten sich gegenseitig über das europäische Gebiet in Richtung auf die Küste. Besonders die Alanen waren berühmt wegen ihren gewaltigen, schnellen und harten Hunde. Aus diesen verschiedenen Rassen entwickelten sich andere starke Typen in der Gegend, die heute Deutschland ist. Die letzteren waren die Vorläufer der modernen »Deutschen Dogge«, deren wichtigster und direkter Ahne die »Ulmer Dogge« ist.

Im neunten und zehnten Jahrhundert, also zu Beginn des Mittelalters in Westeuropa, besaßen unsere Vorfahren eine Vielzahl von Hunderassen. Es war die Zeit der Klöster und Burgen, der Herrschaften und des Jagens mit Hundemeuten. Hunderte verschiedener Typen von Jagdhunden wurden in Belgien, Frankreich, Deutschland, der Schweiz, Italien und Britannien selektiert - jede Gruppe dazu bestimmt, eine besondere Wildart zu jagen und gleichzeitig mußte sie natürlich optimal an die Besonderheiten des Geländes angepaßt sein. So gab es die Schweißhunde, gefolgt von der Meute der Stöberhunde, der Meute zum Angriff und schließlich den »Killern«! Für die Vogeljagd mit Netz wurden die ersten Spaniels entwickelt, die Vorläufer der frühen Setter und Pointer. Die Terrier zeichneten sich als die Wilderer der einfachen Bevölkerung aus.

Mit der Erfindung der Muskete im 18. Jahrhundert änderten sich die Jagdpraktiken total und der Jagdhund wurde in all seinen verschiedenen Varietäten des Menschen wertvollster Helfer. Hundekämpfe, Stierhetze und Rattenfang waren Wettsportarten des einfachen Mannes. Um die Bauernhöfe herum und auf dem Heideland waren Schäferhunde und viehtreibende Hunde sehr populär. Die Schlachter besaßen ihre eigenen starken Burschen und bescheidene Bauern und Händler gebrauchten Karrenhunde als Quelle billiger Zugkraft.

Als im zweiten Teil des neunzehnten Jahrhunderts der moderne Mensch eine Registratur für reingezüchtete Hunde einführte, um sie somit zu klassifizieren und auszustellen, griff er auf die bereits vorhandene Sammlung von Hunden mit bestimmten Aufgabenbereichen zurück. Somit steht fest, daß all unsere modernen, reinrassigen Hunde einen genetischen Hintergrund haben, der jeweils für bestimmte Zwecke geschaffen worden war. Und ob wir es mögen oder nicht, jede unserer über 350 anerkannten Rassen besitzt mehr oder weniger einen gewissen Anteil natürlicher

Qualitäten, die eben typisch für die jeweilige besondere Rasse waren und sind. Dies ist ein natürliches Erbgut, und genau das müssen wir berücksichtigen und respektieren, wenn wir uns für eine bestimmte Rasse entscheiden.

»Daraus ergeben sich zwei Fragen. Erstens, was kann Dir eine spezielle Hunderasse bieten? Zweitens, was erfordert die Rasse, oder, was mußt Du ihr bieten können? Die Antworten zu beiden Fragen müssen gegeneinander abgewogen werden. Wenn die Gewichte ausgeglichen sind, dann ist die Wahl Deiner Rasse richtig! Charles, wenn wir diese Fragen im Hinblick auf die Deutsche Dogge analysieren und wenn Du dann bei ›ja‹ bleibst, dann ist das Problem zweifellos gelöst!«

Charles, der meinem langen Monolog aufmerksam gefolgt war, schien beeindruckt. Er verschob seine Entscheidung und schlug vor, daß ich einen Abend in seinem Haus verbringen möge, um das Problem im Beisein seiner Frau erneut zu erörtern. Ich mußte lächeln, denn, indem Charles eine richtige Entscheidung zusammen mit seiner Frau fällen wollte, fühlte ich, daß ich einen Volltreffer gelandet hatte.

Übrigens gefiel mir der Gedanke sehr, einen Abend mit Charles und seiner reizenden Frau Pamela zu verbringen.

*Zwergschnauzerwelpen, Pfeffer-Salz,*
*von links: Indiva v. Marten, Isabell v. Marten, Ina v. Marten. Züchter B. und W. Marten, Deutschland.*

# Kapitel 2

# NACH SORGFÄLTIGEM ABWÄGEN

Ein paar Tage darauf fuhr ich zu dem Haus Nummer 23 in der Grosvenor Street. Charles und Pam waren erst kürzlich eingezogen, dies war mein erster Besuch in ihrem neuen Haus. Das wunderschöne Gebäude stand in einem sorgfältig umzäunten Garten. Ich schob das eiserne Tor auf und ging auf die Haustür zu. Welch ideale Bedingungen für eine Deutsche Dogge! In meiner Vorstellung konnte ich den kräftigen Harlekin wie eine Porzellanfigur neben dem Fischteich sitzen sehen. Pam hatte mich bereits aus der Küche vernommen und öffnete mir die Haustür mit einem »Herzlich Willkommen«.

Sofort fügte sie hinzu: »Wie Du weißt, beabsichtigt mein Mann, sich einen großen Hund anzuschaffen. Seit unserer Heirat und besonders seit ich schwanger bin, hat er sein Interesse an Fußball und seinen Freunden verloren. Fast jedes Wochenende fahren wir aufs Land und genießen dort lange Spaziergänge. Ich selbst liebe Tiere und schließlich hatten wir seit meiner frühen Kindheit zu Hause immer Hunde. Ich weiß, daß ich genauso wie bereits für unseren Kanarienvogel, auch für den Hund zu sorgen haben werde. Darüber hinaus ist mir bekannt, daß das Durchschnittsalter eines Hundes etwa zwölf Jahre beträgt und ich möchte doch die richtige Wahl treffen, so daß wir dann auch bestens harmonieren - und dies je länger desto besser.«

»Pam, Du bist ein kluges Mädchen. Mach Dir keine Sorgen, noch heute abend werden wir das alles klären.« In diesem Moment kam Charles herein und wir alle ließen uns in einer gemütlichen Ecke nieder. Welch herrlicher Platz für eine Dogge! Ich sah sie behäbig auf dem Sofa liegend, wobei der gewaltige Kopf entspannt auf der Armlehne ruhte. Nach ein paar allgemeinen Anmerkungen eröffnete ich die Diskussion.

»Ich gehe davon aus, daß Ihr beide den Wunsch habt, Euer Leben mit einem Hund zu teilen. Laßt uns gemeinsam eine Liste all Eurer Wünsche, Eurer Erwartungen, all Eurer Bedingungen gegenüber Eurem zukünftigen Freund erstellen. Welche Qualitäten muß er denn nun besitzen?«

Pam eröffnete ihre Liste mit folgenden Wünschen: »Freundlich zu Kindern, einfach ausbildbar, kein Schoßhund, kein langes Haar, von vernünftiger Größe und Löcher im Garten sollen auch nicht gegraben werden!« Nun schaltete sich auch Charles ein und fügte weitere Forderungen hinzu: fähig den Besitz zu schützen, sportlicher Typ, um ihn bei seinen Joggingaktivitäten zu begleiten, möglichst eine seltene, beeindruckende Rasse.

Nach diesen Aufzählungen kam ich wieder zu Wort: »Nun gut, ich denke, ich weiß nun, was Eure Wünsche und Ansprüche sind. Wenn es danach geht, kann ich Euch mehrere Rassen vorschlagen. Bevor wir aber die Dinge weiterverfolgen, laßt uns zunächst herausfinden, was Ihr Eurem zukünftigen Hund bieten könnt. Zu allererst muß ich fragen, ob Ihr bereit seid und es Euch auch leisten könnt, eine größere Summe Geldes für einen guten Qualitätswelpen auszugeben? Seid Ihr Euch bewußt, daß Futter und Betreuung ständig anfallende Kosten verursachen?«

Ohne zu zögern stimmten mir Pam und Charles zu. »Gut! Jetzt stellt sich die Frage, wo Euer Hund untergebracht werden soll? Soll er ständig im Haus sein, wollt Ihr ihm einen soliden Zwinger bauen, oder werdet Ihr Haus und Zwinger kombinieren?«

Charles hatte vermutlich noch nicht darüber nachgedacht, aber Pam reagierte sehr positiv, indem sie bemerkte: »Ich habe nichts dagegen, den Hund im Haus zu halten, weil ich einfach seine Gesellschaft möchte. Ich werde ihm beibringen, sich richtig zu benehmen. Meine einzige Einschränkung ist, es soll kein Hund sein, der viele Haare auf dem Teppich hinterläßt. Auf der anderen Seite sehe ich auch die Notwendigkeit, einen möglichst aus Holz konstruierten Zwinger, in dem der Hund sich zu Hause fühlt, im Garten zu bauen. Wir brauchen so etwas für Anlässe, zu denen wir den Hund nicht mitnehmen können.«

Ich nickte zustimmend, bevor ich fortfuhr: »Ich vermute, daß Ihr Euren Hund auf Wochenendausflüge mitnehmen wollt, Pam möchte mit ihm in die Stadt gehen, und Charles sieht in ihm einen Joggingbegleiter, aber beabsichtigt Ihr denn auch mit ihm auf dem Hundeplatz zu arbeiten?«

Jetzt schaltete sich Charles ein und berichtete die Geschichte eines Arbeitskollegen, der einen Deutschen Schäferhund hatte, mit dem er zweimal wöchentlich zum Abrichteplatz ging, um mit ihm dort Unterordnung und Schutzarbeit zu trainieren. Er wollte möglicherweise auch mit seinem Hund arbeiten, aber aus persönlichen Gründen war er an jener Rasse nicht besonders interessiert.

Nun wußte ich genug. Ich hatte es mit zwei jungen Leuten zu tun, die wirklich einen Hund wollten und bereit waren, ihr Leben mit dem Tier zu teilen. Darüber hinaus hatte ich nun genug an Informationen gesammelt, um ihnen Hilfe und Ratschlag bieten zu können. »Von all dem, was Ihr mir berichtet habt, würde ich all die Zwergrassen und Laufhunde, aber auch die meisten Jagdhunde und Terrier ausschließen. Vielmehr denke ich, daß wir uns auf die Gruppe der Gebrauchshunde konzentrieren sollten. Ehe wir aber fortfahren, muß ich Pam noch sagen, daß nicht nur langhaarige Rassen, sondern auch kurzhaarige Varietäten ihre Haare verlieren. Durch tägliches Bürsten kann man dies aber gut in den Griff bekommen. Wenn jedoch Pam darauf besteht, dann müssen wir aus den rauhhaarigen oder gelockten Rassen wählen. Diese Hunde verlieren kein Haar, aber sie müssen regelmäßig geschoren oder getrimmt werden. Der Pudel ist das beste Beispiel für eine Rasse mit gelocktem Haarkleid.«

Hier nun wurde ich von Pam unterbrochen. Bei allem Respekt, ein Pudel war nicht genau das, was sie suchten und Jessie, eine Freundin, bürstete ihren Labrador und den Spitz täglich und dennoch waren da immer Haare auf den Teppichen, sogar auch im Auto. Da Pam überhaupt nicht von ihrem Haarproblem abgebracht werden konnte, mußten wir uns notgedrungen auf die mittelgroßen, drahthaarigen Rassen konzentrieren - kinderfreundlich, eine seltenere exklusive Rasse, intelligent und leicht ausbildbar und schließlich auch noch als Wachhund geeignet für Schutzhundarbeit, all diese Wünsche und Anforderungen sollte der Kandidat möglichst erfüllen.

Nun war es an der Zeit, daß ich meine illustrierte Hunde-Enzyklopädie aus der Aktentasche zog. Ich zeigte ihnen einen Jagdhund, den Deutschen Drahthaar, eine seltene und erstklassige Rasse, die fast allen Anforderungen gerecht werden würde, aber sie versagte dennoch als wir auf den Bereich Schutzdienst zu sprechen kamen. Das nächste Bild zeigte einen Terrier und zwar einen Airedale. Diese Stelle im Buch markierten wir mit einem Papierstreifen, um sie später wieder leicht aufzufinden. Dann folgten die »Laekenois«, ein rauhhaariger Belgischer Schäferhund, der »Chien de Picardie«, ein rauhhaariger französischer Schäferhund und der »Bouvier des Flandres«. Als ich beim Umblättern auf die drei Schnauzerrassen stieß, legte Pamela plötzlich ihre Hand auf meine, so daß ich innehielt. Spontan führte sie aus: »In unserem Park treffe ich oft eine Dame, die zwei kleinere Exemplare davon besitzt. Es sind zähe, kleine Wesen, gut gebaut, stets aufmerksam und schützen ihre Besitzerin rundherum. Vor zwei Wochen ließ sie sich am anderen Ende der Bank nieder und es dauerte eine ganze Weile, bis sie ihre Hunde davon überzeugt hatte, daß ich keinesfalls eine Gefahr darstellte. Es dauerte sogar noch etwas länger, ehe der kleine, sehr selbstbewußte Rüde an mir schnupperte und mich anschließend begrüßte. Mir war nicht bekannt, daß diese Zwerge auch größere Vettern besitzen. Haben sie dasselbe Temperament und den gleichen Schneid? Und bist Du ganz sicher, daß sie ihr harsches Haar nicht überall im Hause verlieren?«

»Pam, neben dem Zwergschnauzer gibt es auch noch den Mittel- und Riesenschnauzer, jeweils mit einer Größe von 30 bis 35 cm, 45 bis 50 cm und 60 bis 70 cm im Widerrist. In den alten Tagen waren die Zwergschnauzer die Rattenfänger oder Rattler, die Mittelschnauzer waren aktiv in den Pferdeställen und liefen neben den Fuhrwerken her, und die Riesenschnauzer wurden von Anfang an als Wach- und Schutzhunde gehalten. Was das Haarkleid all dieser drei Rassen angeht, so werden sie - vorausgesetzt der Züchter hält sich an den präzise formulierten Rassestandard - ein drahtiges Deckhaar besitzen, das mit kurzer, sowohl gegen massive Sonneneinwirkung als auch gegen Kälte und Feuchtigkeit wirkender Unterwolle kombiniert sein sollte. Solcherart korrekt gezüchtete Hunde werden, wenn ihr Haarkleid regelmäßig gebürstet und zweimal jährlich getrimmt wird, wirklich kaum noch Haare in Deiner Wohnung verlieren.«

Nun kamen wir wieder auf die Papierstreifen im Buch zurück, und Pam betrachtete erneut den Bouvier und den Airedale. Bei letzterem verharrte sie länger und schlug dann anschließend die Schnauzerseite erneut auf, um mit typisch weiblicher Intuition zu entscheiden: »Charles, wir müssen uns unbedingt diese Schnauzer anschauen und gleichzeitig einen zuverlässigen Züchter ausfindig machen. Ich persönlich würde den Mittelschnauzer vorziehen. Wenn Du aber willst, kannst Du Dich für einen Riesen entscheiden, nur dann mußt Du versprechen, daß Du mir bei seiner Erziehung behilflich sein wirst.«

Ich war ehrlich davon überzeugt, daß Pam eine gute Wahl getroffen hatte. Ein Schnauzer würde sich ganz sicherlich in einer solchen Umgebung sehr wohlfühlen und wenn angemessen ausgebildet, auch alle sonstigen Erwartungen erfüllen.

Das Problem der Größe und des Geschlechts konnten wir aufschieben, aber ich wußte nun, daß ich nicht umhinkam, ihnen jetzt die ganze Geschichte des Schnauzers zu berichten.

# Kapitel 3

# ANFÄNGE UND FRÜHGESCHICHTE DES SCHNAUZERS

## Der vorgeschichtliche Schnauzer

»Also Pam,« fuhr ich fort, »ich habe bereits Deinem Mann erklärt, daß überall dort auf der Welt, wo vorgeschichtliche Ausgrabungen gemacht und Zeugnisse von Steinzeitmenschen zutage gefördert wurden, man gewöhnlich auch Beweise dafür fand, daß Hunde bereits schon damals mit Menschen zusammenlebten. Eine jener Ausgrabungen, die in einer Gegend nicht weit entfernt von dem Ursprungsgebiet des Schnauzers vorgenommen wurde, könnte von besonderer Bedeutung für unsere Rassegeschichte sein.«

Als im Jahre 1854 aus irgendeinem geologischen Grund sich der Wasserpegel der Gebirgsseen der Schweizer Jura drastisch senkte, machte man wichtige vorgeschichtliche Funde in den Torflagen, die nun an der Oberfläche auftauchten. In der Nähe der Pfahlbauten stießen Archäologen sowohl auf menschliche als auch auf tierische Skelette. Wissenschaftler klassifizierten die Hunde als »Canis Familiaris Palustris«, mehr bekannt als »Torfhunde«. Diese Entdeckungen wurden auf das Ende der Steinzeitperiode (circa 3000 bis 2500 v. Chr.) datiert. Das beweist zweifelsfrei, daß die neolithische Schweiz bereits eine stattliche Anzahl von Hunden, die etwa 50 cm groß waren, besaß.

Der Schweizer Zoologe Theodor Studer (1845 bis 1922) beschäftigte sich eingehend mit den schweizer Torfhunden und veröffentlichte seine Erkenntnisse in: »Beiträge zur Geschichte unserer Hunderassen«. Er erstellte eine berühmte kynologische Sammlung, die der Albert-Heim-Stiftung, welche die wissenschaftliche Arbeit bis heute fortführt, übergeben wurde.

Die ältesten Schädel von Torfhunden fand man in Wetzikon, sie werden datiert auf etwa 3000 v. Chr., und Rutimeyer rekonstruierte einen von ihnen. Die Torfhundfunde der Lattringer Ausgrabungen werden auf ungefähr 2000 v. Chr. angesetzt. Während der tausendjährigen Zeitspanne bildeten sich drei unterschiedliche Schädeltypen heraus, was belegt, daß irgendeine Selektion - entweder natürlich oder aufgrund menschlichen Eingriffs - stattfand.

In seiner »Geschichte des Hundes« vertritt W. Tchudy die Auffassung, daß die Struktur einiger Schädelfunde jenen unserer modernen Spitzrassen ähnelt, während die Funde in Lattringen unseren Schnauzern einerseits und den Terriern andererseits sehr nahe kommen. Sie müssen daher als direkte Verbindung zur Vorgeschichte der Pinscher- und Schnauzerrassen betrachtet werden.

## Frühe Literatur und bildlich künstlerische Darstellungen

»Freilich bedurfte es einer langen Entwicklung vom Steinzeitmenschen in Lattringen und seinem primitiven Begleiter bis zu unseren heutigen Schnauzerexemplaren. Pam und Charles, ihr werdet wohl einsehen, daß es schier unmöglich ist, diese Evolution von über tausend Jahren detailliert nachzuvollziehen. Dennoch sind die wenigen Anhaltspunkte, die gefunden werden konnten, allemal erwähnenswert, denn sie vermitteln uns einen etwas klareren Einblick in die Ursprünge der Rasse.«

Die ersten schriftlichen Unterlagen, die sich auf unsere Schnauzer beziehen könnten, stammen aus der Feder des Merowinger Königs Dagobert (von 628 bis 638 n. Chr.). In seinem »Lex Baiuvariorum« bestimmt Dagobert, daß Germanen bestraft werden sollten, falls ein »Bibarhund« wegen Vernachlässigung während der Jagd zu Tode kam. (Bibarhund - eine terrierähnliche Rasse, die von einigen germanischen Stämmen zur Biberjagd eingesetzt wurde.)

Der französische Adlige Gaston de Foix, auch Gaston Phoebus genannt, überliefert in seiner berühmten Abhandlung »Le livre de la chasse« (man nimmt an 1387 verfaßt) die Jagdpraktiken jener mittelalterlichen Tage. Er beschränkt sich dabei nicht nur auf Frankreich, sondern erwähnt auch den rauhhaarigen, terrierähnlichen »Tanner«, einen Abkömmling des »Bibarhundes«, der in Deutschland häufig zur Jagd verwendet wurde.

Der bekannte Maler Albrecht Dürer muß bereits zwischen 1492 und 1504 einen schnauzerähnlichen Hund besessen haben. Verschiedene seiner künstlerischen Darstellungen jener Jahre enthalten die Wiedergabe eines Hundes, der den Betrachter unschwer an

## Entwicklung der Pinscher-Schnauzer Familie und Rassebeschreibung

BIBARHUND
(7. Jahrhundert)

TANNER
(14. Jahrhundert)

BENTCHUR oder RATTENFÄNGER
(19. Jahrhundert)

PINSCHER

| GLATTHAARIGE PINSCHER | | RAUHHAARIGE PINSCHER | | | |
|---|---|---|---|---|---|
| KLEINER PINTSCH | GLATTER PINTSCH | SEIDENPINTSCHER | RAUHER PINTSCHER | GROSSER PINTSCHER | |
| GLATTHAARIGER ZWERGPINSCHER | GLATTHAARIGER PINSCHER | AFFENPINSCHER | RAUHHAARIGER ZWERGPINSCHER | RAUHHAARIGER PINSCHER | SAUBELLER oder SAUFINDER |
| DEUTSCHER KURZHAARIGER ZWERGPINSCHER | DEUTSCHER KURZHAARIGER PINSCHER | | DEUTSCHER RAUHHAARIGER ZWERGPINSCHER | DEUTSCHER RAUHHAARIGER PINSCHER — | OBERLÄNDER |
| | | | | | MÜNCHENER SCHNAUZER |
| ZWERGPINSCHER | DEUTSCHER PINSCHER | AFFENPINSCHER | ZWERGSCHNAUZER | MITTELSCHNAUZER | RIESEN-SCHNAUZER |

Seit undenklichen Zeiten teilte ein typischer Hundeschlag das Leben der landwirtschaftlichen Bevölkerung in Süddeutschland. Diese Hunde hatten etwa ein Schultermaß von 48 cm, entweder glattes oder rauhes Haarkleid in einer Farbvariation von Braun über Grau bis Schwarz. Als Bentchur oder Rattenfänger bekannt, wurden diese Hunde vorwiegend als Wachhunde und Raubzeugtöter auf landwirtschaftlichen Gehöften eingesetzt. Aus diesem Ausgangsmaterial schuf die moderne Kynologie klar umrissene Rassen von Pinschern und Schnauzern verschiedener Größe, Fellart und Farbe.

den Schnauzer erinnert. Auf einem Stich, den Lucas Cranach d. J. im Jahre 1501 fertigte, kann man ganz klar eine schnauzerähnliche Figur erkennen.

Charles Vernet (1758 bis 1836) malte das bekannte Bild »Le Départ du Chasseur«. Zwischen den Pferden können wir deutlich einen Pinscher des 18. Jahrhunderts ausmachen.

Tatsächlich sind immer noch eine Menge schriftlicher Unterlagen, die unseren Schnauzer betreffen, im Verborgenen, denn immer wieder tauchen bis heute noch unbekannte Schriftstücke auf. Erwähnen möchte ich in diesem Zusammenhang Herbert Hirschfelder aus Erlangen. In den Nummern 1 und 5 des 1985er Jahrgangs der deutschen Pinscher-Schnauzer Zeitung, dem offiziellen monatlichen Magazin des Pinscher-Schnauzer Klubs, berichtet er über seine neuesten Erkenntnisse. Kürzlich erst hatte er ein Buch aus dem Jahre 1863 von Konrad Jahn mit dem Titel »Das Werk von Johann Adam Klein« entdeckt. Das Buch enthält eine Sammlung Kleinscher Radierungen. Die Radierung Nummer 79, 1812 von Klein unterzeichnet, wurde von Jahn folgendermaßen kommentiert:

*Radierung von J. A. Klein. Die beiden Pinscher, 1812. Sammlung Luthardt, Universität Erlangen.*

Die beiden Pinscher mit breiten Halsbändern, der eine rauhhaarig und zu fl von vorn gesehen, sitzt nach rechts vor einer Wand, auf welcher die Schrift: »Klein fec. 1812« zu lesen ist. Der andere glatthaarige liegt rechts in entgegengesetzter Richtung daneben. Die originale Radierung befindet sich in der Sammlung Luthardt im Besitz der Universitätsbibliothek Erlangen.

(Der Ausdruck »Pinscher« mag im Zusammenhang mit Schnauzer etwas verwirren, dennoch wurde der Begriff in der alten Literatur benutzt, wenn man an die Vorläufer unseres modernen Schnauzers dachte).

Schauen wir uns doch diese Darstellung etwas genauer an. Zunächst fällt da der deutliche Unterschied

*J. Stevens, Brüssel. Originalgemälde Institut Royale de Patrimoine Artistique, Bruxelles.*

*Der Pinscherhund aus der Hundegalerie, 1838 von Theodor Götz.*

zwischen dem drahthaarigen und kurzhaarigen Hund auf, wenn er auch nicht so extrem ausgeprägt ist, wie bei unseren heutigen Schnauzern und Pinschern. Der Rauhhaarige zeigt bereits etwas Bart und länger behaarte Augenbrauen, die Augen sind dunkel, Vorbrust ist ausgeprägt, Vorderläufe stehen gerade, sind kräftig und zeigen Katzenpfoten. Im Vergleich zu dem Distelblatt auf dem Bild können wir vermuten, daß sich die Größe des Hundes zwischen 40 und 50 cm bewegt haben wird.

Eine Frage bleibt offen. Gebrauchte Klein bereits im Jahre 1812 den Namen »Pinscher«, oder war es Jahn, der erst 1863 diesen Begriff einführte? Das ist deswegen von Bedeutung, weil man nicht genau nachvollziehen kann, wann das englisch klingende Wort »Pinscher« in die deutsche Sprache übernommen wurde. Nachforschungen in alten Unterlagen geben uns leider keine direkte und klare Antwort auf diese Frage.

1833 sammelte und würdigte F. W. Riemer die Korrespondenz der Jahre 1796 bis 1832 zwischen Professor Zelter und Goethe. In einem Brief (1816) spricht Zelter von »gestutzten Pferden und Pinschern«. Ferner finden wir hierzu einen weiteren interessanten Beitrag: »Mit Poeten und Künstlern pflegt es zu geschehen wie mit Pferden und Hunden, die man zu Engländern oder Pinschern macht«.

Erst kürzlich fand Herbert Hirschfelder ein Buch von 1832, welches als das älteste bekannte deutschsprachige Hundebuch betrachtet werden kann. Verfaßt unter dem Titel »Die Jagd- und andere Hunde in allen ihren Verhältnissen« von Johann Wilhelm Baumeister, beschreibt und klassifiziert es die verschiedenen Hunderassen. Interessant ist, daß Baumeister 1804 entweder in Augsburg oder Schwäbisch Gmünd geboren wurde, in Süddeutschland, der Entstehungsregion unserer Rassen lebte und 1846 in Stuttgart starb. Als Landtierarzt muß Baumeister diese ländlichen Rassen sehr wohl gekannt haben.

Unter Klasse II in seinen Aufzählungen und Rassebeschreibungen erwähnt er den »Bentschur« oder »Rattenfänger«. Obwohl er keine bildliche Darstel-

*Die älteste bekannte Abbildung von einem rauhaarigen Pinscher in einem Buch. H. G. L. Reichenbach »Der Hund in seinen Haupt- und Nebenrassen«. 1834*

lung der Rasse bietet, ist seine Beschreibung sehr deailliert und er schildert einen Hund, der jenem, der auf Klein's Radierung von 1812 gezeigt wird, sehr ähnlich ist. Er führt aus: »Der Bentschur hat einen runden Kopf mit lebhaften Augen, steifen Ohren, trefflichem Gebisse und eine mit rauhen Haaren besetzte, wie mit einem Schnurrbarte versehene starke Schnauze, die Extremitäten sind starksehnig und mit starken Krallen versehen, der Leib ist gedrungen und der Schweif meist abgestumpft, die Deckhaare sind nicht sehr lang aber rauh, usw.«

Für Kenner ist leicht feststellbar, daß diese Beschreibung nicht weit von unserem modernen Standard entfernt ist.

Zur selben Zeit erschienen die »Monography des Hundes« (1834) und »Hunde-Gallerie« (1838) von

*Der Pinscherhund aus der »Monographie des Hundes« 1834, von Theodor Götz.*

Theodor Götz. Er folgt der vagen Theorie, daß die kurzhaarige Pinschervarietät vielleicht von England nach Deutschland kam.

1834 gab H. G. L. Reichenbach in seiner Darstellung »Der Hund in seinen Haupt- und Nebenrassen« erstmals sowohl eine Beschreibung als auch eine bildliche Wiedergabe des rauhhaarigen Pinschers und des glatthaarigen Pinschers. In einer Fußnote stellt er ganz klar heraus, daß »Pinscher« kein englischer Ausdruck ist, der eine Rasse bezeichnet. Das Bild der rauhhaarigen Varietät zeigt einen unkupierten Hund von hellerer Farbe und einem Gesicht mit etwas Bart und einer dunkleren Maske. Reichenbach spricht auch von einem »Saubeller« oder »Saufinder«. Dieser »Saubeller« ist ein rauhhaariger, dunkler, mittelgroßer Hund und wenn er auch etwas größer als der rauhaarige Pinscher ist, so hat er doch Ähnlichkeit mit dem letzteren.

Als C. F. H. Weiss 1852 seine deutsche Übersetzung von William Yates' »The Dog« veröffentlichte, verallgemeinerte er den Begriff »Pinscher« und benutzte ihn als Übersetzung für den Begriff »Terrier« - zum Beispiel bei »Schottischer Pinscher« statt »Schottischer Terrier«. Das ist vermutlich der Grund dafür, daß in den folgenden dreißig Jahren in der deutschen Literatur über Hunde das Wort »Pinscher« verwendet wurde, obwohl »Terrier« gemeint war.

Wir können wohl davon ausgehen, daß viele kleinere terrier-ähnliche Hunde damals in Deutschland gehalten wurden. Einige von ihnen sind kurzhaarig, andere besitzen Drahthaar. Etwa zur gleichen Zeit tauchte ein etwas größerer Hund auf, der viel Ähnlichkeit mit dem rauhhaarigen Typ aufwies und der in Württemberg, Schwaben und Bayern beheimatet war. Die kleineren von ihnen wurden wegen ihres terrierähnlichen Wesens meist als Ungeziefervertilger eingesetzt. Die größeren Exemplare waren stark genug, um Schweine und Rindvieh der Bauern zu treiben. Besonders gern wurden sie auch zur Wildschweintreibjagd gebraucht. Während nun der gewöhnliche Mann diese Hunde »Bentschur«, »Rattler« oder »Saubeller« nannte, führten die frühen Autoren den Begriff »Pinscher« ein, was erneut zu Verwirrung in der zweiten Hälfte des 19. Jahrhunderts führte.

## Ein neues Zeitalter der Kynologie

Als da jemand in England beschloß, 1873 den »Kennel Club« zu gründen und ein Zuchtbuch für reinrassige Hunde einzuführen, nahm die Geschichte mit dem Hund ihren unaufhaltsamen Lauf. Innerhalb der folgenden zwanzig Jahre schlossen sich alle europäischen Länder dem britischen Beispiel an und jedes Land gründete eine eigene, nationale Organisation. Da die Briten verständlicherweise eine starke Führungsposition eingenommen hatten, indem sie ihre nationalen Rassen selektierten und dann vereinigten, ist es nicht verwunderlich, daß auf den ersten europäischen Ausstellungen die meisten rassereinen Hunde Pointer, Setter, Spaniels, Collies und verschiedene Terriervarietäten waren, die von jenseits des Kanals stammten. Dem englischen Beispiel folgend, forderten andere europäische Hundeliebhaber, sich nun auch intensiv der eigenen nationalen Rassen anzunehmen. Natürlich, zuerst waren es die Jagdhunde des Adels, die Eingang in die Zuchtbücher und die Spezialklubs fanden. Aber unabhängig davon, betrieb man bald selektive Zucht auch mit Hundetypen, die von der ländlichen Bevölkerung gehalten wurden. Das war auch der Grund dafür, warum die äußerst typischen Vorfahren unserer modernen Schnauzer ihre bescheidene Umwelt Süddeutschlands wechselten und in die Hände von Züchtern gelangten, die sie auf den frühen Ausstellungen zeigten. Diese Umstände lieferten ganz deutlich die Grundlagen für unsere modernen Rassen.

Betrachten wir zunächst einmal einige Be- und Umschreibungen jener Zeit. In seinem 1876 erschienenen Buch »Der Hund und seine Racen« stellt Dr. L. J. Fitzinger eine ganze Sammlung von Pinschervarietäten vor. Zuerst erwähnt er den »Seidenpintsch«, dessen Beschreibung sehr viel Ähnlichkeit mit dem heutigen Affenpinscher hat.

Angesprochen werden weiter der »kleine Pintsch« und der »rauhe Pintsch«, beziehungsweise die heutigen Zwergpinscher und Zwergschnauzer. Wertvoll für uns sind außerdem die Schilderungen des »glatten Pintsch« und sogar noch bedeutender und aussagekräftiger erweisen sich seine Abhandlungen über den »großen Pintsch«, die eindeutig unseren heutigen Mittelschnauzer beschreiben. Sein »großer Pintsch«, allgemein auch »Rattler« genannt, ist ein lebhafter, fröhlicher Hund, der sich sowohl im Haus als auch im Pferdestall wohlfühlt. Er ist mutig, und außer daß er ein Experte als Rattentöter ist, kann er auch zur Fuchs- und Dachsjagd bestens verwendet werden.

Besonders hervorzuheben ist das Jahr 1876, denn anläßlich der Hundeausstellung in Hamburg wurde zum ersten Mal ein rauhhaariger Pinscher vorgeführt. Wenn man auch noch lange nicht von einer systematischen Zucht sprechen kann, so waren die Rattler bei der ländlichen Bevölkerung Schwabens und Württembergs bestens bekannt. Innerhalb der elitären Rassehundfanatiker lösten sie einige Verwirrung aus, zumal sie immer häufiger auf Ausstellungen auftauchten. Die damalige Situation wird deutlich durch einen von R. von Schmiedeberg in der Zeitschrift »Der Hund« vom 17. Juli 1879 veröffentlichten Brief.

## Jener Brief hat die Überschrift:

**»Was ist ein Pinscher?«**

»Geehrter Herr! Diese Frage: was ist ein Pinscher? wurde von einem Englischen Berichterstatter der Hannoverschen Ausstellung an mich gerichtet; ich antwortete so gut ich konnte. Es wäre aber gewiß von großem Interesse, daß wir selbst über diese in das Hannoversche Ausstellungsprogramm aufgenommene Race mehr und mehr Klarheit schaffen und würde es sicher mit Dank entgegengenommen werden, wenn eine eingehende Antwort auf diese Frage erfolgen sollte. Meine unmaßgebliche Ansicht geht dahin, daß wir eine den Englischen Terriers analoge Race in unseren Pinschern aufweisen können; ob wir eine selbständige Race kurzhaariger Pinscher analog dem sogenannten Manchester Terrier (schwarz mit braunen Abzeichen) besitzen, oder ob die Exemplare, denen wir begegnen, ursprünglich aus England stammen, darüber bin ich völlig im unklaren; gewiß scheint mir aber, daß wir in dem rauhhaarigen Pinscher einen von allen Englischen Terriern völlig abweichenden höchst originellen und charakteristischen Typus nicht ableugnen können, ja ich möchte fast behaupten, daß wir es hier mit einer bestimmten Race zu tun haben, weil deren Typus trotz jeglichen Mangels an rationeller Zucht stets wieder zum Vorschein kommt und sich nicht gänzlich verbastardieren lassen will. Wenn ich vom rauhhaarigen Deutschen Pinscher rede, so schwebt mir allerdings ein ganz bestimmter Typus vor Augen, welchen auf allen Holländischen Ausstellungen eine besondere Klasse unter dem Namen »Smoushond» eingeräumt ist, auch findet sich diese Race in dem »Book of Points« des Holländischen Vereins »Nimrod« abgebildet und ausführlich beschrieben. Es wäre sehr wünschenswert, daß bis zur nächsten internationalen Ausstellung diese Race eingehender besprochen und präzisiert würde, damit wir dieselbe reicher vertreten finden mögen, als es in Hannover der Fall war. Dort gab es nur rauhhaarige Pinscher Deutscher Race, aber in so verschiedenartigen Typen, daß es dem unparteiischen Auge sehr bald klar werden mußte, wie wenig charakteristische Merkmale dieser Race bei uns feststehen ...«.

*Rauhhaariger Pinscher aus »Handbuch zur Beurteilung der Rassenreinheit des Hundes« von Jean Bungartz, 1884.*

Niemand konnte ihm eine Antwort liefern, denn im Jahre 1879 gab es noch keinen Spezialklub, die Rasse war noch nicht anerkannt vom Deutschen Hundeverband, und somit nahm von Schmiedeberg die Zügel selbst in die Hand. Sich auf die technische Terminologie eines englischen Nachschlagewerkes über Hunde von W. Gordon Stables stützend, veröffentlichte er 1884 die »Rassekennzeichen von Pinschern«. Er stellte deutlich heraus, daß diese Hunde ein deutsches Erbe seien. Was ihre Ahnen oder Vorläufer angeht, so konnte er nicht herausfinden, wann die Pinscherzucht in rauhhaarige und kurzhaarige Varietäten aufgespalten wurde. Nach dieser Einführung folgte dann eine ziemlich genaue Beschreibung des glatthaarigen und rauhhaarigen Pinschers oder Rattlers.

Dieser erste Zuchtstandard wurde von der Delegiertenkommission der verschiedenen deutschen Rasseklubs angenommen und veröffentlicht. Er lautete wie folgt:

»Der rauhhaarige Pinscher oder Rattler hatte ein Durchschnittsgewicht von 3fi - 10 Kg und darüber. Leicht, sehnig, elastisch. Harte, rauhe Behaarung, Rute schräg aufwärts getragen. Haltung neugierig und keck. Unruhiges Temperament, beständig wachsam ohne unnützen Lärm zu machen und sehr mutig, ohne eben zänkisch oder besonders raufiustig zu sein. Voll Anhänglichkeit an den Herrn, besondere Liebe zu Pferden, von großer Ausdauer auf längeren Touren. Gewandte Ratten- und Mäusejäger, daher als Stallhunde beliebt. Kopf nicht zu schwer, etwas langgestreckt. Oberkopf nach vorn wenig verschmälert und fast gerade, Absatz zur Nase stark ausgesprochen. Gebiß gut schließend, Ohren kupiert. Hals mittellang kräftig, im Nacken gewölbt, ohne Erweiterung der Kehlhaut. Rute kupiert. Haar möglichst hart. An der Schnauze kurzer Schnurr- oder Knebelbart, buschige Augenbrauen. Farbe rostgelb oder graugelb. Kopf, Füße und Unterseite meist heller oder grauweißlichgefärbt, ferner schwärzlich, eisengrau oder silbergrau. Entweder einfarbig oder mit gelbbraunen oder blaßgelben Abzeichen an Augen, Schnauze und Läufen. Auch wohl einfarbig flachsblond oder trüb grauweiß oder weiß mit schwarz gefleckt. Nase immer schwarz, Augen und Nägel dunkel«.

Herr von Schmiedeberg rundet die Rassebeschreibung folgendermaßen ab:

»So beliebt die Rasse ist, so hat sie doch leider keine große Verbreitung, was wohl der jetzt zur Mode gewordenen Vorliebe für Möpse zuzuschreiben ist. Sie wird deshalb wenig gezüchtet und so könnte man als hervorragende Züchter außer einigen württembergischen Händlern nur noch Herrn C. Burger aus Leonberg nennen«.

Die Anerkennung dieses Rassestandards durch den »Verein zur Veredlung von Hunderassen für Deutschland« markiert den endgültigen Durchbruch des Rattlers. Züchter, die bis dahin ihre Zuchtbemühungen mehr den damals populären Rassen gewidmet hatten, erkannten nun die Bedeutung und Qualität dieser wertvollen einheimischen Rasse. Sie züchteten nun in zuverlässiger, angemessener Form, stellten ihre Hunde aus - und am Wichtigsten von allem - registrierten ihre Welpen beim »Verein zur Veredlung von Hunderassen für Deutschland«. Die bekanntesten Züchter jener frühen Tage waren Herr Burger und Herr Essig aus Leonberg, Max Hartenstein aus Plauen, Herr Schilbach aus Greiz, Herr Göller und Herr Siegel aus Stuttgart, Herr Köhn aus Ravensburg und Dr. Mulzer aus Dietmannsried.

*Rauhaarige und glatthaarige Pinscher aus »Handbuch zur Beurteilung der Rassenreinheit des Hundes« von Jean Bungartz, 1884.*

Daß die Kynologie in Deutschland große Fortschritte machte, belegt ein 1884 von Jean Bungartz herausgegebenes Buch. In seinem »Handbuch zur Beurteilung der Racenreinheit des Hundes« finden wir genaue Zeichnungen und Beschreibungen von 56 verschiedenen Rassen. Er beschäftigt sich mit dem glatthaarigen Pinscher, dem rauhhaarigen Pinscher, dem glatthaarigen Zwergpinscher und dem rauhhaarigen Zwergpinscher. Die definierten Rasseeinzelheiten sind jene, die von Herrn von Schmiedeberg aufgestellt und von der Deutschen Delegierten Kommission übernommen worden waren. Allgemein betrachtet, hängen sie sehr eng mit den modernen Rassebeschreibungen zusammen. Die wichtigsten Abweichungen lassen sich in Bezug auf Größe und Gewicht feststellen. Auch im Hinblick auf die Haarfarbe war alles viel großzügiger gestaltet, nämlich von schwarz bis silbergrau und rotbraun.

Jene ersten Rasseenthusiasten investierten viel Zeit und Energie, und so wundert es nicht, daß 1890 in Stuttgart fast 100 glatt- und rauhhaarige Pinscher ausgestellt wurden. Aber nicht nur in Deutschland nahm die Popularität der Pinscher zu, sondern auch im Ausland fanden sie immer mehr Erwähnung.

1891 beschreibt der Belgier A. Reul in seiner Veröffentlichung »Cynotechnie, Les Races de Chiens« den »Deutschen Griffon Terrier ohne Rute«.

In der belgischen Zeitschrift »Chasse et Pêche« erschien 1893 ein Artikel über eine Münchener Ausstellung. Der belgische Besucher berichtet, daß »neben den gewöhnlichen Rassen meine Aufmerksamkeit von den Deutschen Schäferhunden und den ›Griffon d'écurie‹ und seinen kleineren Vertretern angezogen wurde«. »Griffon d'écurie« bedeutet Pferdestallgriffon, was damals durchgängig der französische Name für Drahthaarpinscher war.

In seiner exzellenten Enzyklopädie »Les Races de Chiens« dokumentiert le Compte Henri van Bylandt 1897 die bekannten und weniger bekannten Rassen der damaligen Zeit. Der Rauhhaarige Pinscher wurde bereits durch 13 Zeichnungen wiedergegeben. Er berichtet, daß die Größen sich zwischen 30 und 50 cm bewegen und das Gewicht zwischen 8 und 16 kg beträgt. Er erwähnt ferner, daß man nun in Deutschland dazu neigt, diese Hunde als »Rattler« oder »Schnauzer« zu bezeichnen und die kleinere Ausgabe davon nennt man »Zwergschnauzer«. Dies ist das erste Mal, daß der Begriff Schnauzer in einem Buch auftaucht.

## Die Entstehung des Namens

Man mag fragen, woher die Deutschen des frühen 19. Jahrhunderts die Bezeichnung »Pinscher« oder

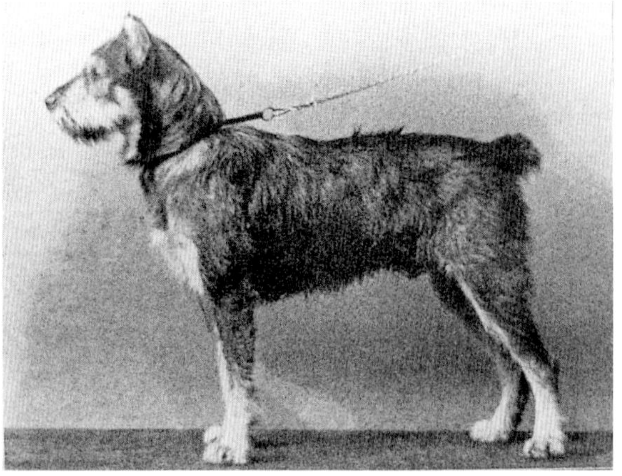

*Rauhaariger Pinscher - aus »Les Races de Chiens« 1894, Graf Henri van Bylandt.*

*Zwergschnauzer - aus »Les Races de Chiens« 1894, Graf Henri van Bylandt.*

»Pintscher« nahmen. Dies veranlaßte einige Autoren zu vermuten, daß »Pin(s)cher« verwandt sein könnte mit dem englischen Verb »to pinch« und daß folglich die Rasse und ihr Name von der anderen Seite des Kanals importiert wurden und somit englischen Ursprungs seien. Ich wollte diese Angelegenheit näher untersuchen und befragte deswegen mehrere britische Schriften der frühen kynologischen Periode. In »The Dogs of the British Islands« (1862) erwähnt J. H. Walsh zu unserer Fragestellung gar nichts. Dann folgte im Jahre 1866 das zweibändige Werk »Researches into the History of the British Dog« von George R. Jesse, und auch hier fand ich keinen Hinweis auf den Begriff »Pinscher«. Auch selbst bei Stonehenge (1887) gibt es keinen Pinscher. Nun entdeckte ich aber in »A History and Description of the Modern Dogs of Great Britain and Ireland« (vierbändige Ausgabe von Rawdon L. Lee, 1899) etwas Interessantes.

Einer der Bände beschäftigt sich mit Terriern und dort tauchen Wörter wie »Pincer, Pincers« und »Pincher« auf. Dennoch wurden diese Namen nicht eingeführt, um eine Rasse zu bezeichnen, sondern sie hatten die Funktion von Rufnamen, speziell für »Bedlington-, Fox-, Elterwater-, Wirehaired«- und »Bull Terriers«. 1904 findet in »The Twentieth Century Dog« von Herbert Compton ein Pinscher keine Erwähnung mehr. Schließlich und endlich fiel mir in der

*Peter, Vetter und Souris - Zwergschnauzer aus »Les Races de Chiens« - Graf Henri van Bylandt, 1894.*

*Pfefferle und Pfeff - rauhhaarige Pinscher aus »Les Races de Chiens« - Graf Henri van Bylandt, 1894.*

»Kennel Encyclopedia« (1910) ein Artikel über den Drahthaarpinscher oder deutschen Terrier oder »Schnauger« in die Hände. Natürlich ist »Schnauger« ein typographischer Fehler, der folgendermaßen zu erklären ist: der Schreiber war Henri Sodenkamp und in seinem Artikel über den Schnauzer wurde von dem Herausgeber das per Hand nach unten gezogene Z (ʒ) als g gelesen und auch so gedruckt.

Nach all dem folgere ich, daß weder der glatthaarige noch der rauhhaarige Pinscher britischen Ursprungs sind, denn sonst wären Hinweise darauf in jenen klassischen Schriften sicher gegeben worden.

Was jedoch das Wort »pinscher« direkt angeht, so mag möglicherweise eine sprachliche Verbindung zur damaligen äußerst einflußreichen britischen Kynologie bestehen. Ich wage zu vermuten, daß der Name »Rattler« oder »Bentschur« von den süddeutschen Besitzern dieser Hunde benutzt wurde, daß aber Autoren, Offizielle und Züchter schnell bereit waren, den sprachlichen Schritt von »Bentschur« zu dem vornehmeren englisch-klingenden »Pinscher« zu machen. Daß die ganze Angelegenheit mehr oder weniger auf der Ebene der Phonetik angesiedelt ist, unterstützt auch noch die bereits 1835 in der Schweiz verwendete Bezeichnung »Pencher« (vgl. Intelligenzblatt der Stadt Bern, zitiert in: Hundesport, Bern, 1983, S.584).

*Zwergschnauzer - aus »Les Races de Chiens« 1894, Graf Henri van Bylandt.*

# Kapitel 4

# DIE ERSTEN DEUTSCHEN SPEZIALKLUBS

Nach so viel Geschichte und Theorie befürchtete ich, daß meine Darstellungen zu nüchtern ausgefallen wären, aber Pam und Charles erwiesen sich als aufmerksame und interessierte Zuhörer. Es war ermutigend festzustellen, daß zwei zukünftige Liebhaber so wissensdurstig waren, und als nun Charles sich nach den frühen Organisationen erkundigte, war es ein leichtes fortzufahren.

Der rauhhaarige Pinscher und der rauhhaarige Zwergpinscher erreichten zusammen mit ihren glatthaarigen Verwandten während der letzten zwei Jahrzehnte des 19. Jahrhunderts einiges an Popularität. Eine der alten deutschen ländlichen Hunderassen hatte ihren Weg in den Ausstellungsring gefunden und etablierte allmählich ihren Ruf weit über die Grenzen der ursprünglichen süddeutschen Herkunftstregion hinaus.

Gerade weil die Rasse in ihren Anfängen bei der gewöhnlichen Landbevölkerung und nicht beim Adel zu finden war, ist sie biederen deutschen Ursprungs. Dies war der Grund, daß Josef Berta alle Rasseliebhaber 1895 dazu aufrief, ihre Bemühungen zu koordinieren, um all die verschiedenen Pinschervarietäten zu selektieren und zu verbessern. Sehr früh wurde klar, daß die umfangreiche Pionierarbeit nur unter der Anleitung einer richtungsweisenden Organisation möglich sein konnte.

Am 3. März traf man sich zu einer vorbereitenden Versammlung in Nordhausen. Am 23. Mai, zwei Monate später, erfolgte in Seesen am Harz die Gründungszusammenkunft. Ein Vorstand wurde gewählt, ein Rassestandard, wie bereits einige Jahre vorher von der Deutschen Delegierten Kommission veröffentlicht, wurde angenommen. Vorsitzender wurde der vierzigjährige Josef Berta. Mit der Ausnahme eines Jahres (1901) leitete er den Klub bis 1921. Im Jahre 1900 gehörten dem Klub 59 Mitglieder an, zwei Jahre später hatte Josef Berta die Mitgliederzahl bereits verdoppelt. Das erste Zuchtbuch, das die Periode von 1895 bis 1902 umspannt, wurde Ende 1902 veröffentlicht. Josef Berta's Vorwort zu diesem Zuchtbuch liefert uns höchst interessante Informationen:

»Als der Unterzeichnete im Frühjahr 1895 einen Aufruf zur Gründung eines Pinscher-Klubs erließ, gab es der berufenen Züchter und Liebhaber unseres braven vaterländischen Hundes herzlich wenig. Der Schnauzer, der bedeutendste Repräsentant der großen Pinscherfamilie, war ein kynologisches Stiefkind und fristete unter den vornehmen hochgeachteten Fremdlingen achtlos und kümmerlich sein Dasein. Planlosigkeit und Verwirrung herrschte in seinen Reihen, kein einheitliches züchterisches Bild fesselte den Beschauer, kein greifbarer Typus reizte den praktischen Sportsmann, seine Erfahrung und seinen Eifer an diesem hoffnungslosen Gesellen zu versuchen.

Noch schlimmer sah es bei seinem kurzhaarigen Vetter aus - er war völlig vergessen und verschollen, während die bunte Schar der Zwerge in ihrer Vielgestaltigkeit heute noch viel zu wünschen übrig läßt.

Es war keine leichte Aufgabe für den Pinscher-Klub, in jener Zeit, als zahlreiche hochentwickelte fremde Rassen im Vordergrunde der deutschen Kynologie und in schier uneinnehmbarer Position standen, unserem rückständigen heimischen Hund die Bahn frei zu machen und die verdiente Anerkennung und Beachtung zu verschaffen.

Und in der That ging es langsam genug vorwärts. Mit schwachen, unzulänglichen Mitteln musste jeder Fussbreit Bodens erkämpft werden! Aber gestützt auf ein kleines Fähnlein zäher Anhänger und Liebhaber gelang es dem Klub, Schritt für Schritt vorzudringen, die Theilnahme immer weiterer Kreise und damit die Macht und den Einfluss zu gewinnen, der zu einer erfolgreichen Arbeit im Sinne seines Zieles und seines Strebens unentbehrlich ist.

Als eines der vornehmsten und wirksamsten Mittel zur Erreichung seines Zweckes galt ihm stets ein umfassendes Zuchtbuch, ein Kompendium all dessen, was züchterische Wahl und Erfahrung versucht und erreicht hatte, und mit hoher Genugthuung erfüllt es ihn darum heute, den ersten grundlegenden Band einer langen und mühevollen Sammelarbeit ausgeben zu können. Er wird für den denkenden Züchter eine Fundgrube wichtiger Voraussetzungen, Winke und Anregungen sein und ihm manche Enttäuschung ersparen; er möge auch dazu beitragen, unseren vortrefflichen nationalen Hund auf die hohe Stufe züchterischer Vollkommenheit zu heben, die er mit Recht zu beanspruchen hat.

Mit dieser Ueberzeugung und mit diesem Wunsche verbinden wir den Ausdruck des Dankes und der Anerkennung für den Zuchtbuchführer Herrn Karl Knauf, Heidelberg, der in wahrhaft sportlicher Gesinnung, selbstlos und freudig seinen Fleiss und seine Erfahrung in den Dienst des Klubs, in den Dienst einer schönen, allgemeinen Sache gestellt hat.

Erfurt, Weihnachten 1902.
J. Berta
1. Vorsitzender des Pinscher-Klubs«.

Dieses erste Zuchtbuch ist voll von kostbaren Hinweisen. Neben all den registrierten Hunden der Jahre 1895 bis 1902 enthält es auch andere Aufzeichnungen, wie Protokolle der Jahreshauptversammlungen, Richterberichte, Regeln und Regularien in Bezug auf Wettbewerbe, Siegertitel usw.

Darin sind nicht nur reguläre Würfe registriert, sondern es wurden auch Hunde, die bereits in der Schweiz und Österreich eingetragen waren, übernommen. Sogar Vertreter unbekannter Herkunft erhielten ihre Chancen, wenn sie vorher auf Schauen ihre Anerkennung dazu erhalten hatten.

1902 bestand der Klub aus 114 Mitgliedern, unter denen sich 30 Züchter befanden. Insgesamt sind uns 353 Eintragungen überliefert, mit Geburtsdaten, die bis in das Jahr 1880 zurückgehen. Die verschiedenen Rassen werden folgendermaßen aufgeführt:

| | |
|---|---|
| Mittelschnauzer | 248 |
| Zwergschnauzer | 14 |
| Deutsche Pinscher | 8 |
| Zwergpinscher | 83 |

Die Richterberichte bestätigen zunehmende Meldezahlen, aber nur wenige Hunde erfüllen die Anforderungen des Rasseideals. Die sehr wenigen Sieger bilden die Eckpfeiler der Rassen.

Unter dem Namen »Kartell für das Deutsche Hundewesen« wurde 1906 das nationale deutsche Hundewesen reorganisiert. So - wie die meisten deutschen Rassenklubs - schloß sich Bertas Pinscherklub der nationalen Organisation an und ist seitdem der einzige repräsentative Klub für alle Pinscher und Schnauzer.

1907 gründete der Rechtsanwalt G. Zurhellen in München einen »Bayerischen Schnauzer-Klub«, diese Vereinigung konnte aber von der nationalen Organisation nicht anerkannt werden. Dennoch eröffnete Zurhellen sein eigenes, halboffizielles Zuchtbuch für seine bayerischen Mitglieder. Der in diesem Buch formulierte Standard ist von ganz besonderer Bedeutung und vermittelt uns die Ansichten und Konzepte der Pioniere der Rasse in sehr anschaulicher Weise:

## Rassezeichen des Schnauzers

**Kopf:** Kräftig und langgestreckt, von den Ohren zu den Augen und wiederum von diesen zur Nasenspitze allmählich schmäler werdend, der Körpergröße entsprechend; seine Gesamtlänge (Nasenspitze bis Hinterhauptbein) soll sich zur Rückenlänge (Widerrist - erste Rückenwirbel - bis Rutenansatz) ungefähr wie eins zu drei verhalten. Oberkopf (Hinterhauptbein bis Stirnabsatz) zwischen den Ohren mäßig breit - seine Breite soll zwei Drittel der Länge nicht überschreiten - mit flacher, faltenloser Stirne und gut bemuskelten, aber nicht zu stark ausgeprägten Backen. Ohren gleichmäßig geschnitten, hoch angesetzt und in der Erregung aufrecht getragen. Augen mittelgroß, dunkel, eirund und nach vorne gerichtet, von stacheligen Brauen überwölbt.

Der vom Ober- und Unterkiefer gebildete kräftige Fang - Schnauze - (Stirnabsatz bis Nasenspitze) soll sich zum Oberkopf ungefähr wie vier zu fünf verhalten und in einem mäßig abgestumpften Keil, mit harschem Schnurrbart, enden. Nasenrücken gerade und zur Verlängerungslinie der Stirne fast gleichlaufend, Nasenkuppe schwarz und voll. Lippen fest anliegend und nicht überhängend. Gebiß, scherenartig von oben dicht übereinandergreifend, mit stark entwickelten Fangzähnen, gesund und rein weiß.

**Hals:** Nicht zu kurz, mit anliegender Kehlhaut (trocken). Nacken kräftig und leicht gewölbt.

**Vorderhand:** Schultern schräg gestellt und flach, aber kräftig bemuskelt. Vorderläufe (Ober- und Unterarm) von allen Seiten gesehen senkrecht ohne jede Ausbiegung.

**Vorderbrust:** Mäßig breit, mit sichtbarem, kräftigem Brustbein und mindestens bis zur Höhe der Ellenbogen hinabreichend (tief), nach rückwärts leicht aufsteigend. Seitenbrust (Rippenkorb) mäßig gewölbt. Rücken stramm und gerade, mit gut entwickeltem, kurzem Nieren- (Lenden-)abschnitt. Rückenlänge gleich Schulterhöhe (vom Widerrist senkrecht zum Boden): quadratischer Bau. Bauch nach hinten gut aufgezogen.

**Rute:** Hoch angesetzt, aufwärts getragen und auf drei bis vier Glieder geschnitten.

**Hinterhand:** Keulen schräg gestellt und flach, aber kräftig bemuskelt. Hinterläufe (Ober- und Unterschenkel) zunächst senkrecht bis zum Knie; vom Knie bis Sprunggelenk (Sprungbein - Hacke) mit der Verlängerung der oberen Halslinie (Hinterhauptbein bis Widerrist) ungefähr gleichlaufend; vom Sprunggelenk senkrecht zum Boden.

**Pfoten:** Kurz, rundlich mit geschlossenen, gewölbten Zehen (Katzenpfote), dunklen Nägeln und harten Sohlen.

**Haar:** Dicht, straff und drahtig, auf dem Rücken - gegen den Strich gesehen - aufstrebend, also weder kurz noch glatt anliegend; an Ohren, Stirn, Läufen und Pfoten kürzer.

**Größe:** Ca. 40 bis höchstens 50 cm Schulterhöhe.

*Morro II - dieser wunderschöne Standard Schnauzer gehörte Josef Berta, der im Jahre 1895 den ersten Spezialklub für diese Rasse gründete.*

**Farbe:** Alle Pfeffer- und Salzfarbigen oder ähnlich gestichelten, gleichmäßigen Mischungen, sowie rein schwarz.

**Fehler:** Plumper oder zu leichter, niedriger oder hochläufiger Bau, zu schwerer, runder Oberkopf, Stirnfalten, seitlich abstehende oder schlechtgeschnittene Ohren, helles Auge (mit hellgelben oder hellgrauen Ringen), stark hervortretende Backenknochen, lose Kehlhaut (Wamme), Vor- oder mit Zwischenraum zurückstehender Unterkiefer (Unter- bzw. Vor- oder Überbeißer), zu spitzer, zu schmaler Fang, zu langer, aufgezogener oder eingezogener (Karpfen- oder Senk-) Rücken, tonnenförmiger Rippenkorb, abfallende Kruppe, nach außen gedrehte Ellenbogen (französisch), nach innen gedrehte Hacken (kuhhessig), zu wenig spitz-gewinkelte also steile Hinterhand (überbaut), gespreizte - offene - Zehen, lange und flache (Hasen) pfoten, zu kurzes, glattes, zu langes, weiches, seidiges, gewelltes, gerolltes, zottiges Haar, alle weißen, gefleckten, getigerten, roten und Semmel-Farben. Kleiner weißer Brustfleck oder Streifen gilt nur als Schönheits- nicht als Rassefehler«.

Rivalitäten und sogar gerichtliche Auseinandersetzungen folgten! Der »Bayerische Schnauzerklub« gab 1910 sein erstes Zuchtbuch heraus. In seiner Satzung wird deutlich herausgestellt, daß die Reinzucht, die Verbesserung und die Verbreitung des Rauhhaarpinschers oberste Ziele seien. Das macht den Unterschied zur Satzung des »Pinscher Klubs«, dessen Absicht es war, alle Pinschervarietäten zu vertreten - also die Rauhhaarpinscher, die Glatthaarpinscher und die Zwergpinscher.

Der erste Weltkrieg wirkte sich massiv negativ auf das Klubleben aus, und nach dem Krieg mußte alles wieder neuorganisiert werden. Berta und Zurhellen erreichten eine Übereinkunft und brachten die beiden Vorkriegsklubs unter eine Fahne. Somit wurde 1918 der »Pinscher-Schnauzer Verband« ins Leben gerufen. 1921 gab sich der Klub den neuen offiziellen Namen »Pinscher-Schnauzer Klub, 1895 e.V. (PSK)«, eine Bezeichnung, die bis heute noch gilt.

Folgerichtig erschienen von nun an alle Registrierungen nur noch in einem Zuchtbuch. Die erste gemeinsame Ausgabe wurde 1924 erstellt und enthielt insgesamt 13.474 Eintragungen.

# Kapitel 5

# ENTSTEHUNGSGESCHICHTE DER MITTEL- UND ZWERGSCHNAUZER

Nun war es soweit, daß Pam erfahren wollte, wie es zur Ausprägung der verschiedenen Größen innerhalb der Schnauzerfamilie kam.

Es ist offensichtlich, daß in der Anfangszeit der Schnauzer keine deutliche Trennung zwischen dem Zwerg- und Mittelschnauzer - so wie wir es heute tun - vorgenommen wurde. Übrigens, vom Riesenschnauzer war überhaupt noch keine Rede! Dennoch ist es interessant, einmal näher zu betrachten, was die ersten Rassestandards zur Größe aussagen.

Folgendes enthält Josef Bertas Pinscher Klub-Standard von 1902 in Bezug auf Größe und Gewicht: die Größe variiert je nach örtlichen Typen und liegt zwischen 30 und 45 cm, gemessen am Widerrist und einem entsprechenden Gewicht von 8 bis 10 Kg. Besonderes Augenmerk sollte auf Einheitlichkeit im Typ und gebrauchsfähige, mittlere Größe gelegt werden.

Die Größenangaben in Dr. Zurhellens Bayerischen Schnauzerklub - Rassestandard von 1907 sind sogar noch genauer, indem sie einen Spielraum von 40 bis zu einem Maximum von 50 cm festschreiben. All dies, zusammen mit der Beschreibung der Gebrauchsfähigkeiten des Hundes, enthält noch keinen Hinweis auf eine Zwergvarietät.

*Dampf Pfeff - R. Schilbach, Greiz.*

Die 1895er Satzung des Pinscher Klubs fordert, daß der Verein die Weiterentwicklung des Rauhhaarpinschers, des Kurzhaarpinschers und des Kurzhaarzwergpinschers betreiben möge und läßt dabei einen kleineren Drahthaar-Typ ganz außer Acht. Insofern ist es wichtig, daß wir uns klar darüber sind, daß die Ausgangsbasis aller Schnauzer der Mittel- oder Standardschnauzer ist.

*Morro - R. Schilbach, Greiz.*

*Nante - M. Thilo, Heilbronn*

## Der Schnauzer

Im ersten Zuchtbuch des Pinscher Klubs, veröffentlicht 1902, wurden 353 Tiere eingetragen, darunter waren 248 rauhhaarige Pinscher (Mittelschnauzer). Unterlagen bestätigen, daß die erste Grundlage selektiven Züchtens von Max Hartenstein aus Plauen gelegt wurde. In seinem »Plavia«-Zwinger begann er bereits 1880 Schnauzer systematisch zu züchten. Zur gleichen Zeit bemühten sich auch Züchter wie Robert Schilbach »Pfeff« aus Greiz und M. Thilo »Arnswalde« aus Heilbronn um den Schnauzer. Um die Jahrhundertwende müssen wir Gartner »Fidelitas« aus Karlsruhe, Schwan »Harthof« aus Giessen, Köhn »Schussental« aus Ravensburg und Zurhellen »Schwabing« aus München erwähnen. Natürlich gab es noch weitere hervorragende Züchter, die bereits in der Zeitspanne vor dem Ersten Weltkrieg entscheidende Zuchtbeiträge leisteten.

In der Tat machte die selektive und systematische Zucht des Schnauzers in jenen Jahren enorme Fortschritte. Der deutlichste Beleg dafür ist die Tatsache, daß der alte von Schmiedeberg-Rassestandard für den Schnauzer aufgearbeitet und anschließend von dem Pinscher-Klub in dessen ersten Zuchtbuch 1902 veröffentlicht wurde. Die Neuerungen legten Wert auf einen gestreckteren Kopf, einen geraden Rücken und eine substanzvolle Gesamterscheinung. Die Größe änderte sich von 30 auf 45 cm, wobei der Obergröße - wegen der Gebrauchstüchtigkeit - der Vorzug gegeben wurde. Anzustreben war die Pfeffersalzfarbe vor Schwarz, aber Rotbraun und Gelbbraun wurden auch noch akzeptiert. Hunde mit verwaschenen Farben, weiße Tiere und solche mit weißen Abzeichen betrachtete man als fehlerhaft. Die Richterberichte von damals bestätigen eine deutliche Bevorzugung des gleichmäßig verteilten Pfeffersalz in verschiedenen Schattierungen gegenüber der lackschwarzen Farbe. Um dies näher auszuführen und zu belegen, möchte ich Josef Berta zitieren. In seinem Bericht von der Siegerausstellung in Heidelberg kommentiert er 1901 über den Sieger Max Kismet Harthof (geb.1897), der unter der Farbbeschreibung »dunkles Pfeffersalz mit gelben Abzeichen« gemeldet worden war, folgendermaßen: »Knochen, Struktur, Ausdruck, Textur des Haarkleides und Typ sind sagenhaft. Ich mag seine Farbe nicht, aber ich muß sie tolerieren«.

Ein anderer Schaubericht der Münchener Ausstellung von 1900, verfaßt von Herrn Gartner, unterstreicht ganz deutlich die Sorgen und Probleme, mit denen die Züchter während der Phase der frühen Selektion konfrontiert waren. Gartner führt aus: »Ich hätte gern, daß Über- und Unterbeißer zurückgestellt werden, daß Hunde mit weichem Kopfhaar, zuviel Backenbildung und geschnürtem Fang aus der Zucht genommen werden. Ferner müssen wir den Hals verbessern, besonders dadurch, daß wir Hunde mit Halskragen zurücksetzen.«

Obwohl die im ersten Zuchtbuch abgebildeten Schnauzer einzeln betrachtet meist von guter Qualität sind, repräsentieren sie dennoch Hunde unterschiedlichen Typs, insofern als Struktur, Farbe und Haarkleid gemeint sind. Dennoch kommen einige von ihnen unserem heutigen Rassestandard beträchtlich nahe. Übrigens muß hervorgehoben werden, daß jene Hunde weder getrimmt noch sonstwie zurechtgemacht waren, sondern sie wurden in ihren natürlichen Formen belassen. Allgemein hatten sie einen kürzeren, aber härteren Bart, ein Umstand, der dem typischen Schnauzerausdruck keinen Abbruch tat.

Zwischen 1900 und dem Ausbruch des ersten Weltkriegs 1914 hatte sich auch auf dem Gebiet der Farbe viel getan. Aber ein durchschlagender Erfolg wurde erst nach dem Krieg erreicht, als der Schnauzerklub und der Pinscherklub sich vereinigte. Daß von nun an ein einziger Klub ausschließlich die Rasse vertrat, daß die Pioniere und Münchener Fachleute sich die Vorstandschaft mit den Kölner Vertretern teilten, bewirkte einen grandiosen Aufschwung des Schnauzers.

Am 31. Dezember 1923 gab der Münchener Felix Ebner das erste vereinigte Zuchtbuch heraus. Es bestand aus 697 Seiten und enthielt insgesamt 13.474 Eintragungen. Als Beweis für den enormen Fortschritt enthielt dieses Buch auch einen vollständig überarbeiteten Rassestandard für den Schnauzer, den Zwergschnauzer, den Riesenschnauzer, den Pinscher, den Zwergpinscher und den Affenpinscher. Dies dokumentiert, daß der Klub, besonders seit seinem Zusammenschluß, Klarheit in das alte Pinscher- durcheinander brachte. Nun war man in der Lage, genaue Anweisungen zu geben und bedeutsame züchterische Hilfestellung zu leisten, indem schwerpunktmäßig empfohlen wurde, auf welche Merkmale besonders geachtet werden sollte.

Es ist absolut notwendig, diesen neuen Rassestandard des Schnauzers zu studieren. Die grundlegenden Merkmale der Rasse, besonders bezüglich der allgemeinen Erscheinung, blieben unverändert. Dennoch gab es einige Ergänzungen, die für die weitere Entwicklung der Rasse von Bedeutung sein sollten. Die zugelassenen Farben wurden auf pfeffersalz und lackschwarz beschränkt. Die Größe bewegte sich zwischen 40 und 50 cm. Die Kopflänge, von der Nasenspitze bis zum Hinterhauptbein, muß nun in einem Verhältnis von 1:3 zur Körperlänge stehen. Der Hals sollte kräftig bleiben, aber nicht zu kurz sein. Die Hinterläufe (vom Knie bis zum Sprunggelenk) werden parallel zur oberen Halslinie stehend gewünscht. Der Bauch soll leicht aufgezogen sein. Diese veränderten Besonderheiten hatten keine grundlegenden Auswirkungen auf den Typ als solchen, sondern zielten lediglich auf eine Verfeinerung der Rasse ab.

Die zwanziger und dreißiger Jahre markieren einen

*Hexe Plavia - M. Hartenstein, Plauen.*

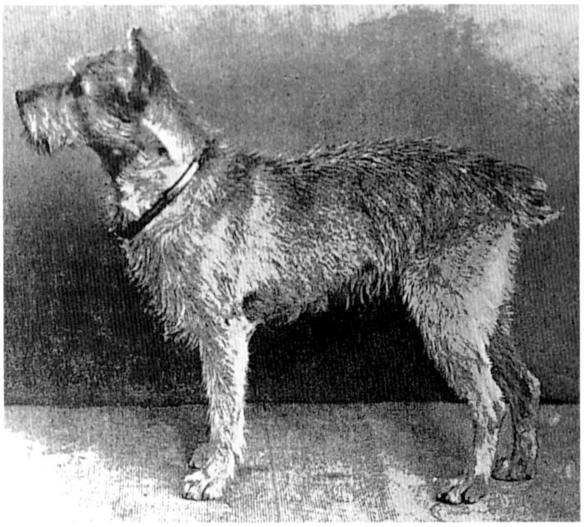

*Russ - Göller, Stuttgart.*

*Peter Sonnenberg, J. Hübner, Amsterdam.*

Höhepunkt. Von 1924 bis 1934 wurden mehr als 10.000 Schnauzer ins Pinscher-Schnauzer-Klub-Zuchtbuch eingetragen. Einige Siegerschauen verzeichneten mehr als 300 Schnauzermeldungen. Einer der berühmtesten und formvollendetsten Schnauzer jener Zeit war Int. Ch. »Gauner von Egelsee«, den Herr Rapp 1926 züchtete. Zweifellos, auch heute könnte er es noch mit den besten Konkurrenten aufnehmen!

Trotz des Zweites Weltkrieges und seiner verheerenden Folgen für den Menschen und dessen besten Freund, erholte sich die Schnauzerzucht bereits gegen Ende der vierziger Jahre bemerkenswert schnell. Neben ein paar Züchtern aus der Vorkriegszeit sollten wir nun einige weitere Zwinger erwähnen: Frau Hartmann (v. Silberhall), Frau Haidle (v. Hühnerhof-Ruit), Frau Walther (v. Hartzloh), Frau Gerth (v. d. Munteren Gesellen) und Frau und Herr Rothe (v. Hahlweg).

Die Rothes begannen ihre Zucht mit »Pfeffer v. Volken«, der in den Vereinigten Staaten gezüchtet worden war und dessen Vorfahren bis zu »Lümpli Arnswalde« und »Flott Pfeff« zurückverfolgt werden können. Herr Rothe ist ein weltberühmter Photoraph, der eine einmalige, wunderbare Sammlung von Schnauzeraufnahmen besitzt.

Frau Gisela Gerth hat über viele Jahre hin eine vollständige und züchterisch äußerst wichtige Sammlung über Schnauzer und Riesenschnauzer zusammengetragen.

Nun aber ist es an der Zeit, uns die Frage zu stellen, wann und wo der schwarze Schnauzer seinen Anfang nahm. Es ist bekannt, daß Max Hartenstein bereits schwarze Schnauzer vor der Gründung des Pinscher-Klubs in 1895 besaß und züchtete. Die früheste Rassebeschreibung erwähnt schwarz als eine anerkannte Farbe. Alte Eintragungsbücher halten fest, daß hin und wieder schwarze Welpen aus pfeffersalz Eltern fielen.

Dennoch dauerte es bis in die 1930-er Jahre hinein, bis es ein paar wenige Zwinger wagten, schwarze Schnauzer systematisch zu züchten. Wir können davon ausgehen, daß alle schwarzen Schnauzer zurückgehen auf die Zwinger »v. Muldental, v. Ahorntal« und »v. Hagenstein«.

Nach dem Weltkrieg wurde dann an jene Bemühungen angeknüpft und ein Vergleich der Eintragungen der beiden Farben durch den PSK beweist die zunehmende Beliebtheit der schwarzen Vertreter:

1945: 244 von denen 24 (10%) schwarz waren.
1959: 700 von denen 204 (30%) schwarz waren.
1969: 807 von denen 256 (32%) schwarz waren.
1990: 962 von denen 419 (ungefähr 44%) schwarz waren.
1996: 922 von denen 452 (ungefähr 49%) schwarz waren.

Dieses Mengenverhältnis der Farbschläge zueinander besteht auch mehr oder weniger bis heute. Mehr noch, wir können feststellen, daß die schwarzen Schnauzer während der letzten Dekaden ihren dreißigjährigen Rückstand gegenüber der Pfeffersalzvarietät aufgeholt haben.

1956 wurde der Rassestandard erneut überarbeitet. Die Einzel- und Feinheiten, die geändert wurden, waren bereits oft in den Vorkriegshunden vorhanden. Wir können sagen, daß nach 65 Jahren gezielten Züchtens wir doch schon einen hohen Stand erreicht haben. Die Allgemeinerscheinung und die Struktur und Textur des Haarkleides ergänzen in idealer Weise die charakterlichen und körperlichen Qualitäten, wobei die Wesensbeschreibungen in den vergangenen 39 Jahren nicht geändert wurden. Anders ausgedrückt, obwohl der Schnauzer in Typ und Exterieur verfeinert wurde, ließen es die Verantwortlichen nicht zu, daß die Hunde, unter Mißachtung ihres gesunden robusten Erbes und ihrer psychischen und physischen Fähigkeiten zu minderwertigen Modehunden degradiert wurden.

Doch werfen wir nun einen kurzen Blick auf die eingetretenen Veränderungen seit Felix Ebner 1923 den Standard veröffentlichte. Seit der 1956er Überarbeitung beträgt nun das Kopf-Rückenverhältnis 1:2. Besonderes Gewicht wird auf die quadratischen Proportionen des Schnauzers gelegt - das heißt, die Widerristhöhe entspricht der Körperlänge. Der Hals muß edel geschwungen sein, harmonisch in den Rücken übergehen und er soll den Eindruck von Kraft vermitteln. Der Rücken verläuft nicht in kerzengerader Linie, sondern beginnt mit einer fließenden Verlängerung der eleganten Halslinie im Widerristbereich. Von da aus verläuft er gerade weiter in die leicht abgerundete Kruppe hinein, um vor der hoch angesetzten, aber keinesfalls vertikal getragenen Rute zu enden. Die Vorder- und Hinterläufe sind gut gewinkelt, die Farben sind begrenzt auf lackschwarz und pfeffersalz. Das Ideal für pfeffersalz stellt ein hartes, harsches Deckhaar mittlerer Tönung dar, das mit grauer Unterwolle gleichmäßig über den gesamten Körper verteilt sein soll. Der idealtypische Gesichtsausdruck wird durch die gewünschte dunkle Maske besonders betont. Die Größe ist nun auf 45 bis 50 cm begrenzt.

## Der Zwergschnauzer

Es ist verständlich, daß der Zwergschnauzer nicht als vollendete Tatsache in der modernen Kynologie unvermittelt auftauchte. Die frühe deutsche kynologische Literatur erwähnt, daß kleine drahthaarige Pinscher vorkamen, wenn auch die einzelnen Autoren etwas widersprüchliche Angaben machen und somit gewiß nicht zu einer klaren Sicht der Situation beitragen. Einige sprechen von einem kleinen drahthaarigen Pinscher mit einem Apfelkopf und Unterbiß. Andere geben eine ähnliche Beschreibung, aber fordern, daß der Hund »Affenpinscher« genannt werden möge, indem sie das affenähnliche Gesicht der Rasse betonen. Noch andere stellen einfach fest, daß es drahthaarige Pinscher gab, die 30 cm oder weniger maßen.

Die erste Beschreibung des Pinschers, die in den 1880er Jahren von dem Deutschen Nationalen Hundeverband anerkannt worden war, erwähnt eine zwergähnliche Varietät des drahthaarigen Pinschers und bezeichnet ihn noch immer als »drahthaariger Zwergpinscher oder Affenpinscher«.

Wir wissen, daß Schilbach unter dem Zwingernamen »Pfeff« bereits vor Gründung des Pinscherklubs in 1895 selektive Zucht der drahthaarigen Pinscher betrieb. Zunächst wurde der kleine drahthaarige Pinscher allerdings von den Vorstandsmitgliedern eher ignoriert und ähnliches läßt sich auch für den Affenpinscher feststellen.

Anders war es mit den Kurzhaarpinschern, denn man teilte sie kurzerhand in eine Standardvarietät von ungefähr 45 cm und eine Zwergvarietät von 28 cm oder weniger ein. Die Erklärung dafür liegt darin, daß sich die Größeneinteilung schon vorher auf natürliche Weise vollzogen hatte.

Es ging möglicherweise auf diese Situation zurück, daß einige der ersten Rauhhaarpinscherzüchter auf einen 28 cm oder weniger großen Zwergschnauzer hin selektierten. Sie züchteten eine Art Zwerghund, der eigentlich nur noch wenig mit dem Schnauzer zu tun hatte.

Seit 1900 wurden die drahthaarigen Pinscher in zwei getrennten Klassen gezeigt - eine war für die Affenpinscher mit ihrem Vorbiß und affenartigen Gesichtern und eine andere bestand für die kleinere Version des Drahthaarpinschers.

Im Jahre 1903 registrierte das Zuchtbuch erstmals die Affenpinscher getrennt von den anderen Drahthaarpinschern. Josef Berta war es, der bahnbrechend forderte, daß der rauhhaarige Zwergpinscher in Bezug auf Körperbau, Kopf, Haarkleid und Wesen eine Kleinausgabe des Mittelschnauzers sein sollte. Mit anderen Worten, er sollte zwar kleiner sein, aber dennoch ein klassischer Schnauzer, ohne die Negativerscheinungen der Verzwergung aufzuweisen. Als typisches Beispiel erwähnt Berta den 1898 geborenen Ch. »Jocco-Fulda Lilliput«, der den richtigen Typ besaß, aber leider seine Qualitäten an die Nachkommen nicht weitergab.

Spätestens seit 1910 wurden die kleineren Drahthaarpinscher als zwei getrennte Rassen geführt - die Zwergschnauzer und die Affenpinscher. In dem ersten berühmten Zuchtbuch von Felix Ebner nach der Vereinigung des deutschen Klubs, 1923 herausgegeben, findet sich ein detaillierter Zwergschnauzerstandard.

Besondere Verdienste in Bezug auf die Entwicklung und Verbreitung der Rasse gebühren Schilbach (Pfeff), Stache (Chemnitz-Plauen), Frau Zitzelman (Zitzelmännchen), Martin (Lehrte) und Wach (Werneburg).

Genauso wie bei den größeren Vertretern, bewegte sich das Farbenspektrum dieser ersten Zwergschnauzer von lackschwarz bis zum schwarz-rot, rotgelb, graugelb und pfeffersalz. Die Eckpfeiler, auf denen die Rasse beruht, bildeten der dunkelgraue »Zitto v. d. Werneburg« und sein schwarzer Sohn »Peter v. d. Westerburg« (geb. 1902), ferner müssen der schwarzgelbe »Prinz v. Rheinstein« (geb.1903) und ein Sohn des »Gift v. Chemnitz-Plauen« genannt werden. In diesem Zusammenhang sollte man auch den pfeffersalzfarbigen, von Weber in 1912 gezüchteten »Rudi v. Lohr« nicht vergessen.

Die Zuchtbücher von 1916 und 1923 enthalten 353, beziehungsweise 1505 eingetragene Zwergschnauzer. Der neue Rassestandard von 1923 demonstriert ganz deutlich, daß Berta's Ideal umgesetzt worden war, denn er legt fest, daß der Zwergschnauzer die kleinere Version des Schnauzers sein sollte, immer unter der Bedingung, daß seine hervorragenden natürlichen Qualitäten beibehalten werden mußten.

Dieses Zuchtziel wurde nach dem Ersten Weltkrieg weiterverfolgt und die wichtigsten Züchter waren: Gräfin Kanitz (Abbagamba), Dr. Frommer (Baltischort) und Riehl (v. Dornbusch). Gräfin Kanitz und Dr. Frommer, beide lebten in Ostpreußen, müssen bemerkenswerte Hunde gezüchtet haben, denn nach einer Schau in Elbing 1927 schrieb Josef Berta: »Der Zwergschnauzer ist der größte Trumpf, den Ostpreußen ausspielen kann. Die Produkte der Zwinger Baltischort und Abbagamba sind das Beste, was das ganze Land bieten kann«.

In den 30er Jahren war es Herman Walter, der in seinem Zwinger »Heinzelmännchen« hartnäckig das doppelte Ziel von korrekter Größe und korrekter Pfeffersalzfarbe verfolgte. Der 1923er Rassestandard forderte immer noch eine Widerristhöhe von 28 cm und Herman Walter argumentierte, daß eine solch geringe Größe dazu neige, den Schnauzer zu verzwergen und zwar mit all den sich daraus ergebenden Konsequenzen. Gleichzeitig warnte er aber auch vor einem Zwischenmaß, was den Zwergschnauzer zu nah an den Mittelschnauzer brächte. Seine Auffassung, daß die Idealgröße des Zwergschnauzers zwischen 30 und 35 cm liegen sollte, damit der Zwerg sowohl im Aussehen als auch im Wesen dem Mittelschnauzer gleichkam, bewies sich als richtig und wurde allgemein angenommen. Die unsauberen Farben, die zunächst toleriert worden waren und auch noch teilweise im Heinzelmännchenzwinger auftauchten, wurden von Herman Walter und seinen Anhängern Schritt um Schritt beseitigt.

Der überarbeitete Rassestandard von 1956 gleicht - was die Farbe angeht - den Zwergschnauzer dem Mittelschnauzer total an. Es ist also nur noch die Rede von lackschwarz und pfeffersalz. Diese zwei Varietäten werden nun getrennt gezüchtet und vorgeführt und erhalten auch auf Ausstellungen getrennte CACs (Certificat d'Aptitude au Championat).

Erwähnenswert scheint, daß Gräfin von Kanitz in den 20er Jahren auf ein paar wenige schwarz-weiß gescheckte Welpen stieß. Sie verpaarte sie miteinander und entwickelte gewissermaßen eine Linie daraus. Der damalige PSK-Vorstand hielt es für nicht erforderlich, jene Bemühungen weiter zu verfolgen, oder sie gar als getrennte Varietät anzuerkennen.

Trotz aller Bemühungen, die lackschwarze und pfeffersalz Farben rein zu erhalten, fielen dennoch sporadisch schwarzsilber-farbige Welpen aus pfeffersalz Eltern. Dies geschah sogar noch häufiger in Ländern, in denen eine Verpaarung von schwarz mit pfeffersalz erlaubt war.

Erst 1968 kam der PSK-Vorstand nach langer Diskussion überein, die Erlaubnis für eine Versuchszucht zu erteilen. Im Inland geborene schwarzsilberne Zwerge konnten nun mit ähnlichen Importen aus den USA, Dänemark und Israel verpaart werden. Beraten und unterstützt von Dr. Hans Räber, leistete Frieda Steiger aus der Schweiz zweifellos einen bedeutenden Beitrag zur Entwicklung des schwarzsilbernen Zwergschnauzers.

1977 wurde dann der schwarzsilberne Zwerg auch offiziell von der Fédération Cynologique Internationale (FCI) anerkannt und das Certificat d'Aptitude au Championat International de Beauté (CACIB) mit der Möglichkeit, Internationaler Champion zu werden, gewährt.

Ich meine, daß es an dieser Stelle wichtig ist, in die Mitte der 60er Jahre, als nämlich die Wiedereinführung der schwarzsilbernen Varietät vom PSK-Vorstand diskutiert wurde, zurückzukehren. Viele Vorstandsmitglieder erinnerten sich noch zu gut an die Farbenvielfalt und die ungeheuren Anstrengungen vieler Züchter, die richtigen pfeffersalz und lackschwarz Farben zu erhalten. All dies berücksichtigend, wurde die strikte Auflage gemacht, daß schwarzsilber auch wirklich nur mit echtem schwarzsilber verpaart werden sollte. Trotz dieser Warnungen und Anweisungen, die von dem deutschen Rassezuchtverband gegeben wurden, sollten in Zukunft, neben hervorragenden schwarzsilbernen Tieren, viele verwaschene und keineswegs farbenreine Zwergschnauzer auftauchen. Oft wurde die Erfahrung gemacht, daß die gewünschte schwarze Decke, obwohl sie im jugendlichen Alter in Ordnung war, mit etwa einem Jahr dazu neigte, zunehmend grau und unsauber zu werden. Das hat bei einigen wenigen skrupellosen »Liebhabern« gar soweit geführt, daß sie bereit sind, unerlaubte Manipulationen an den Tieren vorzunehmen und das Haar ihrer Hunde für die Schau zu färben.

Momentan nimmt der schwarzsilberne Zwergschnauzer ganz sicher innerhalb der Gruppe der Zwergschnauzer eine Spitzenposition ein. Sicher ist es falsch zu glauben, daß lediglich Ausstellungshunde schwarzsilber sein sollten und daß Wurfgeschwister, als Lieblingstiere verkauft, durchaus jede andere Farbe haben könnten. Um den unehrenhaften Versuchen der Manipulation und des Färbens zu begegnen, gehen die FCI-Richter dazu über, eine Haarprobe von jedem verdächtigen Zwergschnauzer zu nehmen und untersuchen zu lassen.

Als der PSK-Vorstand 1968 mit der schwarzsilbernen Varietät beschäftigt war, wurde er auch mit der Forderung nach Anerkennung der weißen Farbe konfrontiert. Da es sich dabei um eine ausschließlich deutsche Forderung handelte, die darauf beruhte, daß eine handvoll deutscher Züchter weiße Zwergschnauzer, die aus schwarzen Eltern gefallen waren, untereinander verpaarte, wurde die ganze Angelegenheit zunächst intern behandelt. Die Möglichkeit des Registrierens des weißen Zwergschnauzers im Zuchtbuch wurde eröffnet und somit konnte eine separate Varietät - unter Kontrolle des deutschen Klubs - in Angriff genommen werden. Die Nomenklatur, im Juli 1990 von der FCI veröffentlicht, erwähnt vier Farben innerhalb der Gruppe der Zwergschnauzer: schwarz, pfeffersalz, schwarzsilber und weiß. Zunächst konnten die weißen Zwerge auf internationalen Schauen ausgestellt werden, der Titel »International Champion« wurde aber noch nicht verliehen. Inzwischen aber wurde die jahrelange gewissenhafte und konsequente Arbeit einiger enthusiastischer Züchter dahingehend belohnt, daß nun auch dem weißen Farbschlag der internationale Schönheitschampiontitel der FCI zugebilligt werden kann. Besonders betont werden muß, daß der weiße Zwergschnauzer überhaupt nichts mit Albinismus zu tun hat. Obwohl das Haarkleid einfarbig weiß ist, ist die Haut fleischfarbig und Augen, Nase, Lippen, Augenlider, Zehnägel und Ballen sind schwarz.

Um den Bereich der Farbgestaltung zu beenden, sollte noch erklärt werden, warum während der frühen Selektionsperiode solche Farben wie gelb, braun, rot, schwarzrot und deren jeweilige Vermischungen eliminiert wurden. Jene Farben gehen zurück auf die Tage als die Drahthaar- und Glatthaarrattler von der Landbevölkerung Süddeutschlands miteinander verpaart worden waren. Farbe und sogar auch Größe besaßen damals noch keine direkte Bedeutung für sie, vielmehr waren Funktion und ausgeglichenes Wesen vorrangig. Die moderne Kynologie hat Nachfahren der Rattler

*Souris - J. Kneppelhout, Warnsveld.*

*Vetter - J. Kneppelhout, Warnsveld.*

*Gourko Pfeff und Fanny Bidlingmayer*
*P. Sassen, Antwerpen.*

gezüchtet, die ihre unverfälschte Natur beibehalten haben, wenn sie sich auch in Pinscher und Schnauzer aufteilten. Die Pinscher haben ein rotes oder schwarzrotes, kurzhaariges Fell, während das Haarkleid des drahthaarigen Schnauzers auf die alten Pfeffersalzlinien zurückgeht.

## Aufkommendes Interesse von jenseits der Grenzen

Natürlich, der Schnauzer ist eine deutsche Rasse und seine Ursprungsregionen sind Baden, Bayern und Württemberg im südlichen Teil des Landes. Aber es ist verständlich, daß der Schnauzer sich auch über die süddeutschen Regionen hinaus verbreitete und tatsächlich war er bereits schon in den Nachbarländern der Schweiz und Österreich zu finden, lange bevor er als Rasse anerkannt war. Das ist auch der Grund dafür, daß wir Schnauzer schon in den ersten schweizer und österreichischen Zuchtbüchern vermerkt finden. Dies kann nicht als eine Art Export dorthin interpretiert werden, sondern muß vielmehr als natürliche Ausbreitung und regionale Ausdehnung der Rasse gesehen werden.

Soweit es bekannt ist, war »Maus« der erste Schnauzer, der Deutschland verlassen hatte und er kann damit als Exporthund Nummer eins bezeichnet werden. Sein Werdegang wurde in dem folgenden Aufsatz (PZ. Band I - 1902) geschildert:

### »Der rauhhaarige Pinscher im deutschen Kolonialdienst

Gestützt auf die Erfahrungen und das reiche Material, welches mir ein Offizier unserer Schutztruppe an die Hand gegeben, sei es mir erlaubt, die ausgezeichneten Erfolge zur Sprache zu bringen, die man mit dem Pinscher in den Kolonien gehabt hat. Das Verdienst, zuerst seine Qualifikation erkannt und praktisch erprobt zu haben, gebührt Herrn Hauptmann Volkmann, s. Z. in Keetmanshoop, Deutsch-Süd-West-Afrika, der sich im Juni 1894 mit einer jungen Hündin - »Maus«, P.-Z. 362 - einer Enkelin meines alten »Morro« und Tochter von »Morro II« des Herrn Huth, Niederrad, nach Afrika einschiffte. »Maus« ist eine Hündin älteren Schlages, mit kurzem, spitzem Fang und breiter Backenpartie, aber in Haltung, Blick und Ausdruck von spezifischem Pinschertypus und durch kompakten Bau, kräftige Knochen, dichtes Haarkleid wohl geeignet, Strapazen aller Art auszuhalten und sich Respekt zu verschaffen. »Maus« hat sich in der That in sechsjährigem hartem Dienste ausgezeichnet bewährt. Keiner der vorhandenen 20 Hunde anderer Rassen that es ihr gleich an Wachsamkeit und Eifer, an Ausdauer und Schneid; und niemals versagte sie auf den anstrengenden Ritten, die oft in 24 Stunden 130 km weit ins Land gingen; immer munter und aufmerksam, war sie auch des Nachts ein unbedingt zuverlässiger und unbestechlicher Wächter; sie allein wagte es, die zahlreichen Schakale abzuwürgen, und nahm muthig die Hyänen an, die fast täglich im Eisen hingen oder fuhr auch 'mal einen Schwarzen in die nackten Waden, wenn er ihr verdächtig vorkam. Ebenso brauchbar und unentbehrlich war »Maus« auf der Jagd; sie wich nicht von ihres Führers Seite, nahm die Schweissfährte auf und arbeitete tadellos. In mehr als 600 Nächten hat sie unter freiem Himmel auf der Erde geschlafen und ihren Herrn bewacht, mit dem sie zweimal den schwarzen Erdtheil durchzogen hat. Aber alle Mühsale, Kämpfe und Entbehrungen haben ihren Pflichteifer und ihre Spannkraft nicht erschüttern können, und wenn heute die brave Hündin nicht mehr zu voller Aktion kommt und im Begriff ist, auf den wohlverdienten Lorbeeren auszuruhen, so verdankt sie dies lediglich ihrer all zu üppigen Kondition. Nun! Sie hat ihre Schuldigkeit in vollem Maasse gethan und kann in Ehren die Ruhe des Alters geniessen!«

Etwa zur gleichen Zeit gab es aber auch schon weitere Exporte. Züchter aus den Niederlanden und Belgien kauften hervorragende Hunde, stellten sie aus und begannen, die ersten Schnauzer außerhalb Deutschlands zu züchten. Herr Rogmans, Herr Woltman-Elpers und Herr Hubner - sie alle lebten in Amsterdam - waren die ersten holländischen Züchter, die 1897 schon früh ihre ersten Würfe registrieren ließen. Der Holländische Schnauzerklub wurde 1922 gegründet und besteht ohne Unterbrechung bis zum heutigen Tage. Der erste in Belgien geborene Schnauzerwurf wurde 1902 eingetragen. Im selben Jahr importierte Herr Lacroix aus Lüttich den Sieger »Moritz Harthof« (geb. 1. Juli 1898; errang 41 erste Preise!) und die Hündin Siegerin »Hilde Harthof« (geb. 15. März 1898; errang 53 erste Preise!). Er kaufte auch »Lümpli Arnswalde« (geb. 3. Mai 1897; errang 38 Ehren- und erste Preise!) und dieser wunderschöne Pfeffersalzrüde war von überragender Qualität, denn deutsche Richter erwähnen ihn als typischen Vertreter der Rasse. Der belgische Landsmann Prosper Sassen aus Antwerpen besorgte sich einige überragende Hunde von Robert Schilbach aus Greiz. 1905 legte Sassen die Grundlagen für den »Pinscher Club Belge«. Trotz dieses qualitativ besten Starts überlebte der belgische Klub leider nicht den Ersten Weltkrieg. Natürlich gab es weiterhin vereinzelte Bemühungen in Sachen »Schnauzer« in Belgien, aber es dauerte dennoch bis 1954, bis ein neuer und starker belgischer Schnauzer- und Pinscher-Klub wieder ins Leben gerufen wurde.

Frankreich, Italien, Schweden, Dänemark, Finnland, Norwegen und andere europäische Länder zeigten sehr früh Interesse an Schnauzern. Einzelne ausländische Rasseklubs entstanden und sehr bald züchtete man auch dort hervorragende Tiere.

Im Jahre 1905 wurde der erste Schnauzer nach den Vereinigten Staaten exportiert.

1924 importierte die Gräfin von Montrose den ersten Schnauzerwelpen nach Britannien. Ganz besonders der Zwergschnauzer gewann daher eine große Popularität bei den Engländern.

*Ch. Russ II Pfeff - P. Sassen, Antwerpen.*

*Ch. Russ II Pfeff und Ch. Donata van Antwerpen*
*P. Sassen, Antwerpen.*

# Kapitel 6
# DER RIESENSCHNAUZER

Während ich mein Gespräch unterbrach, um einen Schluck Kaffee zu nehmen, nutzte Charles die Gelegenheit, eine ihn schon länger bewegende Frage loszuwerden: »Die ganze Zeit denke ich schon an einen Riesenschnauzer, aber nirgendwo ist in Deinem historischen Abriß die Rede von einem solchen Hund. Ständig sprichst Du über Größen von 30 bis 35 cm und Gewichten von 8 bis 15 kg. Sicher ist doch der große schwarze Kerl, den Du uns vorher in Deinem Buch gezeigt hast, erheblich größer und schwerer! Nun, wo reihst Du denn diesen Hund in Deine Geschichte ein?«

»Charles, das ist eine eindeutige Aufforderung. Es ist nun sicher an der Zeit, daß wir zu dem Riesenschnauzer kommen. Es gibt einen ganz plausiblen Grund dafür, daß ich ihn bislang ausließ. Tatsächlich ist seine Geschichte ebenso alt wie die des Zwerg- und Mittelschnauzers, aber eben unklarer. Sein wirklicher Eintritt in die moderne Kynologie erfolgte erst später.«

## Die Wurzeln des Riesenschnauzers

Was des »Oberländers« Gebrauchs- und Einsatzfähigkeiten betrifft, so können wir davon ausgehen, daß er auf jenen großräumigen Bauernhöfen geradezu ein Alleskönner sein mußte, wenn es auch sicher seine Hauptaufgabe war, Haus und Hof bei jedem Wetter zu schützen und zu bewachen. Die Vorsilbe »Sau«, die in mehreren Namenskombinationen verwendet wurde, weist auf eine Verbindung zu »Schwein« und »Wildschwein« hin. Die Deutschen sind dafür bekannt, daß sie gerne Schweinefleisch und Speck verzehren und die großen bayerischen Bauernhöfe produzierten viel davon. Im Frühjahr und Sommer mußten Schweine- und Viehherden auf die Almen getrieben werden. Derselbe Hund wurde auch im Herbst und frühen Winter in den tiefen Alpenwäldern zur Wildschweintreibjagd eingesetzt.

In den 30er Jahren des vorigen Jahrhunderts benutzten Baumeister und Reichenbach Begriffe wie »Saubeller, Saufinder« und »Saurüden« in ihren Büchern - alles Ausdrücke für einen starken, drahthaarigen Hund mit einer ziemlichen Ähnlichkeit mit dem Drahthaarpinscher, aber ganz sicher größer und beeindruckender. Derartige Hunde lebten eher isoliert auf bayerischen Bauernhöfen des Hochlandes und waren damals unter dem Namen »Oberländer« bekannt. Über ihren konkreten Ursprung gibt es keine absolute Gewißheit! Der »Oberländer«, aus dem sich dann später unser Riese entwickelte, könnte zurückgehen auf molossoide Ahnen, die vor ca. 2000 Jahren von den römischen Legionären importiert wurden. Allgemein wird angenommen, daß die verschiedenen Schweizer Sennenhunde und auch der Rottweiler Abkömmlinge von Molossern sind, die sich in verschiedenen Gegenden unterschiedlich weiterentwickelten. Das konnte natürlich auch auf die rotbraun-schwarzen Hunde zutreffen, die besonders in dem bayerischen Hochland beheimatet waren.

Wir wissen, daß die Landwirte des bayerischen Hochlandes sehr stolz auf ihre großen Bauernhunde waren und deshalb ist es nicht verwunderlich, daß sie ihre Tiere nur für sich und ihre eigenen Zwecke bewahren wollten. Einen Beleg für diese Theorie liefert das Ölgemälde aus dem Jahre 1850, das die Prinzessin Elisabeth von Bayern, die spätere Kaiserin von Österreich, in Begleitung eines großen, kräftigen rotbraunschwarzen Oberländerhundes mit einem beeindruckenden bärtigen Kopf, darstellt.

Somit wissen wir, daß der Urvater des späteren Riesenschnauzers schon in der vorkynologischen Periode existierte. Durch natürliche Selektion erreichte und bewahrte er - immer orientiert an dem harten, rauhen und isolierten Leben auf den bayerischen Alpenhöfen - seine wesensmäßige und morphologische Identität.

Es wird auch vermutet, daß zusätzlich zu dem Molosser ein mehr wolfsähnlicher (lupoider) Hundetyp in dieselbe Gegend einwanderte und er könnte vielleicht auch eine Rolle im Zusammenhang mit dem natürlichen Selektionsprozeß des Oberländers gespielt haben. Historiker berichten, daß während der Völkerwanderung westrussische Stämme die Gegend um die heutige finnisch-russische Grenze herum verließen und in Richtung Süddeutschland zogen, wo sie sich niederließen. Mit sich brachten sie zum Beispiel nicht

*Der Owtscharka ist möglicherweise einer der Vorfahren des »Oberländers«.*

nur ihre Architektur, sondern auch ihre Hunde vom Typ des Owtscharkas. Dies könnte auch das Bindeglied zu den häufig gebrauchten Rufnamen »Ruß, Russelo, Russine« usw. sein. Um die Jahrhundertwende herum stößt man häufig auf die Bezeichnung »Russenschnauzer«, als nämlich mehrere Münchener Hundeliebhaber sich einige Oberländerhunde anschafften und München somit zur zweiten Heimstätte unseres heutigen Riesen wurde.

Daß aber schon Ende des 19. Jahrhunderts manche Zuchtstätte, unabhängig von den Bergbauern, vorhanden war, zeigt eine Erinnerung von Steinhuber - Aidenbach in den Mitteilungen 1935. Er hatte 1898 schon 9 schwarze Zuchthündinnen und bis zu 45 Junghunde in seinem Zwinger, die damals noch allgemein Russische Schnauzer genannt wurden. Als er mit seiner Hündin »Fedora« in Regensburg in den Ring kam,

*Ch. Roland Rolandsheim gehörte Herrn Pankok, Düsseldorf. Der erste Riesenschnauzer, der in München 1909 ausgestellt wurde.*

wurde er von Richter Merl ziemlich kurz abgefertigt. »Es gibt keine russischen Schnauzer, Hunde von dieser Größe sind keine Rasse und keine Schnauzer«. (Dr. E. Harms, Pinscher und Schnauzer, Februar 1983)

Des Riesenschnauzers Weg von entlegenen Bauernhöfen zu Popularität und Ruhm war nicht einfach.

Ausdrücke wie »Bierschnauzer« und »Münchener Schnauzer« gehen auf diese Zeiten zurück. Beide Namen spiegeln das zunehmende Vorhandensein solcher Hunde in München und ihre Verwendung in den Brauereien wider. Es gehörte schon beinahe zum Münchener Straßenbild, daß diese drahthaarigen Kerle die großen, mit Bierfässern beladenen Pferdefuhrwerke begleiteten.

Parallel dazu wurde in jener Zeit der Name »Drahthaarpinscher« in Süddeutschland aufgegeben und durch den Begriff »Schnauzer« ersetzt. Das war auch der Grund dafür, daß Zurhellen, Anfang Dezember 1907, seinen neuen Klub in München »Bayerischer Schnauzerklub« nannte.

*Bazi v. Wetterstein, geb. 1914.*

## Die ersten züchterischen Bemühungen um den Riesenschnauzer

Als 1909 anläßlich einer offiziellen Ausstellung in München einige »Große Münchener Schnauzer« vorgeführt wurden, erhielten sie volle Beachtung und wurden nicht länger, wie etwa die Russenschnauzer in Regensburg, ausgeschlossen. Diesen Tatbestand können wir als die erste, offizielle Anerkennung der Rasse festhalten.

Noch aussagekräftiger ist die allererste Eintragung von 6 + 3 Münchener Schnauzerwelpen in das dritte Zuchtbuch, das von dem Kölner Pinscher-Klub 1910 herausgegeben worden war. Daß wir unter der allgemeinen Überschrift »Deutsche Pinscher« im ersten

Absatz die Eintragung des »Münchener Schnauzers« finden, deutet darauf hin, daß nicht nur in München, sondern auch in Köln der Name rauhhaarige Pinscher durch »Schnauzer« ersetzt wurde. Einerseits griffen Züchter in die Entwicklung des »Oberländers« ein und anderseits war der Pinscher-Klub äußerst daran interessiert, das Exterieur des Münchener Schnauzers so eng wie möglich dem rauhhaarigen Pinscher anzugleichen.

Somit war es geradezu logisch, daß übergroße Mittelschnauzer mit ursprünglichen Oberländern verpaart wurden. Das ist auch der Grund dafür, daß es in den Zuchtanfängen zwei Richtungen gab. Die erste Gruppe setzte die Oberländer (ob gut oder schlecht), die man auftreiben konnte, ein und beachten wir bitte - freilich verkauften die Bauern nicht gerade die besten Hunde! Die zweite Richtung entwickelte sich entfernt von München, mehr im Stuttgarter- und mitteldeutschen Raum und sie kreuzte die Oberländer mit übergroßen pfeffersalz Mittelschnauzern. Diese Methode wurde von bereits erfahreneren Züchtern angewendet, mit der Absicht, so schnell wie möglich Uniformität bei einem größeren Hund vom Typ des Schnauzers zu erreichen. Das erklärt auch, warum einige der erstmals 1909 in München gezeigten Riesenschnauzer Pfeffersalzvertreter waren.

Aufschlußreich ist zusätzlich die Feststellung, daß von den erstmals registrierten 9 Riesenschnauzerwelpen 4 pfeffersalzfarbig, 3 schwarz (einer mit einem weißen Brustfleck), einer braungelb und einer graugelb waren. Der Vater dieses ersten eingetragenen Wurfes war Sieger »Roland Rolandsheim«, den Herr Pankok aus Düsseldorf besaß. Es war ein kraftvoller Hund, von dunkler, wolfsgrauer Farbe und 55 cm Widerristhöhe. Er besaß einen guten Kopf mit hartem Bart und typischem Schnauzerausdruck. Seine Behaarung war harsch, der Rücken ziemlich lang und die Ohren sehr kurz und schlecht kupiert. Obwohl er das Ergebnis unbekannter Eltern war, wurde er von den frühesten Riesenschnauzerliebhabern bewundert und als ein guter Rassevertreter betrachtet.

Tatsächlich handelte es sich bei ihm um ein gutaussehendes Zufallsprodukt, denn später erwies er sich als schwacher und unzuverlässiger Vererber. Somit verlief seine Karriere als Deckrüde kurz und übrigens entwickelte sich auch niemals ein wirklicher Rheinlandtyp.

In den alten »Pinscherblättern« finden wir einen Bericht von Josef Berta über eine 1909 von dem »Bayerischen Schnauzerklub« organisierte Ausstellung, zu der 23 Münchener Schnauzer gemeldet waren. Er schreibt: »Es war ein Durcheinander von Typen, Farben, Haarvariationen und Größen.« Das heißt auch, daß wir diese eher zufällig gezüchteten Riesenschnauzer, die in München gezeigt worden waren, nicht zu ernst nehmen sollten. Sie wurden zusammengetragen von den ersten Amateurzüchtern. Ihnen fehlten Größe und Kraft des wirklichen Oberländers. Von all den gezeigten Hunden blieb für den Richter Boppel Cannstadt nur noch der drahthaarige schwarze »Bitru v. Weinberg« als für die Zucht geeignet übrig.

Allgemein vertrat man die Auffassung, daß der Oberländer die Basis für den zukünftigen Riesenschnauzer bilden sollte und dazu mußte er aber weiter verbessert und selektiert werden. So wurden Sieger wie dieser »Bitru v. Weinberg« zunehmend bedeutender! Gepaart mit dem Münchener Typ und dem mitteldeutschen Typ, brachte »Bitru« Riesenschnauzer wie »Bazi v. Wetterstein« (geb. 1914), der eine Art Eckpfeiler für einen späteren einheitlichen Typ werden sollte. Den alten Oberländer und den Münchener Typ brauchte man, um Größe und Kraft zu erhalten. Der mitteldeutsche Typ brachte Schnauzerausdruck, Gedrungenheit, korrekte Winkelungen und fließenden Bewegungsablauf, alles Qualitäten, die bereits im Mittelschnauzer vorhanden waren.

Um die Ambivalenz in Bezug auf die Größenunterschiede zu vermitteln, bietet sich ein Maßvergleich zwischen dem Sieger »Roland Rolandsheim«, der 55 cm Widerristhöhe hatte und dem Oberländer »Baldur v. Fuchspark-Potzhaus«, dessen Höhe 76 cm betrug, an. Es bedurfte vieler Generationen, um Einheitlichkeit zu erzüchten und dies dürfte unter anderem auch ein Grund dafür sein, daß der moderne Rassestandard einen Höhenspielraum von 60 bis 70 cm zuläßt.

Hier nun noch einige Angaben und Namen damals bekannter Riesenschnauzerzüchter unmittelbar vor dem Ausbruch des Ersten Weltkrieges:

***Rheinland:*** Pankok (Düsseldorf) besaß Sieger »Roland Rolandsheim«, der allerdings wenige Nachzuchterfolge aufweisen konnte.
***Mitteldeutschland:*** O. Leps »v. Fischbach«; W. Schmerwitz »v. Conze«.
***München:*** Bettler »v. Taufkirchen« (der erste, der 1913 einen Wurf eintragen ließ); Hastreiter »v. Sendling«; Kluftinger v. Wetterstein«.

Weiter gab es auch einzelne Züchter, die es mit der Eintragung ihrer Würfe nicht so ernst nahmen. Obwohl einige wenige Zwinger ein paar gute Hunde gezüchtet hatten, hemmten der Mangel an Informationsfluß und der Ausbruch des Ersten Weltkriegs jede weitere Entwicklung. Alles in allem, wurden während der ersten zehn Jahre des Bestehens des Münchener Schnauzers lediglich 44 Eintragungen ins Zuchtbuch vorgenommen. Die meisten der ersten Züchter hatten, bedingt durch den Ersten Weltkrieg, ihr Interesse an

**Ahnentafel Felz v. Kinzigtal**

- Felz v. Kinzigtal (1924)
  - Blitz v. Kinzigtal
    - Rauber v. Rolandsheim
      - Ch. Roland Rolandsheim
      - **Polska v. Conze**
    - Oberländer unbekannt
  - Priska v. Kinzigtal (1918)
    - Russ v. Fishbach
    - Lisbeth v. Kinzigtal (1914)
      - Morro (Oberländer)
      - Cora v. Kinzigtal (1910)
        - Bitru v. Weinberg
        - **Proska v. Conze**

der Weiterzucht des Riesen verloren. Als dann 1918 sich die Lage wieder normalisiert hatte, konnte man leider nur noch auf ein paar wenige gute Münchener Schnauzer zurückgreifen.

## Der endgültige Durchbruch des Riesenschnauzers

C. Calaminus (aus Langendiebach, in der Nähe von Hanau am Main) war am Schicksal des Münchener Schnauzers besonders interessiert und im Jahre 1914 beschloß er, sich auf die Zucht des echten Riesenschnauzers zu konzentrieren, zumal er eine Menge züchterischer Erfahrungen besaß.

Mit dem Auge eines Kenners machte er sich auf die Suche nach passenden Oberländern. Diese Hunde kreuzte er mit dem Münchener Schnauzertyp und setzte zudem noch andere Linien ein. Er wollte einen schwarzen Riesenschnauzer mit kompaktem Körperbau.

Calaminus war ein zielstrebiger Mann, der sich weigerte, seine Zuchttechnik der Öffentlichkeit preiszugeben. Man vermutet, daß er neben dem Oberländer und dem Münchener Schnauzer auch eine schwarze Deutsche Dogge verwendet hatte, aber einen konkreten Beleg dafür ließ er uns nicht zurück. Sein züchterisches System beruhte auf unerbittlicher Auslese. Trotz der schwierigen Kriegsjahre harrte er aus, und mit dem Jahr 1918 wurde die Tür zum Erfolg des »Kinzigtal«-Zwingers weit aufgestoßen.

Zur gleichen Zeit beschloß der Direktor des Frankfurter Zoos, Dr. Priemel, sein Wissen und seinen Enthusiasmus unserer Rasse zu widmen und sein Zwinger »v. d. Pfingstweide« spielte wahrhaftig eine wichtige Rolle.

In Sachsen wurde die Tradition des alten »v. Conze«-Zwingers fortgeführt durch Baron v. Lülsdorf unter den Namen »v. Stichelsdorf« und in Chemnitz machte der »v. Schönau«-Zwinger auf sich aufmerksam. Im »v. Wetterstein«-Zwinger züchtete der Münchener K. Kluftinger konsequent weiter und jener verschwiegene Mann gab schließlich, unter Druck des Klubs und einigen einflußreichen Persönlichkeiten, seinen berühmten »Bazi v. Wetterstein« für Hündinnen auch außerhalb seines eigenen Zwingers zum Decken frei. In Worms wurde die Erfahrung des Züchters Pankok (»Rolandsheim«) von Herrn Oberle, der unter »v. Alt Worms« sich züchterisch sehr verdient machte, genutzt und ausgebaut.

Nun, zwischen 1918 und 1921 wurden 567 Riesenschnauzer eingetragen. Die vom deutschen nationalen Hundeverband 1922 getroffenen Entscheidungen, alle nicht registrierten Hunde von Ausstellungen auszuschließen, stimulierte allgemein die Eintragungsbereitschaft und lenkte den Hundesport in die richtigen Kanäle.

*Felz v. Kinzigtal, Züchter Dr. C. Calaminus, 1924.*

*Washington Bonaparte, ein berühmter Bouvier, der den Grenztyp verkörperte, 1912.*

Ohne Zweifel, der Riesenschnauzer war zur kynologischen Wirklichkeit geworden und benötigte und erhielt nun auch die volle Aufmerksamkeit des »Pinscher-Schnauzer Klub, 1895 e.V.«.

Der 1923 gewissenhaft und weitsichtig erarbeitete Rassestandard besiegelte die bemerkenswerte Zukunft des Riesenschnauzers. Gleich zu Anfang steht dort geschrieben: »Der Riesenschnauzer soll das möglichst genaue, erheblich vergrößerte und verstärkte Abbild des Schnauzers sein.« Das setzte voraus, daß, wenn er denn »Riesenschnauzer« genannt werden sollte, der Kraft und Substanz des Oberländerkörpers, das Exterieur, die Umrißlinien und der Ausdruck des Schnauzers hinzugefügt werden mußten.

Die 1923 festgelegte Widerristhöhe von 55 bis 65 cm sollte bewirken, daß übergroße, zu schwere und damit als Gebrauchshunde ungeeignete Tiere, keinen Eingang in die Zucht finden sollten.

Ganz entscheidend war übrigens, daß den Charakter- und Wesenseigenschaften allerhöchste Bedeutung beigemessen wurde: »Im ganzen eine trutzig-wehrhafte, wuchtige Hundegestalt. Ruhe und Besonnenheit, gepaart mit Temperament und unerschrockenem Draufgängertum, Schnelligkeit, Ausdauer und unbestechlicher Treue, dazu Widerstandsfähigkeit gegen Witterungseinflüsse, - das alles bestimmt den Riesenschnauzer zum harten, zähen **Gebrauchshund,** als der er ausgebildet und züchterisch weiterentwickelt werden soll«.

Diese grundlegenden Ausführungen belegen ganz eindeutig, daß der Riesenschnauzer schon damals für zeitgemäße Ansprüche und zum modernen Gebrauch entwickelt wurde.

Ehe wir aber fortfahren, lohnt es sich, in das Jahr 1923 zu den Zuchtbemühungen des Dr. Calaminus zurückzukehren. Eine seiner ersten Zuchthündinnen war »Cora v. Kinzigtal« (geb. 1910), eine Tochter des »Bitru v. Weinberg« und der »Proska v. Conze«. Somit vereinigten sich in ihr sowohl die Münchener als auch die mitteldeutschen Linien. 1914 verpaarte er »Cora« mit einem unbekannten reinen Oberländer namens »Morro« und aus dieser Verbindung behielt er »Lisbeth v. Kinzigtal«.

1918 kombinierte er »Lisbeth » mit »Russ v. Fischbach« und 1924 verpaarte er deren Tochter »Priska v. Kinzigtal« mit »Blitz v. Kinzigtal«, woraus dann der berühmte »Fels v. Kinzigtal« entstand. Bemerkenswert ist, daß er den bis dahin gelegentlichen Oberländereinfluß dadurch festigte, daß er zwei Wurfgeschwister wählte: »Polska v. Conze« und »Proska v. Conze«, die eine von ihnen taucht in der Mutterlinie auf, während die andere im Stammbaum des Deckrüden zu finden ist. Das beweist deutlich, daß Calaminus es hervorragend verstand, mit Hilfe ausgeklügelter und zugleich glücklicher Kombinationen der wenigen vorhandenen Blutlinien, durchschlagende Zuchtergebnisse zu erreichen.

*»Roeselaarschen Koehond« oder Bouvier de Roulers um 1914.*

Erst am Ende seines Lebens lüftete Calaminus teilweise den Schleier seines Zuchtprogramms. Er gestand ein, drei Einkreuzungen anderer Rassen miteinbezogen zu haben: die erste, um dominant schwarze Farbe zu erhalten, die zweite wegen des edel geschwungenen Halses und der richtigen Kopfproportionen und die dritte des gewünschten Haarkleides wegen. Seine Zurückhaltung und Geheimnistuerei einerseits und Eifersüchteleien andererseits waren die Quelle für heftige Kritik und Verleumdungen.

Als Flame möchte ich eine Geschichte über Calaminus wiedergeben und anschließend kurz kommentieren. Während der schrecklichen Inflationszeit nach dem Ersten Weltkrieg wurde ein wunderschöner Rüde, »Michael v. Kinzigtal«, nach den Niederlanden exportiert. Er errang große Schauerfolge und kehrte, nachdem er 4 CACs gewonnen hatte, wieder nach Deutschland zurück. Während einer dieser Ausstellungen war er von dem belgischen Richter Theo Meunier gesehen worden und ich fand dessen Bericht darüber in der belgischen Zeitschrift »Chasse et Pêche« von 1922. Darin stellt er fest, daß er in Den Haag einen wunderschönen, von Dr. Calaminus gezüchteten, Riesenschnauzer gesehen hatte.

Weiter berichtet Meunier: »Als ich mir den Riesenschnauzer anschaute, konnte ich eine enorme Ähnlichkeit mit unserem Bouvier des Flandres nicht leugnen, obwohl der Kopf des Riesenschnauzers eleganter ist und zweifellos einen Schnauzerschädel besitzt.« Dann bat Meunier den anwesenden deutschen Allround-Richter, Herrn Prössler, um mehr Information über den Riesenschnauzer. Prössler, der zugab, daß er Dr. Calaminus und seine Hunde sehr gut kannte, erklärte, daß der Riesenschnauzer ein Ergebnis der Verbindung von übergroßen Mittelschnauzern mit einem anderen Hundetyp, den Dr. Calaminus aber nicht preisgeben wollte, sei. Solche Nachkriegsartikel verführte einige Personen zur Annahme, daß von den Deutschen beschlagnahmte Bouviers auch in der Riesenschnauzerzucht eingesetzt worden waren. Das müssen wir näher betrachten! Zunächst sollten wir uns fragen, welchen Stellenwert der Bouvier im Hundewesen jener Tage überhaupt einnahm? So, wie der Riesenschnauzer um die Jahrhundertwende und die Vorkriegszeit allmählich seinen Weg vom bayerischen Bauernhof in den Ausstellungsring nahm, hatte der Bouvier zur gleichen Zeit einen ähnlichen Weg zu gehen. Er arbeitete als Viehtreiber und Bauernhund im Flämischen Flachland und fühlte sich sowohl im französischen als auch belgischen Teil der Region zu Hause. Wir haben bereits festgestellt, daß wir in Bezug auf den Riesenschnauzer einen Münchener, einen mitteldeutschen und einen rheinischen Ausgangstyp identifizieren konnten. Nun, eine verblüffend ähnliche Entwicklung durchlief auch der Bouvier. Anläßlich einer Zusammenkunft in Kortrijk (West Flandern) 1912, erkannte man offiziell zwei Typen an und erstellte auch zwei verschiedene Rassestandards. Die erste Rasse wurde »Bouvier (Belge) des Flandres« genannt und repräsentierte den Typ, wie er von den Grenzbauern gehalten worden war. Die zweite erhielt den Namen »Roeselaarschen Koehond« (französisch: »Bouvier de Roulers«) auf die Stadt Roeselare zurückgehend. Dort, 40 km landeinwärts von der französisch-belgischen Grenze entfernt, konzentrierte sich ein gewisser Herr Moerman auf diesen Bouviertyp. Der »Roeselaarschen Koehond« war schwerer und stärker als der Grenztyp, lackschwarz und hatte eine Widerristhöhe von 65 bis 70 cm. Kennzeichnend für ihn waren sein etwa 5 cm langes drahtiges Haar mit längeren Augenbrauen und viel Bart. Ein recht beeindruckendes Tier, das aber dennoch eher schlicht geblieben war.

Als die deutsche Armee 1914 durch Belgien zog, machte sie an dem Fluß Yser, jenseits dessen die typischen Grenzbauern-Bouviers beheimatet waren, halt. Roeselare gehörte ohne Unterbrechung bis 1918 zum deutschen Besatzungsgebiet. Natürlich, zwischen 1914 und 1918 hatten die Deutschen genügend Gelegenheit, Bekanntschaft mit dem Bouvier zu machen. Daraus aber zu schließen, daß die beschlagnahmten Bouviers mit Schnauzern gekreuzt wurden, wäre reine Spekulation. Wenn man dennoch erwägen sollte, daß ein Bouvier zu irgendeiner Zeit in die Riesenschnauzerzucht eingebaut wurde, dann kann es gewiß nur ein »Roeselaarschen Koehond« gewesen sein und nicht der in der Literatur öfters genannte »Washington Bonaparte«, ein berühmter Bouvier der den Grenztyp verkörperte. Aber verlassen wir diese Vermutungen lieber, denn im Jahre 1923, zu dem Zeitpunkt als der Riesenschnauzer seinen offiziellen Rassestandard erhielt, wurde die offizielle Zucht des »Roeselaarschen Koehond« aufgegeben. Die belgische »Société Royale Saint Hubert« und die französische »Société Canine Centrale« beschlossen gemeinsam, dem französisch-belgischen Grenz-Bouvier-Typ den Vorzug zu geben und somit von nun an nur noch einen einzigen Bouvier anzuerkennen, nämlich den »Bouvier des Flandres«. Somit wurde der »Roeselaarschen Koehond oder Bouvier de Roulers« aus der Liste der von der FCI anerkannten Rassen gestrichen.

Wenn nun trotzdem der »Roeselaarschen Koehond« einen Anteil an der Entwicklung des Riesenschnauzers gehabt haben sollte, kann man diese Maßnahme den frühen Züchtern nicht übelnehmen, sondern sollte sie wegen ihrer guten Wahl loben. All unsere modernen Rassen gehen auf verschiedene Ursprünge zurück. Wenn nun ein Mann wie Calaminus eine Einzelheit in seiner Linie verbessern wollte und deswegen eine andere Rasse einsetzte, bei der eben diese Einzelheit vorhanden und gefestigt war, dann kann man ihm doch daraus wahrhaftig keinen Vorwurf machen. Das um so weniger, falls er sich für einen »Roeselaarschen Koehond« entschieden haben sollte, denn dieser Hund besaß den gleichen Viehtreiber-Hofhund-Hintergrund, mehr oder weniger denselben Körperbau und ähnliche Größe, lackschwarzes, drahtiges Haar und noch andere mit dem Riesenschnauzer verwandte Merkmale.

*Die folgenden 6 Fotos zeigen Ch. Enak van't Wareheim bei der Ausbildung. IPO III, Züchter und Besitzer: Johan Gallant.*

*Enak verfolgt, faßt, stellt und eskortiert den flüchtenden Helfer.*

Wie auch immer, es ist schade, daß wir niemals ganz hinter die Wahrheit kommen werden. Dennoch, das erreichte Ziel ist ausschlaggebend und wenn wir heute unseren wunderbaren Riesen wertschätzen und ausbilden können, dann müssen wir uns bei jenen weitsichtigen Pionieren bedanken.

## Der Riesenschnauzer - ein Gebrauchshund

Der Rassestandard von 1923 schließt die Wesensbeschreibung des Riesenschnauzers mit folgenden Worten: »... das alles bestimmt den Riesenschnauzer zum harten, zähen **Gebrauchshund,** als der er ausgebildet und züchterisch weiterentwickelt werden soll.«

Dies sind ganz klare Worte, die uns die Rasseschöpfer mit auf den Weg gegeben haben und meiner Meinung nach waren zwei Elemente verantwortlich für diese Entscheidung.

Erstens: untersucht man den ursprünglichen Einsatz und die verschiedensten Verwendungsmöglichkeiten des Riesen, so wird man nicht zu dem Schluß kommen, daß es sich bei ihm um einen Schoßhund handeln könnte. Der Oberländer besaß die Tradition der uneingeschränkten Einsatzmöglichkeiten im bäuerlichen Bereich. Die meiste Zeit stand er unter Kontrolle des Menschen und mußte dessen Anweisungen folgen, aber es geschah auch, daß er eigene Initiativen entwickeln und selbständig Entscheidungen treffen mußte. Kontakt mit Menschen, Kontakt mit anderen Tieren, ein Leben, sowohl in Haus und Stall als auch in dem rauhen Klima des bayerischen Hochlandes, all diese Dinge sind Voraussetzungen dafür, daß er sich zu einem zuverlässigen, resistenten, aktiven Hund entwickelte.

Diesen grundlegenden Fähigkeiten fügte man noch einige Spritzigkeit des Schnauzers hinzu und das Ergebnis aus dieser Verschmelzung konnte nur noch ein unerschrockener Hund werden, der sich freudig für seinen Herrn einsetzt, vorausgesetzt, er ist ihm ein überzeugender Führer - andernfalls würde ein solcher Typ Hund die Initiative selbst ergreifen.

Zweitens: öffnete der Erste Weltkrieg einen neuen Markt und schuf eine Nachfrage nach Dienst- und Polizeihunden. Die schwindenden Herden und die Tatsache, daß Großvieh nicht mehr zu den Märkten getrieben wurde, machte eine beachtliche Zahl von Schäfer- und Viehtreiberhunden überflüssig und so liefen diese Tiere mangels Einsatzmöglichkeiten Gefahr, das Erbe ihrer Ahnen zu verlieren. Aufgrund der jahrhundertelangen Auswahl nach Kriterien der Vielseitigkeit und des harten Arbeitseinsatzes, erwiesen sich diese Hunde - bei angemessener Ausbildung - als bestens für den Einsatz im Polizeidienst geeignet. Der erste Riesenschnauzer mit einer Prüfung bei der Polizei war »Helfried v. Schönau« (vgl. PZ 237), ein Sohn des »Bazi v. Wetterstein« (vgl. PZ 30). In den frühen 20er Jahren wurden verbindliche Regeln und Ordnungen für Prüfungen und Verfahrensweisen für nationale Wettbewerbe herausgegeben.

Die Deutschen nannten nun ihr umfangreiches Programm »Schutzhundprüfung«. Sie besteht aus Fährte, Unterordnung und Schutzdienst, wobei es drei verschiedene Schwierigkeitsstufen gibt. Um an solchen Prüfungen teilnehmen zu dürfen, mußten die betreffenden Rassen vom deutschen Hauptverein als Gebrauchshunde anerkannt worden sein. Wegen der zunehmenden Popularität der Gebrauchshunde und des Gebrauchshundesports in Deutschland, wurden in den frühen zwanziger Jahren mehrere staatliche Ausbildungszentren geschaffen. Eins davon war in Grünheide unter der Verwaltung des Oberst Schönherr, einem Riesenschnauzerliebhaber und Mitglied des Pinscher-Schnauzer Klubs. Eine Art Nachfolge trat Peter Burtzik aus Schleswig-Holstein an, der auch kurzzeitig Präsident des PSK war. Peter Burtzik kannte Schönherr persönlich sehr gut, und in der Jubiläumsausgabe des PSK (1895 bis 1985) schildert er einige Einzelheiten dazu. Schönherr hatte ihm berichtet, daß in jenen Jahren bis zu 60 Riesenschnauzer gleichzeitig in Grünheide ausgebildet wurden.

Burtzik gibt auch einen sehr interessanten Bericht über den Riesenschnauzer namens »Binz« (vgl. PZ

*Riesenschnauzerliebhaber 1931*

*Deutsche Meisterschaft für alle Gebrauchshunderassen. Der eindeutige Sieger Peter mit Führer Irrgang (4 Goldmedaillen) im Jahre 1936.*

*Riesenschnauzer aus der Vorkriegszeit.*

468), der seine Ausbildung 1922 als Teilnehmer des ersten Lehrgangs begonnen hatte und erst 1929 aus dem aktiven Polizeidienst in Berlin ausschied.

»Binz« war ein kraftvoller, schwarz-brauner Rüde mit 62 cm Schulterhöhe und gutem Gangwerk, aber sein Haar war etwas weich. Er war ein wesensstarker Hund, der alle für den Polizeidienst erforderlichen Qualitäten mitbrachte.

»Binz« bewährte sich ganz besonders als er 1925 auf die Fährte eines Sexualmörders im Großraum Berlin gesetzt wurde und seinen Führer direkt zu dem Verbrecher geleitete - der Mann wurde verhaftet und verurteilt.

Anläßlich einer Berliner Ausstellung desselben Jahres gibt der Richter, Herr Best, folgendes Urteil über »Binz«: »Sehr gute Allgemeinerscheinung, ein wenig steil in der Vorderhand, aber mit einwandfreier Hinterhandwinkelung. Sein Kopf ist sehr ausdrucksvoll, er hat die richtige Größe und bewegt sich elastisch. Das Haar könnte härter sein - Vorzüglich I.«

Das Ausbildungszentrum in Grünheide lag nicht weit entfernt von Berlin und der Umstand, daß die Siemens AG 20 Riesenschnauzer zu Wach- und Schutzzwecken einsetzte, führte dazu, daß diese Rasse in der deutschen Metropole höchstes Ansehen genoß.

Die Berliner Spezialzuchtschau von 1925 verzeichnete die Teilnahme von 16 Riesen. Am Ende und als Höhepunkt der Schau demonstrierten »Binz«, »Helfried v. Schönau« und »Dusia v. Lichterode«, was man ihnen als Gebrauchshunde beigebracht hatte. Sie hinterließen solch einen überzeugenden Eindruck, daß der Riesenschnauzer noch im August desselben Jahres als »Gebrauchshund« anerkannt wurde.

Schon im folgenden Jahr (1926) hatten sich 20 Riesen als Gebrauchshunde qualifiziert - 7 von ihnen waren aus dem Ausbildungszentrum Grünheide gekommen.

Die konsequente und systematische Arbeit und das hohe Leistungsvermögen des Riesenschnauzers sollte 1936 ihren Höhepunkt erreichen. Der Hundeführer Irrgang und sein Riesenschnauzer »Peter« hatten sich qualifiziert, um in Bohndorf als Vertreter von Grünheide an der nationalen Meisterschaft aller Gebrauchshunderassen teilzunehmen. »Peter« wurde eindeutiger Sieger, ließ die gesamte Elite der deutschen Gebrauchshunde hinter sich und nahm 4 Goldmedaillen mit nach Hause.

Verständlich, der deutsche Pinscher-Schnauzer Klub kümmerte sich intensiv um den Riesenschnauzer als Gebrauchshund. Seit 1927 wird vom Klub die jährliche Bundesleistungssiegerprüfung für Riesenschnauzer organisiert. Da der Teilnahmemöglichkeit eine harte Qualifikationsauswahl vorausgeht, ist es eine große Ehre, wenn man einer der 20 eingeladenen Sportler ist.

Auch im Ausstellungswesen erhielt der Gebrauchshund seine Anerkennung, denn seit 1. Januar 1937 gibt es in allen der FCI angeschlossenen Ländern die sogenannte »Gebrauchshundeklasse«. Diese Klasse ist jenen Hunden vorbehalten, die zu einer anerkannten Gebrauchshunderasse gehören und die gleichzeitig auch ein Abrichtekennzeichen nachweisen können (mindestens SchH I oder IPO I). Diese Strategie war ergriffen worden, um die Hundesportler zum Ausstellen zu bewegen und gleichzeitig sollten aber auch die reinen Aussteller angeregt werden, mit ihren Hunden zu arbeiten - man wollte also Schönheit mit Leistung gepaart!

1938 wurden mehr als 700 Riesen in Deutschland ausgestellt. Der Zweite Weltkrieg aber unterbrach nicht nur alle Aktivitäten, sondern dezimierte die Riesenschnauzerpopulationen dramatisch. Wegen des geringen Bestandes an Tieren, die 1945 noch übriggeblieben waren, mußte man in Deutschland gezwungenermaßen einen Neuanfang machen. Die politische Entwicklung in Deutschland brachte es mit sich, daß diese nationalen Leistungsprüfungen zwar 1939 abgeschafft wurden, aber der PSK konnte 1953 diesen wertvollen Wettbewerb wieder ins Leben rufen.

Die Bundesleistungssieger werden im Anhang des jährlich erscheinenden PSK-Zuchtbuches veröffentlicht und daher möchte ich mich nur auf die Wiedergabe der Sieger seit 1990 beschränken. (Diese Auflistung können Sie auf Seite 46 oben nachlesen.)

Als weitere supranationale hundesportliche Veranstaltung wurde am 26./27. September 1992, basierend auf der Internationalen Prüfungsordnung (IPO), erstmals die »ISPU-Weltmeisterschaft«, an der Vertreter von fünf verschiedenen Ländern teilnahmen, in der Schweiz organisiert.

Die ein Jahr später in Deutschland durchgeführte Meisterschaft verzeichnete bereits die Teilnahme von Hunden von sieben verschiedenen Nationen. Von nun an ist es zur Selbstverständlichkeit geworden, daß - von Land zu Land abwechselnd - diese jährliche Veranstaltung der Höhepunkt im internationalen Wettbewerb ist. Die Veröffentlichung von 30 bis 50 im Gebrauchshundesport erfolgreichen Riesenschnauzern in der klubeigenen Monatsschrift »Pinscher und Schnauzer« belegt die Gebrauchstüchtigkeit des Riesen sehr eindrucksvoll.

Wenn man all dies bedenkt, kann nicht der geringste Zweifel bestehen, daß der Riesenschnauzer von den Deutschen als Gebrauchshund konzipiert worden war:

a. der erste Rassestandard fordert das eindeutig,
b. die 1925 erfolgte Anerkennung als Gebrauchshunderasse beweist es,
c. und die Ergebnisse und Erfolge der vergangenen Jahre verstärken es.

Es entspricht somit nicht nur meiner persönlichen Meinung, sondern stellt eine Art logische Verpflich-

*Wunderschöne Fährtenarbeit!*

*Pascha v. Haumanshof, AD, FH, SchH III*
*(6 mal Teilnehmer an BLSP und hier 10 Jahre alt)*

*»Voraus«!*

*Verhinderung der Flucht!*

## Bundesleistungssieger laut PSK-Zuchtbuch 1990 bis 1997

| Jahr | Name des Hundes | Hundeführer | A | B | C | D |
|---|---|---|---|---|---|---|
| 1990 | Lux v. d. Frankenhöhe | W. Brand | 100 | 95 | 98 | 293 |
| 1991 | Pascha v. Herzogenhof | A. Seggewiß | 97 | 98 | 98 | 293 |
| 1992 | Ingo v. Schwarzen Lot | H. Berg | 98 | 95 | 97 | 290 |
| 1993 | Gerry v. d. Wolfseiche | K. Hüffer | 96 | 93 | 95 | 284 |
| 1994 | Crack v. d. Blütenst.Orsoy | W. Abt | 97 | 96 | 95 | 288 |
| 1995 | Sophie v. Herzogenhof | A. Seggewiß | 100 | 99 | 97 | 296 |
| 1996 | Sophie v. Herzogenhof | A. Seggewiß | 98 | 98 | 92 | 288 |
| 1997 | Zar u. Hatzbachtal | G. Stremme | 99 | 100 | 96 | 295 |

| | |
|---|---|
| A: Fährte | 100 Punkte |
| B: Unterordnung | 100 Punkte |
| C: Schutzdienst | 100 Punkte |
| D: Gesamtpunktzahl | 300 Punkte |

tung dar, wenn man fordert, daß die Ziele und Absichten der Schöpfer der Rasse und des standardgebenden Landes weltweit eingehalten werden sollten. Niemand hat das Recht, eine Rasse umzufunktionieren oder sie gar lokalen Modewünschen anzupassen. Der von Rassespezialisten im Ursprungsland mühsam aufgestellte Rassestandard sollte unantastbarer Maßstab bleiben. Natürlich hat jeder Züchter die Verpflichtung, die Rasse zu verbessern, verbessern heißt aber, die Nachzucht so nahe wie möglich an das Idealvorbild, so wie im Rassestandard beschrieben, heranzuführen. Schade genug, daß außerhalb des Ursprungslandes ausländische Formwertrichter durch zu großzügige und teilweise unzulässige Standardinterpretationen zu einer deutlichen Typveränderung beitragen, was nicht selten auch die Gebrauchstüchtigkeit des Hundes überhaupt in Frage stellt. Leider wird der Riesenschnauzer nicht in allen Ländern in genügender Anzahl im Hundesport geführt, also weniger als Gebrauchshund betrachtet und kaum als Diensthund eingesetzt.

Warum muß es denn einen deutschen Riesenschnauzer, einen Amerikanischen Typ, einen Britischen Typ, einen Ausstellungstyp oder einen Arbeitstyp geben? Jeder gesunde Menschenverstand erwartet doch einen einzigen Typ - einen Riesenschnauzer mit Hirn, der so konstruiert ist, daß er bestens in der Lage ist, die Aufgaben, für die er nun einmal entwickelt wurde, erfolgreich zu erfüllen. Zu viele Züchter vernachlässigen oder ignorieren die Wesensanlagen ganz und vergessen dabei, daß sie durch Veränderung des Exterieurs gleichzeitig eine wichtige Arbeitsgrundlage - das natürliche Erbe der Rasse - einengen und reduzieren. Damit ich nicht als einsamer Rufer in der Wüste dastehe, möchte ich den Experten Werner Jung zitieren, der 1959 mit seiner, nur aus drei Begriffen bestehenden, Beschreibung den Nagel auf den Kopf traf: »Adel - Schönheit - Leistung«. In seinem Beitrag zur PSK Jubiläumsausgabe 1985 fordert Peter Burtzik, daß zu den oben genannten Qualitäten »Gesundheit« und »Umweltfreundlichkeit« hinzukommen müssen. Mit »Gesundheit« möchte er betonen, daß es züchterische Pflicht ist, erbliche Defekte, wie etwa Hüftgelenksdysplasie, auszurotten. »Adel und Schönheit« sind etwas, was man von jedem gut gezüchteten Hund erwarten sollte. »Leistung« bezieht sich zweifellos auf die Gebrauchsfähigkeit, die niemals vernachlässigt werden darf! »Umweltfreundlichkeit« ist eine grundlegende Qualität, die von jedem gut angepaßten Gebrauchshund gefordert werden muß. Mit anderen Worten, in unserer hektischen, modernen Welt darf ein gesunder Riesenschnauzer niemals ängstlich oder gar bissig sein!

Nach all diesen langen, umfangreichen Ausführungen, mußte ich erst einmal eine kleine Pause machen und meine Kehle schmieren. Pam legte ihre Hand auf meine Schulter und sagte: »Johan, was Du uns heute Abend alles erzählt hast, ist gewaltig. Ich konnte den Glanz in Deinen Augen sehen als Du über den Riesenschnauzer sprachst. Da muß es doch noch mehr Leute geben, die all dies auch gerne erfahren möchten. Warum zeichnest Du eigentlich nicht all Deine Erfahrungen in einem Buch auf?«

Ich griff Pams Gedanken auf und nach einigen Überlegungen war mein Entschluß gefaßt, wenn ich auch schon sehr früh erkannte, daß eine Geschichte zu erzählen etwas anderes ist, als sie zu schreiben.

# Kapitel 7

# DIE ANSCHAFFUNG EINES SCHNAUZERS

## Das Wesen des Schnauzers

Da nun Pam und Charles einiges über die Geschichte des Schnauzers wußten, wollte ich dennoch nicht, daß sie die Katze im Sack kauften und daher war mir klar, daß ich ihnen noch einiges über das Wesen des Schnauzers mitteilen mußte.

Um den Charakter des Schnauzers zu analysieren und ihn somit auch besser zu verstehen, ist es ganz sicher ratsam, daß wir einen Blick zurückwerfen auf die Anforderungen und Leistungen, die die ländliche süddeutsche Bevölkerung vom Schnauzer erwartete. Stallhund, Rattenfänger, Ungeziefervertilger, Schweineherdenaufseher, hochgeschätzter Helfer bei Wildschweintreibjagden, Haus- und Hofwächter, Fuhrwerkbegleiter, Viehtreiber, Spielkamerad der Kinder, mit anderen Worten, er spielte eine allgemein nützliche Rolle auf allen Gebieten des ländlichen Lebens. Die meisten dieser Tätigkeiten führte er auf Wunsch und unter Kontrolle des Menschen aus, aber es gab auch oft Situationen, in denen er auf sich alleingestellt war, und somit mußte er seine eigene Initiative und sichere Entschlußkraft beweisen. Wir müssen berücksichtigen, daß sich all diese Dinge sowohl im Sommer als auch im Winter abspielten, an sonnigen, regnerischen, verschneiten oder frostigen Tagen. Er genoß die Gemütlichkeit am Kamin im Wohnzimmer, die feuchte Wärme in den Pferdeställen und im nächsten Moment zog er es vor, seinen Herren freudig im Regen zu begleiten. Ganz bestimmt, der Schnauzer hat nichts mit einem verhätschelten Schoßhund gemein!

Von diesem Hintergrund ausgehend, liegt es auf der Hand, daß die Hauptcharakteristika des Schnauzerwesens Fröhlichkeit, Entschlußkraft und Zuverlässigkeit sind. Er ist ein fröhlicher Hund, weil ihm alles, was er tut, Spaß macht, anderes auszuführen, ist er niemals bereit! Er ist ein entschlußfreudiger Hund, der, wenn er sich einmal entschieden hat, sein Ziel beharrlich verfolgt, und nicht selten zeigt er eine Art sturer Dickköpfigkeit. Er ist ein zuverlässiger, treuer Kamerad, was nicht mit untertäniger Unterwürfigkeit verwechselt werden darf, denn, wenn es um den Schnauzer geht, muß das Wort »Treue« im edlen Sinne von »Loyalität« verstanden werden.

In aller Offenheit muß ich bekennen, daß der Schnauzer ein phantastischer Hund ist. Aber irren wir uns nicht! Er läßt sich weder wie ein Computer programmieren, noch zeigt er sklavische Untertänigkeit. Ein Schnauzer ist ein Spitzbube mit einem Schuß charmanter Eigenwilligkeit und er ist nur bereit, sein Herz an jemanden zu verschenken, der ihm dafür auch würdig genug erscheint. Dann aber bleibt er bis zu seinem Lebensende der zuverlässige Kumpel seines Herrn und seiner Familie. Nicht, daß er andere Leute ignorieren würde, aber gesundes Mißtrauen gegenüber allen Fremden ist ein typischer Charakterzug des Schnauzers. Wenn er nach Überprüfung des Fremden von dessen guten Absichten überzeugt ist, ist er bereit, ihn zu akzeptieren.

Wird er von Gegnern bedroht, kämpft er wie ein Teufel. Wenn die Gegner andere Schnauzer oder andere fremde Hunde sind, verschafft er sich kurzerhand Respekt. Er wächst problemlos mit anderen Hunden auf, wenn einmal die Rangfolge in der Meute hergestellt ist. Sind also die Strukturen in der Meute erst einmal erstellt, ist ein Schnauzer kaum bereit, einen Eindringling zu dulden, besonders dann nicht, wenn der fremde Hund sich nicht an die allgemeine Verhaltensregel des untertänigen Werbens hält. Daher die Warnung - ein wohlerzogener Schnauzer will nicht unbedingt den Kampf auslösen, aber es bedarf oft nur eines kleinen Funkens und er stellt blitzschnell seinen Kampftrieb unter Beweis.

Mit der vortrefflichen Beschreibung des Schnauzers aus der Feder Alfred Höhns möchte ich gerne diesen Punkt abschließen: »Form und Wesen sind beim Schnauzer von einer seltenen Harmonie, denn was er ist und was er kann, zeigt er auch in seinem Äußeren. Die rauhe Schale macht uns seine Widerstandskraft deutlich, der kräftige Bau verkörpert seinen Schneid, der schöne Kopf verrät uns seine Intelligenz, und die Augen spiegeln wider, welch große Hundeseele in seinem Inneren wohnt. Seine ruhige Gelassenheit ist kein müdes Phlegma, sein Temperament ist keine nervöse Übertreibung, seine Treue keine sklavische Unterwerfung und sein Schneid keine blinde Raserei. Er ist we-

*Ch. Jana v. Bartenwetzer, Int. Ch. u. Ch. in Deutschland und Luxemburg, Bjsg, Kbsg PSK, Jssg., SchH I. Züchter und Besitzer G. u. W. Schicker.*

der eine aufgeputzte Salonschönheit noch ein bulliger Muskelprotz, er ist keine verzärtelte Modepuppe und kein blutgieriger Reißer — er ist ein ganzer Kerl!«

## Die Entscheidung: Zwerg-, Mittel- oder Riesenschnauzer?

Kann man denn nun die vorausgegangene kurze Wesensbeschreibung des Schnauzers so ohne weiteres auf den Zwerg-, den Mittel- und den Riesenschnauzer übertragen? Meine Antwort dazu ist »ja«, und das möchte ich auch erklären. Es darf nicht vergessen werden, daß die Durchschnittsgröße anfänglich sich so zwischen den Maßen des gegenwärtigen Zwerg- und Mittelschnauzers bewegte und je nachdem, wofür man den Hund brauchte, wählte man das kleinere oder größere Exemplar. Als dann später der Rassestandard zwischen einem Zwerg- und Mittelschnauzer unterschied und die jeweiligen Größen festlegte, nahm dies keinen Einfluß auf ihr Wesen. Als wiederum später der Riesenschnauzer aus dem bayerischen Oberländer und dem übergroßen Mittelschnauzer entwickelt wurde, hatten sich sehr ähnliche Charaktere miteinander verbunden, so daß auch hier das wesensmäßige Endresultat als quasi unverändert betrachtet werden kann. Jemand, der das Exterieur und das Wesen des Schnauzers mag, muß sich nun - immer an die individuellen Haltungsmöglichkeiten und Haltungsbedingungen denkend - für eine der drei Größen entscheiden. Wenn auch alle Schnauzer sich gerne in freier Luft bewegen, ist es dennoch logisch, daß ein Zwergschnauzer leichter in ein Appartement oder eine kleine Wohnung paßt, solange er die Möglichkeit erhält, seinen kleinen athletischen Körper täglich im Garten oder Park zu trainieren. Er ist ein idealer, lebhafter Begleiter für alle Arten und Zusammensetzungen von Familien, und auch ältere Leute können recht gut mit diesem kleinen, lebhaften Freund zurechtkommen.

Der Mittelschnauzer ist ein guter Wachhund von angenehmer Größe. Er ist ein aufmerksamer Wächter, ein anhänglicher Begleiter und nicht selten gleichzeitig auch eine Art Clown, denn gerne teilt er die närrischen Eskapaden seines Herrn. Damit er jedoch all die Erwartungen, die die moderne Gesellschaft an ihn stellt, erfüllen kann, braucht er Übung und Anleitung. Wenn Sie nicht bereit sind, ihm all dies zu bieten, dann vergessen Sie lieber den Mittelschnauzer.

Der Riese braucht Raum und Bewegung. Das mag ja in Ihrem großen Garten oder Ihrer Umgebung möglich sein, aber Sie sollten mit ihm dennoch auf dem Hundeplatz arbeiten, wo er all seine natürlichen Qualitäten entwickeln und Fortschritte und Erfolge zusammen mit seinem Führer genießen kann. Ein Riesenschnauzer möchte eigentlich ausgebildet werden! Damit meine ich nicht, daß er einen Drill benötigt, der seine Persönlichkeit bricht und ihn zu einer Marionette degradiert. Es ist jedoch grundlegend, daß er sich mit seinem menschlichen »Meutegenossen« möglichst viel beschäftigen will - und natürlich auch umgekehrt - damit er so die Verbindung, die er zum Meuteführer wünscht und benötigt, enger knüpfen und festigen kann. Als Welpe sehnt er sich danach, mit Ihnen zu spielen. Als Junghund und Erwachsener wird er gerne neben dem Fahrrad laufen, seine Nase bei Fährtenübungen einsetzen und sich freudig auf dem Hundeplatz betätigen. Alle Unterordnungs- und Gehorsamsübungen sind dann erfolgreich, wenn sie die Entschlußkraft und natürlichen Triebe des Riesen stimulieren, ihn in neuen Situationen immer neu fordern. Brutaler Druck und Zwang würden das Wesen des Schnauzers zerstören und aus ihm ein dumpfes und introvertiertes Geschöpf machen.

## Rüde oder Hündin?

Diese Fragestellung mag zunächst als unwichtig erscheinen und man könnte meinen, daß es lediglich eine Entscheidung des persönlichen Geschmacks sei. Klammern wir für den Moment erst einmal Züchter und Professionelle aus und beschäftigen wir uns mit

*Grunner Caprice Geistvoll und Argenta's Melville - Besitzer B. u. M. Niklasson (Schweden). Familienhunde mit den Kindern Gabriella und Caroline.*

*Zwergschnauzerwelpen des Zwingers van't Groeningheheem - Züchter Y. u. R. Coucke (Belgien).*

dem durchschnittlichen Hundeliebhaber, der sich bereits für eine Rasse festgelegt hat und nun immer noch zwischen einem Rüden und einer Hündin wählen muß.

Argumente wie »ich möchte einen Rüden, weil er mehr Eindruck macht« oder »ich mag keine Hündin, weil sie jährlich zweimal läufig wird«, berühren das Problem nur teilweise und sollten deswegen auch nicht die alleinige Entscheidungsgrundlage darstellen.

Listen wir doch einmal einige der entscheidenden Unterschiede zwischen den Geschlechtern auf.

***Rüde:***

a. größer, stärker, körperlich beeindruckender (selbst der Zwergschnauzer),
b. neigt zu mehr Entschlußfreudigkeit, Kampfeslust und Unabhängigkeitsdrang,
c. markiert ständig sein Territorium und sein Sexualtrieb kann immer ausgelöst werden.

***Hündin:***

a. eleganter im Exterieur, insgesamt feiner, kleiner und graziöser in der Bewegung,
b. Wesen: typisch Schnauzer und typisch Hündin zugleich, die Reizschwelle mag etwas höher liegen, aber einmal in Aktion genauso konsequent wie der Rüde, emotional und sich eifersüchtig an den Herrn bindend,
c. zweimal jährlich läufig (Dauer circa 3 Wochen) - muß aber bei richtiger Betreuung keine großen Probleme mit sich bringen.

## Wo kaufe ich meinen Schnauzer?

Um den Schnauzer zu finden, der den jeweiligen Wünschen und Anforderungen entspricht, muß man seinen Welpen »planen«. Schauen Sie sich die Eltern oder mindestens die Mutter genau an, und versuchen Sie soviel wie möglich über ihre Qualitäten und Fähigkeiten herauszufinden.

Suchen Sie nach einem soliden und erfahrenen Züchter. Noch besser, prüfen Sie verschiedene Züchter! Wenn Sie dann auf einen Zwinger stoßen, wo die Hunde in der Familie groß werden (keine Hundefabrik, wo die Würfe in isolierten, einzelnen Verschlägen produziert werden), auf einen Züchter, der auch Sie zunächst äußerst gewissenhaft prüft, um festzustellen, ob er Ihnen einen seiner liebevoll gezüchteten Welpen geben soll, dann sind Sie an der richtigen Adresse. Die beste Art, solche vertrauenswürdigen Züchter ausfindig zu machen, ist es, sich an den örtlichen Schnauzerklub zu wenden. Dort erhält man dann geprüfte Adressen von Züchtern, die dem Klub angeschlossen sind. Einige mögen einen Wurf liegen haben, andere werden mitteilen können, wann sie Welpen aus einer besonderen, gewissenhaft geplanten Verbindung erwarten.

*Schwimmen und Apportieren sind des Schnauzers Lieblingssport.*

Findet man aber keine lokale Organisation vor, so kann man sich bedenkenlos an die Dachorganisation des jeweiligen Landes wenden und ein Anschriftenverzeichnis geprüfter und seriöser Züchter anfordern.

Ein guter Züchter wird jederzeit bereit sein, Ihnen all seine Hunde zu zeigen. Stolz wird er auch auf die Pokale und Preise, die er im Ausstellungsring oder anläßlich anderer vielfältiger, sportlicher Aktivitäten errungen hat, verweisen. Es entspricht meiner bescheidenen Überzeugung - und ich werde später nochmal darauf zurückkommen - daß ein Züchter, der nicht mit seinen Riesen arbeitet, auch nicht in der Lage ist, ein klares Urteil über die Gebrauchsfähigkeiten und natürlichen Qualitäten seiner Zuchttiere abzugeben.

Um herauszufinden, ob seine Zuchttiere dem Standard nahekommen, stellt der Züchter seine Hunde dem Formwertrichter auf Ausstellungen zur Beurteilung vor.

Um Erbdefekte und Krankheiten auszumerzen und um sicher zu gehen, daß die Elterntiere frei davon sind, wird der verantwortungsvolle Züchter sie auf Hüftgelenksdysplasie und Augenkrankheiten untersuchen lassen. Auf diese Dinge werde ich aber später noch etwas näher eingehen, nicht weil sie beim Schnauzer erblich sein müssen, sondern weil sie, wie bei allen anderen Rassen auch, auftreten können.

Um zu gewährleisten, daß die Hündinnen und Rüden das richtige Schnauzerwesen verkörpern und auch weitergeben, werden vom aufrichtigen Züchter alle ängstlichen, gleichgültigen, trägen und bissigen Tiere aus der Zucht ausgeschlossen.

## Was hat es mit den Vorfahren und Eltern auf sich?

Wenn Sie sich für einen Züchter entschieden haben und zwischen ihm und Ihnen ein gegenseitiges Vertrauensverhältnis besteht, dann haben Sie beste menschliche Voraussetzungen für den Hundekauf und damit für das Wohlergehen Ihres zukünftigen Familienmitglieds geschaffen.

Jetzt wird es unumgänglich, die Kriterien zu klären, die sicherstellen sollen, daß der Welpe ihre Erwartungen auch erfüllen wird. Dies können natürlich nur Kriterien für den allgemeinen Liebhaber sein, der einen guten Begleiter möchte und nicht für einen Interessenten, der nach besonderen Eigenschaften und Schwerpunkten sucht, wie etwa Ausstellungsqualität, besondere Leistungsmerkmale oder Gebrauchshundeeigenschaften.

Zuerst lassen Sie sich die Eltern, oder mindestens die Mutter der Welpen zeigen, denn die meisten Züchter halten keinen eigenen Rüden. Wenn nun die Eltern nicht ganz Ihren Vorstellungen entsprechen, erwarten Sie ja nicht, daß der Welpe die Qualitäten seiner Eltern übertreffen könnte. Bevor Sie sich nun die Eltern anschauen, gehen Sie sicher, daß Ihnen der Züchter die Ahnentafeln und Belege, die beweisen, daß die Tiere frei von Erbkrankheiten sind, zeigt. Gleichzeitig können Sie sich auch Unterlagen aus dem Ausstellungsring, von Wesenstests, von Prüfungen usw. näher anschauen. Somit werden Sie dann über die Gesundheit und Erfolge der Eltern umfangreich informiert. Ein Problem, das sich bei dem Rüden oder der Hündin findet, kann jederzeit auf die Welpen übertragen werden. Wenn die geforderten Wesenszüge bei den Eltern nicht vorhanden sind, können sie auch nicht auf irgendeine wundersame Weise an die Nachzucht vererbt werden. Jetzt wird es Zeit, den Eltern zu begegnen, um sich einen Eindruck vom Exterieur und ihrem Wesen zu verschaffen. Es ist absolut normal für jeden Schnauzer, daß er gegenüber einem Fremden, der in sein Territorium eindringt, zunächst etwas mißtrauisch ist, selbst wenn der Fremde in Begleitung seines Herren kommt. Solches Mißtrauen sollte jedoch schnell abgebaut werden, besonders dann, wenn der Besitzer den Hund von der Harmlosigkeit des Fremden überzeugt hat und der Fremde seinerseits bemüht ist, durch Freundlichkeit Kontakt zum Hund herzustellen. Wenn dann das Eis gebrochen ist, wird jeder Schnauzer frei und ungezwungen mit dem Besucher umgehen. Das heißt, er wird sich anfassen lassen, wird auf seinen Namen reagieren und sogar bereit sein, mit Ihnen zu spielen. Sollten aber der Rüde oder die Hündin ängstlich sein, oder gar jede Kontaktaufnahme verweigern oder beißen wollen, dann stimmt etwas nicht und ich würde raten, vom Welpenkauf Abstand zu nehmen.

Sind Sie nun von dem Wesen der Eltern überzeugt, sollten Sie als nächstes dem Haarkleid des Schnauzers größte Aufmerksamkeit schenken. Vergewissern Sie sich, daß beide Eltern die vom Standard vorgeschriebene Haartextur aufweisen. Als Schutz gegen Kälte, Hitze und Feuchtigkeit besteht das Haarkleid aus einer weichen, kurzen, dichten Unterwolle und einem geraden, harschen, drahtigen Deckhaar, das schützend am Körper anliegen sollte. Während Sie Freundschaft mit dem Schnauzer schließen und Hals und Rücken streicheln, sollten Sie das Haar als hart und borstig empfinden. Das Haar an den Läufen ist von der gleichen Struktur und nicht länger als am Körper. Wenn das nicht der Fall ist, dann hat die weiche Unterwolle die Oberschicht überwuchert. Ist das Körperhaar hart, aber das Beinhaar zu weich, ist das nicht nur ein FCI-Standardfehler, sondern es wirkt sich auch als insgesamt unpraktisch aus, zumal weiches Haar massig Feuchtigkeit und Schmutz aufnimmt - sicher nicht zur Freude der Hausfrau! In dieser Angelegenheit bin ich unbeirrbar, nicht nur weil das Drahthaar das Markenzeichen der Rasse darstellt, sondern ich vertrete diesen Standpunkt vielmehr auch aus wichtigen pflegerischen und praktischen Erwägungen heraus.

Die Eltern sollten insgesamt kräftig sein, mit gut entwickeltem Brustkorb, knochenstarken Läufen, quadratischem Körperbau und sie sollten einen selbstsicheren Ausdruck in ihren dunklen Augen haben. Natürlich, es gibt noch viel mehr Einzelheiten, auf die der Aussteller besonderen Wert legt, aber dies sehen wir uns näher in dem Kapitel über die Rassestandards an.

Bevor wir nun weiterfahren, möchte ich noch berichten, wie Pam und Charles zu ihrem Schnauzer kamen. Irgendwie waren sie in einer privilegierten Situation, denn sie brauchten sich nicht erst an den Spezialklub wenden, da ich ihnen in Bezug auf mehrere Riesenschnauzerzüchter weiterhelfen konnte. Wir riefen ein paar von ihnen an und der dritte hatte einen fünf Wochen alten Wurf, aber leider waren alle Welpen bereits verkauft. Glücklicherweise besaß er noch eine andere Hündin, deren Wurf in drei Wochen erwartet wurde und er lud uns spontan zu einem Besuch und Gespräch zu sich ein. Nachdem uns der Züchter eine gute Wegbeschreibung zu seinem Haus, das am Rande des Dorfes lag, gegeben hatte, einigten wir uns auf das folgende Wochenende.

Kaum hatten wir unser Fahrzeug geparkt - wir waren noch nicht einmal ausgestiegen - wurden wir laut von zwei schwarzen Teufeln, die sich hinter dem Gartentor aufgebaut hatten, begrüßt. Diese Art von unüberhörbarem Signal muß dem Besitzer längst bekannt gewesen sein, denn er erschien nach kurzer Zeit, beruhigte seine Hunde und bat uns herein. Während wir so den Gartenweg hinunterschlenderten, wurden wir neugierig und ausgiebig von den beiden Riesen beschnüffelt.

Inzwischen ließ uns der Züchter wissen, daß »Tascha«, die sichtbar trächtige Dame, die so lebhaft um uns herumsprang, fast drei Jahre alt sei und in etwa drei Wochen ihre Welpen erwarte. Dies wäre dann ihr zweiter Wurf. Der junge Rüde, mit dem sie zusammen umherlief, war ihr einjähriger Sohn. Der Besitzer war sehr glücklich mit dem jungen Rüden, nicht nur wegen einiger hervorragender Ausstellungsergebnisse in der Jüngstenklasse, sondern auch wegen seiner Freude und seines Eifers auf dem Hundeplatz. Er zeigte bereits eine flotte, wenn auch nicht perfekte Unterordnung, das Ausarbeiten von Fährten machte ihm Spaß und er habe erst neulich bewiesen, daß er die notwendigen Triebe und den Mut besitze, um sich sportlich und erfolgreich im Schutzdienst zu erweisen.

Als wir um die Garagenecke gebogen waren, protestierte ein ganzer Chor von Hundestimmen gegen unser Eindringen in ihr Territorium. Der Züchter bat uns in sein Büro, begleitet wurden wir von »Tascha« und ihrem Sohn. Längst waren sie von unseren guten Absichten überzeugt, und so schoben sie ihre nassen Nasenspitzen unter die Innenseiten unserer Hände, um so Freundschaft zu schließen. Der Züchter teilte uns mit, daß er vier Hündinnen und zwei Rüden besitze. Drei Hündinnen hatten schon bereits ihre Würfe und die vierte, gerade 18 Monate alt, sollte zu ihrer nächsten Hitze belegt werden. »Duke«, der Seniorrüde, war nun fünf Jahre alt, frei von Hüftgelenksdysplasie, ein Rassesieger und ein idealer Gebrauchshund. Sein Sohn, dessen Kopf gerade auf meinen Knien ruhte, ähnelte seinem Vater sehr. Vor einigen Monaten mußten Vater und Sohn jedoch getrennt werden, weil »Duke« sich zu dominant verhielt und so dem Sohn nicht genügend Spielraum ließ, seine Persönlichkeit und Individualität ungehindert zu entfalten. Seit nun der Züchter entschieden hatte, sie abwechselnd frei laufen zu lassen, hatten sich die beiden Rüden gegenseitig den Krieg erklärt.

Was seine weiblichen Zuchttiere betraf, so bestätigte uns der Sportfreund, daß er nur mit Hündinnen züchte, die sich im Ausstellungsring bewährt hätten, frei von HD seien - und ganz besonders wichtig - sie mußten ihre Arbeitsfähigkeiten und ihr sicheres Wesen unter Beweis gestellt haben.

Die Frau des Hauses kam herein, begrüßte uns freundlich und bot uns Kaffee und Tee an. Sie versprach, daß sie uns gleich die sechs Wochen alten Welpen, deren Vater »Duke« war, zeigen werde. »Tascha« die trächtige Hündin, hatte eine lange Reise wegen des Deckaktes hinter sich und war von dem hervorragenden Champion »Thor«, dessen Photo wir anschließend im Familienalbum betrachteten, belegt worden. Wahrhaftig, er war ein sehr beeindruckender Rüde, trug seinen Kopf hoch und stolz, hatte eine breite und tiefe Brust mit ausgeprägter Vorbrust und stand auf vier geraden und stark bemuskelten Läufen. Zwei weitere Photos zeigten »Thor« in voller Aktion beim Schutzdienst. »Thor« hatte bereits die Schutzhund II Prüfung abgelegt und bereitete sich intensiv auf die höchste Prüfungsstufe vor. Als Einzelhund teilte er das Familienleben mit Herrchen und Frauchen und deren Kindern. Er war ein wunderschöner Hund mit einer ungewöhnlichen ›Persönlichkeit‹ und zurecht setzte der Züchter große Hoffnung auf die Nachzucht von »Thor« und »Tascha«.

Während wir unseren Kaffee genossen, erfuhren wir, daß alle Welpen im Hause geboren und bis zu drei Wochen dort aufgezogen werden. Danach werden sie in den Welpenzwinger verlegt und dort gingen wir hin, um sie nun endlich anzuschauen.

Sich nicht an dem lauten Gebelle von nebenan störend, zeigten fünf wohlgenährte Welpen ihr unbefangenes Interesse an uns Fremden. Kaum hatte die Züchterin die Zwingertür geöffnet, schoß eine schwarze Meute auf uns zu, hing in unseren Hosenbeinen und zerrte an den Schnürsenkeln. Auch nicht nur einer zeigte sich irgendwie ängstlich. Dann wedelte der Züchter mit einem alten Sack und sofort verloren die Welpen Interesse an unserer Gegenwart und rannten freudig zu ihm und dem Spielzeug hin. Während die Kleinen auf dem Rasen tobten, ließ die Züchterin auch die Mutterhündin, die längst bemerkt hatte, daß wir nichts Böses gegen ihre Welpen im Schilde führten, frei. Sie stürmte auf uns zu, beroch und begrüßte uns dann und ließ sich von uns streicheln, während sie ihre Welpen die ganze Zeit im Auge hatte. Plötzlich erkannten zwei der jungen Kämpfer ihre Mutter, gaben das Spiel auf und eilten, so schnell - wie es ihre wackeligen Läufe überhaupt zuließen - zu ihr hin. Ihre kleinen Mäuler schnappten sich je eine Zitze und das schmatzende Geräusch war der spontane Auslöser dafür, daß sie nun alle an ihrer Mutter hingen. Höchst bedauerlich, all diese prächtigen Welpen waren bereits verkauft.

Charles, Pam und auch ich, wir alle drei waren von dem ganzen Drum und Dran äußerst beeindruckt. Es waren wirklich wunderbare Hunde, bestens versorgt und mit Liebe, Talent und Idealismus aufgezogen. Während die Besitzer die Welpen und ihre Mutter in den Zwinger zurückbrachten, riet ich Charles, seine Absichten unbeirrt weiterzuverfolgen und einen Welpen von »Taschas« erwarteten Wurf zu bestellen. Als wir gingen, hatte Charles dann auch einen Vertrag in seiner Tasche, der bestätigte, daß er möglicherweise der Besitzer eines registrierten, voll schutzgeimpften und entwurmten, tätowierten weiblichen Welpen von »Tascha« und »Thor« sein werde. Da der Züchter aus der Unterhaltung erkannte, daß der Welpe ein ideales zu Hause erhalten würde, zögerte er nicht weiter und nahm die Bestellung einer Hündin für Pam und Charles an.

# Erbkrankheiten

## Hüftgelenksdysplasie

Alle Mittel- und Riesenschnauzer - das schreiben die PSK-Zuchtbestimmungen vor - müssen vor dem Zuchteinsatz auf Hüftgelenksdysplasie untersucht worden sein, eine Deformation, die sich weniger bei den Zwergrassen aber sehr viel häufiger bei den mittleren und großwüchsigen Rassen manifestiert.

Der Ausdruck »Dysplasie« geht auf zwei griechische Wörter zurück: »dys«» bedeutet »schlecht« oder »schwierig« und »plasis« heißt »Gestaltung« oder »Ausformung«. Somit wird der medizinische Ausdruck »Hüftgelenksdysplasie« definiert als ein »mißgeformtes Hüftgelenk«.

Das Hüftgelenk ist ein typisches Kugel-Pfannengelenk, wobei der Femurkopf die Kugel darstellt und das Acetabulum die Hüftpfanne bildet, in die die Kugel perfekt hineinpassen sollte, um einen großen unbehinderten Bewegungsradius zu ermöglichen.

Auf die HD-Problematik machten Mediziner bereits vor über dreißig Jahren aufmerksam. Röntgenuntersuchungen beweisen, daß es verschiedene Schweregrade der Abweichung gibt, wobei sich hochgradig befallene Tiere schon im jungen Alter nur unter Schmerzen bewegen können.

Um das Problem international anzugehen, hat die FCI ein für alle angeschlossene Länder verbindliches Klassifizierungsschema akzeptiert. Es beschreibt die Auswertung der HD-Grade für Hunde im Alter von 1 bis 2 Jahren unter der Voraussetzung der für alle Röntgenärzte verbindlichen und korrekten Lagerung des sedierten (narkotisierten) Hundes während der Röntgenaufnahme. Die Diagnose des Gutachters basiert auf wenigstens einer Röntgenaufnahme in Position 1 (mit gestreckten Beckengliedmaßen). Eine zweite Röntgenaufnahme in Position 2 (mit gebeugten Beckengliedmaßen) kann hinzugezogen werden. Dieses Klassifizierungsschema kann auch für die Beurteilung älterer Hunde Anwendung finden. Sekundäre arthrotische Veränderungen sollten dabei, unter Einbeziehung des jeweiligen Alters, berücksichtigt werden.

*X v. Bartenwetzer und Brillant Radinie*
*Züchter und Besitzer W. Schicker.*

*Jana v. Bartenwetzer mit Enkeltochter Eshta.*
*Züchter und Besitzer W. Schicker.*

**Kein Hinweis für Hüftgelenksdysplasie / HD-A**

Der Femurkopf und das Acetabulum sind kongruent. Der kraniolaterale Rand des Acetabulums zeigt sich scharf konturiert und läuft abgerundet aus. Der Gelenkspalt ist eng und gleichmäßig, Der Winkel nach NORBERG (in Position 1) beträgt etwa 105° (als Referenz). Bei hervorragenden Hüftgelenken umgreift der kraniolaterale Acetabulumrand den Femurkopf etwas weiter nach laterokaudal.

**Fast normale Hüftgelenke / HD-B**

Entweder sind Femurkopf und Acetabulum in geringem Maße inkongruent mit einem Winkel nach NORBERG (in Position 1) von etwa 105° oder das Zentrum des Femurkopfes liegt medial des dorsalen Acetabulumrandes und Femurkopf und Acetabulum sind kongruent.

**Leichte Hüftgelenksdysplasie / HD-C**

Femurkopf und Acetabulum sind inkongruent, der

Winkel nach NORBERG beträgt etwa 100° und/oder der kraniolaterale Rand des Acetabulums ist in geringem Maße abgeflacht. Unschärfen oder höchstens geringe Anzeichen osteoarthrotischer Veränderungen des kranialen, kaudalen oder dorsalen Acetabulumrandes, des Femurkopfes oder -halses können vorhanden sein.

**Mittlere Hüftgelenksdysplasie / HD-D**
Deutliche Inkongruenz zwischen Femurkopf und Acetabulum mit Subluxation. Winkel nach NORBERG größer als 90° (nur als Referenz). Abflachung des kraniolateralen Acetabulumrandes und/oder osteoarthrotische Merkmale.

**Schwere Hüftgelenksdysplasie / HD- E**
Auffällige dysplastische Veränderungen an den Hüftgelenken, wie z. B. Luxation oder deutliche Subluxation. Winkel nach NORBERG unter 90°, deutliche Abflachung des kranialen Acetabulumrandes. Deformierung des Femurkopfes (pilzförmig, abgeflacht) oder andere osteoarthrotische Merkmale.
(Mit freundlicher Genehmigung aus »FCI Magazin«, 4/92)

Leider muß an dieser Stelle deutlich gesagt werden, daß der Phänotyp der Eltern nicht unbedingt gleichzusetzen ist mit ihrem Genotyp. Selbst wenn nun beide Eltern eines bestimmten Wurfes aufgrund von Röntgendiagnostik als »kein Hinweis für Hüftgelenksdysplasie - HD-A« eingestuft sind, dann bezieht sich das nur auf ihren Phänotyp und muß keineswegs garantieren, daß die Nachzucht daraus perfekte Hüften hat, weil in den elterlichen Genen (Erbmasse) die Veranlagung für HD vorhanden sein kann, obwohl sie sich bei den Elterntieren direkt nicht manifestiert hat. Dennoch, mit Tieren zu züchten, deren Befundungen »kein Hinweis für HD« darstellen, heißt, ein viel geringeres Risiko einzugehen!

Heute steht fest, daß die HD als ein polygenes Problem definiert werden muß, das zugleich erblich und durch umweltbedingte Faktoren beeinflußbar ist.

Kontrollierte Zuchtprogramme vieler verschiedener Rassen in vielen verschiedenen Ländern belegen eindeutig, daß die Verpaarung von »HD-A«-Tieren oder nur minimal behafteten »HD-B«-Hunden auch die gesundesten Hüften bei der jeweiligen Nachzucht erwarten läßt.

Zu den umweltbedingten Faktoren bleibt noch zu sagen, daß übermäßiges Mästen während der Wachstumsphase die Neigung zur Ausbildung der HD begünstigt, weil dann eine viel zu große Last auf die noch nicht fertig ausgebildeten Hüftgelenke drückt. Während der Hauptwachstumsphase sollte man also darauf bedacht sein, den Hund schlank zu halten, so daß die Rippen eindeutig fühlbar sind.

Ähnlich verhält es sich auch mit der Bewegung. Besonders im Alter von 4 bis 6 Monaten muß peinlich aufgepaßt werden, damit den unfertigen Hüften durch Überforderung kein Schaden zugefügt wird. Richtig und wichtig ist, daß das wachsende Tier natürliche, angemessene Bewegung braucht. Über die Bewegungsmenge aber muß es, dem eigenen Instinkt folgend, selbst entscheiden dürfen.

Besorgte Züchter halten sogar vertraglich fest, daß alle Käufer ihre Hunde, wenn sie ein Jahr oder älter sind, röntgen, auf HD auswerten und die Ergebnisse in die jeweiligen Zuchtbücher eintragen lassen.

Ich halte es für züchterisch unverantwortlich, wenn auch nur einer der Zuchtpartner nicht auf HD untersucht wurde, denn das schlägt dem bisher mühsam aufgestellten und aufwendig durchgeführten HD-Programm ins Gewicht und kann viel Unheil für die Rasse bewirken.

## Vererbter »Jugendstar«
### (Congenital Juvenile Cataract) (CJC)

1969 wurden erstmals Fälle von ›angeborenem Jugendstar‹ bei Zwergschnauzern in den Vereinigten Staaten festgestellt. Durch Exporte in andere Länder wird auch dort diese Erbkrankheit zunehmend festgestellt. Die Krankheit wird beschrieben als eine symmetrische und beiderseitige Trübung der Linse, ein Leiden, das Hunde im frühen Alter befällt und innerhalb weniger Monate bis zur Blindheit führen kann.

Es wurde herausgefunden, daß ein einfaches autosomales rezessives Gen dafür verantwortlich ist. Die Tatsache, daß die Symptome bereits mit 8 Wochen mit Hilfe eines Ophtalmoskops einfach festgestellt werden können, erlaubt es, relativ einfach ein Testprogramm zu erstellen. Wenn zum Beispiel ein nicht behafteter Rüde mit einer von der Krankheit befallenen Hündin gepaart wird, aus dieser Verbindung fallen mindestens vier Welpen und alle Welpen sind gesund, kann man davon ausgehen, daß der Rüde genetisch frei von CJC ist.

## Fortschreitender Netzhautschwund
### (Progressive Retinal Atrophie - PRA)

Leider gehören die Zwergschnauzer zu jenen Rassen, bei denen auch hin und wieder PRA vorkommt.

Bei der generalisierten, fortschreitenden Netzhautatrophie erscheint die Netzhaut bei der Geburt als normal. Bei späterer Untersuchung bemerkt man dann eine allmähliche Ablösung der Netzhaut, welche sich anfangs in den äußeren Abschnitten des Aughintergrundes abspielt. Dies bedeutet, daß die zentralen Anteile der Netzhaut noch funktionieren, die peripheren jedoch nicht mehr. Dies zeigt sich darin, daß der Hund vor allem nachts und auch in der Dämmerung Mühe hat, sich zu orientieren. Wie der Name schon sagt, ist diese Krankheit aber fortschreitend und führt somit am Schluß zu völliger Blindheit.

*Aufkommende Flut. Bastian und meine Tochter Anne lieben das Spiel in den flachen Strandseen.*

Wie schnell die ersten Anzeichen erscheinen, und wie ein Hund völlig erblindet, ist rasseabhängig und wird häufig durch das rasche Auftreten eines sekundären grauen Stars beschleunigt. Erste Anzeichen von GenPRA, welche autosomal rezessiv vererbt werden, sind für den Besitzer Nachtblindheit und verstärktes Leuchten des Augenhintergrundes, für den Tierarzt die erhöhte Reflektivität des Tapetum Lucidum und die Verschmälerung der Netzhautgefäße.

(Die Ausführungen wurden aus der Zeitschrift »Der Hund«, September 1990, Deutscher Bauernverlag, Seite 19 entnommen)

Wenn man an den Kauf eines Zwergschnauzers aus verdächtigen Linien denkt, ist es daher wichtig, daß man sich die Ergebnisse der offiziellen Augenuntersuchungen der Elterntiere zeigen läßt.

*Sechs schwedische Champions. Besitzer Boel u. Mikael Niklasson (Schweden). Diese »Damen« des Argenta-Zwingers sind Garanten für die Weitergabe des typischen Schnauzerwesens.*

# Kapitel 8

# DIE PSYCHO-SOZIALE ENTWICKLUNG

Ich fühlte, daß Pam und Charles als zwei intelligente, zukünftige Schnauzerbesitzer unbedingt noch etwas über die psycho-soziale Entwicklung des Hundes erfahren mußten, da das Verständnis dieser Prozesse die grundlegende Voraussetzung für ein gutes Mensch-Hund-Verhältnis darstellt.

## Die Meute - ein Hundephänomen - Auswirkungen auf den Schnauzer

Innerhalb der vergangenen zwei bis drei Jahrzehnte wurden sehr bedeutende Forschungsergebnisse in Bezug auf das Verhalten des Hundes und auch das seines direkten Ahnen, des Wolfes, erzielt. Die Lebensweise des Wolfes in seiner natürlichen Umgebung stellt ein faszinierendes Phänomen sozialen Benehmens und konsequenten Verknüpfens dar. In der Tat, der gesamte Kreislauf ist darauf ausgerichtet zu überleben und die Art zu erhalten, und daher ist der Schlüssel zum Erfolg in natürlicher, unerbittlicher Auswahl zu suchen. Nur das beste Tier ist gut genug, um sich fortzupflanzen. Zusätzlich zu dieser bereits getroffenen natürlichen Selektion werden dennoch nur die stärksten und intelligentesten Nachkommen überleben. Das ist sicher auch ein Grund dafür, daß die Wölfe es geschafft haben, seit Jahrtausenden sich härtesten klimatischen Bedingungen anzupassen und trotz gnadenlosen Gejagdwerdens durch den Menschen, immer noch in starken Familienrudeln zu existieren.

Umfangreiche Studien haben herausgefunden, daß, ungeachtet der tausendjährigen Domestikation, die Lebensweise unserer Hunde, ihre inneren Triebe und Gewohnheiten, immer noch beherrscht und koordiniert werden von Gesetzen, die nach wie vor das Leben in der Meute bestimmen. Genauso wie der Wolf, ist unser Schnauzer von Natur aus ein Rudeltier und benimmt sich auch so. Dennoch müssen wir, wenn wir an unsere domestizierten Hunde denken, einen kleinen Unterschied akzeptieren.

Alle Aktionen des Wolfes spielen sich immer innerhalb des Verbandes von Artgenossen ab, während der domestizierte Hund seinen Platz in der menschlichen »Meute« einnimmt. Er hat es nicht mehr ausschließlich mit Seinesgleichen zu tun, d. h. aus der Sicht des Hundes besteht seine Meute nun nicht mehr nur aus Kaniden, sondern sie schließt auch andere Säugetiere (Menschen) mit ähnlichen sozialen Verhaltensmustern mit ein. Die Domestikation der Hunde ist die logische Folge paralleler Neigungen im Sozialverhalten sowohl des primitiven Menschen als auch des Wolfes. Ohne diesen Parallelismus hätte der Hund niemals des Menschen bester Freund und Verbündeter auf allen möglichen Gebieten werden können.

Wenn wir diesen Tatbestand verstehen und akzeptieren, wird es für den Menschen als einem rationalen Wesen einfach, Nutzen aus dieser Situation zu ziehen und als Meuteführer anerkannt zu werden. Genau dies ist der Schlüssel zum Erfolg mit Ihrem Schnauzer.

## Die fundamentalen Phasen im Leben eines jungen Schnauzers

Interessant sind vergleichende Untersuchungen über das Sozialverhalten von Wölfen und Dingos einerseits und Haushunden oder Hybriden aus Haushunden und Wildhunden andererseits. Das Ergebnis ist ganz eindeutig! Alle Kaniden, wild oder domestiziert, durchlaufen eine Serie von zeitlich und inhaltlich genau umschriebenen charakter- und persönlichkeitsbildenden Phasen in ihrer Jugend, wo sich also ihr Sozialverhalten schrittweise entwickelt. Das Endergebnis ist ein junger Hund, der seine Position in der Meute genau kennt und der wohl weiß, was der Meuteführer von ihm erwartet. Bereits mit acht Monaten wurde dem Junghund vom Meuteführer und älteren Meutegenossen gelehrt, wie er sich innerhalb der Gruppe zu verhalten hat. Jetzt ist er reif genug, um sich an der Jagd nach Beute zu beteiligen. Er weiß genau, was er darf und was ihm verboten ist, wendet kollektive Jagdtechniken an und hat gelernt, sich erwartungsgemäß zu benehmen, auch nachdem die Beute gefangen und getötet ist. Jetzt fehlt ihm lediglich noch Übung und Erfahrung, um ein erwachsener und kompetenter Wolf zu werden.

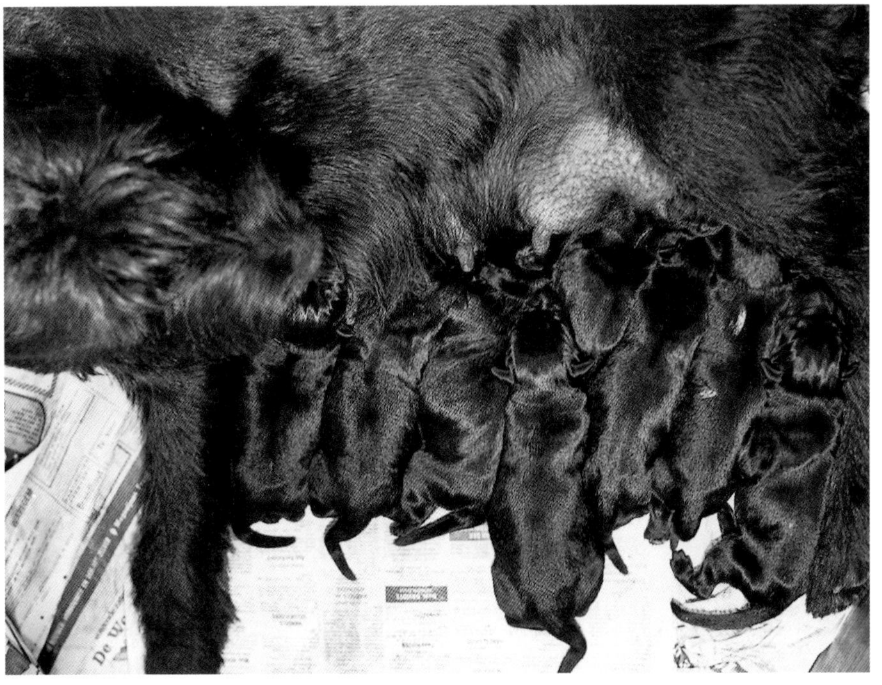

*24 Stunden alte Riesenschnauzerwelpen - zufrieden an der Lebensquelle versammelt.*

Geben wir nun unserem Schnauzer die richtige Atmosphäre, indem wir uns ihm gegenüber wie erwachsene Meutegenossen verhalten, so wird er genügend Gelegenheiten haben, all seine von den Eltern an ihn vererbten Qualitäten zu entwickeln. Im jugendlichen Alter von acht Monaten, zu einem Jüngling herangewachsen, ist bereits eine gesunde Grundlage gelegt worden, denn er hat sich in erstaunlich kurzer Zeit in die menschliche Umwelt eingeordnet und integriert.

Die angeborenen Qualitäten haben sich derweil unter der menschlichen Anleitung und innerhalb dessen Umwelt entwickelt. Erbgut, menschliche Führungsrolle und soziales Umfeld ganz allgemein - diese drei Komponenten sind für das Endresultat verantwortlich - haben es bewirkt, einen sozial ausgeglichenen Hund, der arbeitsfreudig ist und keiner Konfrontation aus dem Wege geht, einen Hund, der Leistung bringen möchte und als solcher bereit ist, sich zum zuverlässigen Partner seines Führers und der Familie zu entwickeln.

In seinen Büchern »Mit dem Hund auf Du« (1971) und »Hunde ernst genommen« (1974) gibt Eberhard Trumler, ein Schüler des Nobelpreisträgers Konrad Lorenz, seine Erfahrungen und Forschungsergebnisse in Bezug auf die Prägephasen im Leben eines jeden Junghundes wieder. Nachdem ich seine Bücher gelesen und seine gefundenen Ergebnisse anhand eigener Würfe überprüft hatte, beschloß ich, Herrn Trumler 1978 in »Wolfswinkel«, seiner Forschungsstätte in Deutschland, aufzusuchen. Obwohl ich längst von seinen Theorien überzeugt war, trugen jener Besuch und jene Diskussion entscheidend zu meinem besseren Verständnis der Verhaltensweise des Schnauzers bei. Es wurde mir der irreparable Schaden bewußt, der einem jungen Hund zugefügt werden kann, wenn die Menschen nichts über die grundlegenden kritischen Phasen, die jeder Hund naturgesetzlich und zwangsläufig durchlebt, wissen.

Deutlich erkannte ich, daß etwa kosmetische Korrekturen, vorgenommen an unseren Schnauzern während dieser kritischen Phasen, durchaus verheerende Auswirkungen auf die Wesensentwicklung des Hundes haben können. Vom Zeitpunkt her müssen solche kosmetischen Eingriffe entwicklungspsychologisch genau terminiert werden.

Übrigens, nicht nur Trumler, sondern auch andere Verhaltensforscher wie Scott und Fuller in Bar Harbor (USA), beschreiben auch diese kritischen Phasen und weisen ganz besonders auf das so wichtige Mensch-Hund-Verhältnis während dieser delikaten Entwicklungsstufen des Hundes hin. Basierend auf dem, was ich von Trumler lernte, bei Scott und Fuller las und mir durch persönliche Beobachtungen meiner eigenen Schnauzerwürfe angeeignet habe, möchte ich die kritischen Phasen wie folgt zusammenfassen:

| | |
|---|---|
| 1. Vegetative Phase | Lebenswoche 1 und 2 |
| 2. Übergangsphase | Lebenswoche 3 |
| 3. Prägungs- und Sozialisierungsphase | |
| a. Grundlegende Prägung - Unterwürfigkeit | Lebenswoche 4 |
| b. Weitere Prägung und Sozialisation | Lebenswoche 5 - 6 - 7 |
| c. Welpentests, Tätowierung und Abgabe der Welpen | Lebenswoche 8 |
| d. Natürliches Mißtrauen und Vorsicht | Lebenswoche 9 - 10 - 11 |
| 4. Rangordnungsperiode | Lebensmonat 4 - 5 - 6 |
| 5. Pubertätsperiode | Lebensmonat 7 bis 11 |

Betrachten wir nun jede dieser Perioden etwas näher und untersuchen wir, wie sie in der chronologisch richtigen Abfolge miteinander verknüpft sind, alles mit dem natürlichen Ziel, einen Hund zu erziehen, der auf das Erwachsensein mit etwa einem Jahr bestens vorbereitet ist.

## Phase 1 - Vegetative Phase

Eine Schnauzerhündin, so wie alle anderen Hundeartigen übrigens auch, trägt durchschnittlich 63 Tage. Manchmal wirft sie schon am 60. Tag, besonders dann, wenn sie einen starken Wurf vermuten läßt. Aus Erfahrung wissen wir, daß Geburten vor dem 59. Tag wegen der insgesamt zu kurzen Tragezeit problematisch und die Welpen weniger lebensfähig sind.

Gott sei Dank! Unsere Schnauzer sind eine gesunde Rasse mit wenigen Geburtsproblemen. Die meisten der Hündinnen zeigen immer noch den Urinstinkt, indem sie sich ein natürliches Lager in Form einer Höhle buddeln. Es ist ein deutlicher Hinweis auf die nahende Geburt, wenn die Schnauzerhündin - geradeso wie die Wölfin - ungefähr am 60. Tag ihrer Trächtigkeit ein Loch im Garten gräbt. Ein unaufmerksamer Züchter könnte leicht überrascht werden und die neugeborenen Welpen in dieser Höhle finden. Wenn nun die Hündin bald werfen muß und zu graben beginnt, dann ist es am besten, sie in die Wurfkiste zu bringen und auch dort zu halten. Sie wird auch dort ihr zerstörerisches Werk fortsetzen, indem sie Lappen, Papier oder Stroh zerkleinert. Dies ist eine ideale Übung und Vorbereitung ihrer Bauchmuskeln im Hinblick auf die bevorstehende Geburt.

Wenn es dann losgeht und die Hündin bereits Flüssigkeit ausgeschieden hat, bedarf es noch weiterer drei bis fünf Wehen, um die erste schlüpfrige Hülle mit dem Welpen auszustoßen. Ist diese Hülle noch nicht geöffnet, dann tut dies die besorgte Mutter mit Hilfe ihrer Schneidezähne, anschließend trennt sie die Nabelschnur mit ihren Prämolaren durch und verschließt sie sozusagen in einem Arbeitsgang durch Quetschen. Der erste Schrei ihres Babys wird sie nicht sonderlich verwirren und sie wird ihre Nachzucht durch intensives Lecken von dem Geburtsschleim befreien und gleichzeitig den Kreislauf des Neugeborenen mobilisieren.

Nach der verhältnismäßig kurzen Tragezeit von 63 Tagen erscheint der Welpe noch ziemlich unfertig. Seine Augen und seine Ohren sind verschlossen und mit Hilfe seiner kleinen Glieder schiebt er sich krabbelnd vorwärts. Mit anderen Worten, das Nervensystem muß sich erst vervollkommnen. Dies geschieht in den ersten zwei Wochen nach der Geburt und deswegen wird diese Zeit auch die vegetative Phase genannt.

***Biotonus, Unterkühlung (Hypothermie) und Welpensterblichkeits-Syndrom***

Hier muß ich nun etwas näher auf Phänomene eingehen, die man in jüngster Zeit in Fachkreisen intensiv erörtert.

Kürzlich las ich in einem Bericht, daß zwischen 10 % und 30 % der Welpen bis zum Zeitpunkt des Absäugens verlorengehen. Von diesen sterben ungefähr 16 % aufgrund von Unterkühlung und 13 % werden erdrückt. Die durch Unterkühlung sterbenden Welpen überleben deshalb nicht, weil sie als Neugeborene noch nicht in der Lage sind, ihre eigene Körpertemperatur zu regulieren. Zur Vermeidung der oben erwähnten Verluste empfiehlt der Autor des Berichtes folgende Vorkehrungen und Maßnahmen:

a. künstliche Erwärmung, um die Umgebungstemperatur auf 29°C bis 30°C zu erhöhen,
b. Verabreichung von Traubenzucker in regelmäßigen, kurzen Abständen,
c. passende Antibiotika, Vitamin C, viel Flüssigkeit usw.

Dieser Artikel verwirrte mich etwas. Seit vielen Jahren beschäftige ich mich mit der Hundezucht, anfänglich auf dem europäischen Kontinent, wo mehrere Würfe im Winter geboren wurden. Ich erinnere mich ganz besonders an den Januar 1978, als die Temperatur nachts auf 15°C Minus sank. Etwas beunruhigt prüfte ich sowohl die Temperatur im Zwingergebäude als auch innerhalb der vollständig geschlossenen und isolierten hölzernen Wurfkiste. Im Gebäude maß ich 5°C Minus. In der geschlossenen Wurfkiste fand ich eine zufriedene Riesenschnauzerhündin mit acht gesunden, saugenden Welpen, die mehr oder weniger übereinanderlagen, um sich gegenseitig zu wärmen. In dem Wurflager herrschte eine Temperatur von 12°C, ohne jede künstliche Wärmequelle. In der Abgeschlossenheit dieser Umgebung konnte sich die Wär-

*Eine Zwergschnauzerhündin mit 6 gesunden, 2 Wochen alten Welpen.*

me, die von den Körpern der Mutter und den Welpen abgegeben wurde, problemlos im isolierten Innenraum halten. Der Winter blieb noch einige Wochen streng und kein Welpe nahm irgendeinen Schaden. Im Gegenteil, drei Wochen später tollten sie alle acht zusammen im schneebedeckten Garten herum.

Niemals zuvor hatte ich Welpen wegen Unterkühlung sterben sehen oder überhaupt von dem Welpensterblichkeitssyndrom gehört, bis zu dem heißen afrikanischen Sommer des Dezembers 1986, als ich mitbekam, wie ein Tierarzt jemandem riet, eine künstliche Wärmequelle über seinen Welpen aufzuhängen, ihnen Antibiotika zu verabreichen, Traubenzucker zu geben. Als ich deswegen nachfragte, antwortete er: »Ja, diese Welpen würden sterben und dies ist die einzige Möglichkeit, sie zu retten«. Ich vermute, daß der Tierarzt - ohne eine genaue Diagnose in Bezug auf Welpensterblichkeitssyndrom oder Unterkühlung zu stellen - zwei Fliegen mit einer Klappe schlagen wollte.

Das Welpensterblichkeitssyndrom oder »infektiöses Welpensterben« kann gewöhnlich durch eine Streptokokkeninfektion des Genitaltraktes während der Geburt, über die Milch, oder über eine Nabelinfektion bewirkt werden, wobei Staphylokokken und andere Organismen auch schon identifiziert wurden. Gesund geborene, gut entwickelte Welpen beginnen plötzlich erbärmlich zu wimmern, oft verweigern sie die Nahrungsaufnahme, sie atmen schwer, und der Tod tritt innerhalb von Stunden oder wenigen Tagen ein.

Während dieses »infektiöse Welpensterben« durch eine Infektion ausgelöst wird, erfolgt die Unterkühlung vornehmlich von außen, wenn auch meiner Meinung nach zusätzlich interne Faktoren mitbeteiligt sind.

Das Ereignis in der Tierarztpraxis und der oben erwähnte Artikel ließen mich an 1978 zurückdenken,

*Ohren und Augen sind verschlossen - ein Neugeborenes sieht unfertig aus.*

als ich, nachdem ich sein Buch gelesen hatte, Eberhard Trumler in Deutschland besuchte. Schon vor Trumler hatte G. Ewald den Begriff »Biotonus« geprägt. Dennoch beobachtete und untersuchte Trumler dieses Phänomen bei Wölfen, Dingos, unterschiedlichen Hunderassen und Hybriden aus Wild- und Haushunden. Er hat bewiesen, daß alle normalen Welpen mit demselben Inventar angeborener Triebe auf die Welt kommen und wenn auch bei jedem Individuum unterschiedlich stark ausgeprägt, so zielen diese alle auf das Überleben ab und werden auch durch den Überlebensinstinkt aktiviert.

Der »Biotonus« oder der »Ausdruck des Überlebenswillens«, den ein neugeborener Welpe zeigt, ist der erste Beweis eines vitalen Überlebensdranges. Ein

*40 Tage alte pfeffer-salzfarbige Miniaturschnauzer. D. Masciadri-Stadlin (Italien).*

Beispiel soll das verdeutlichen: Der neugeborene Welpe, immer noch naß und nicht gesäubert, schrecklich und verzweifelt schreiend, versucht seinem »Wärmedetektor« zu folgen, kriecht in Richtung der mütterlichen Nahrungsquelle, zieht eine Zitze tief in sein Mäulchen und beginnt gierig zu saugen und demonstriert somit seinen 100 % überzeugenden Biotonus. Wenn man neugeborene Welpen kreisförmig um eine Wärmflasche postiert, die als Ersatz der mütterlichen Wärmequelle dient, werden sie sich in Richtung Wärme bewegen. Einige von ihnen sind schneller und kriechen mit mehr Entschlossenheit als andere, was von der jeweiligen Intensität des individuellen Biotonus abhängig ist.

Welpen werden mit einem unvollständig ausgebildeten Nervensystem, das sich während der vegetativen Phase weiterentwickelt, geboren. Während dieser ersten Lebenstage können sie ihre Körpertemperatur noch nicht genau regulieren. Dennoch, ihre Körper - oder spezielle Wahrnehmungsbereiche des Körpers - reagieren auf Wärme. Wärme löst den Biotonus als erste Demonstration dieses komplexen instinktiven Systems aus, das den Fortbestand der Art insgesamt garantiert und nicht in erster Linie an das Individuum denkt. Es geht also vornehmlich um die Arterhaltung.

Der Schnauzerzüchter muß erkennen, daß der Welpe während dieser vegetativen Phase vor allem seine Mutter, ihre Nahrung und Körperwärme braucht. Bruce Fogle beschreibt in »The Dog's Mind« (1990), daß Wärmefühler des Welpen ihn instinktiv zu den Zitzen seiner Mutter geleiten und er somit gleichzeitig auch die sichere und angenehme Wärme des zusammenliegenden Wurfes auffindet. Da die individuelle Wärmeregulierung noch nicht voll funktioniert, ist das instinktive Sich-Zusammenrotten unerläßlich, denn es garantiert die lebensnotwendige Wärme.

Der erfahrene Züchter kann bereits durch intensives Beobachten des Biotonus jedes einzelnen Welpen entscheidende erste Aufschlüsse über sein späteres Aktivitätspotential erkennen. Ich bin davon überzeugt, daß die »Hypothermie«, die zum Welpensterben führen kann, eine natürliche Art des Ausmerzens der schwachen Mitglieder aus dem Wurf darstellt.

Meiner Meinung nach ist das auch der Grund dafür, daß die Natur die neugeborenen Welpen noch nicht mit dem vollständigen Inventar der Eigenkontrolle der Körpertemperatur austattete. Wenn die Genkombination sie nicht mit dem notwendigen Wärmeempfinden und dem dazu gehörenden Biotonus ausrüstete, sind sie zum Sterben verurteilt und außerdem würden sie ja nur eine Last für die Meute sein.

Wir Menschen tun uns schwer, das obige Naturgesetz zu begreifen oder es gar anzuwenden. Wir sollten daraus aber mindestens folgern, daß wir unserer trächtigen Hündin ein Wurflager bereiten, das ihr den gleichen Komfort und die natürliche Atmosphäre bietet, so wie die Behausung eines Wildhundes es tut. Ein weiches Bett mit Wärmedecke oder mit darüberhängenden Infrarotlampen mag, mit menschlichen Augen betrachtet, perfekt sein. Das ist aber keineswegs so, denn in einer abgeschlossenen engen Höhle produziert der Hundekörper die Wärme selbst und die Höhle bewahrt sie, während die künstliche Wärme, mit Hilfe einer Infrarotlampe über dem Bett erzeugt, einfach verfliegt.

Das ideale Wurflager besteht aus einer sauber gearbeiteten, geschlossenen Wurfkiste, mit abnehmbarem Deckel und der Einschlupf ist mit einem derben, aber beweglichen »Vorhang« versehen. Solch ein Alkoven bietet der Mutter Behaglichkeit und erholsame Ruhe im Halbdunkel. Gleichzeitig bewahrt und hält sie auch die natürliche Wärme, die von allen Bewohnern produziert wird. Der bewegliche Vorhang ermöglicht jederzeit einfachen Zugang und verschließt zugleich das Lager während der Kühle der Nacht. Nach drei Wochen kann, je nach Temperatur, der Vorhang und/oder der Deckel aufgeklappt bleiben oder ganz entfernt werden. Dieses System wende ich seit vielen Jahren an, und mehr als 400 Welpen sind so in meinem Haus gezüchtet worden. Bei keinem Wurf habe ich eine Infrarotlampe oder eine Heizdecke benutzt, ungeachtet der Jahreszeit oder des Landes, in dem die Welpen geboren wurden. Noch niemals habe ich auch nur einen einzigen Welpen durch Unterkühlung verloren.

Züchter, die im allgemeinen Sinn des Wortes an Gebrauchshunderassen interessiert sind, sollten sich niemals mit dem Gedanken tragen, Tiere künstlich am Leben zu erhalten. Werden solche Tiere dennoch mit Hilfe moderner Medizin aufwendig und künstlich hochgepäppelt und sie sich vielleicht sogar zu passablen Hunden entwickeln, sollten sie auf alle Fälle niemals zur Zucht verwendet werden, um die Vermehrung eines grundlegenden und entscheidenden Mangels an natürlichem Instinkt zu vermeiden. Biotonusmangel könnte sich auch negativ auf den Beutetrieb auswirken, ein Triebverhalten, das nicht nur von Bedeutung für den wildlebenden Hund ist, sondern auch Grundlage für viele wichtige Lernprozesse des Haushundes schlechthin darstellt.

## Phase 2 - Übergangsphase

Diese Periode umschließt die dritte Lebenswoche. Während dieser Zeit wird das Nervensystem vervollständigt. Die kleinen Augen beginnen sich zu öffnen, und die Welpen fangen auch an zu hören. Gegen Ende dieser Woche ist auffällig, daß die Wurfgeschwister sich gegenseitig beriechen und berühren und somit erste Sozialkontakte pflegen. So wie beim Wildhund

*Ch. Idris van't Wareheim und ihre »Kinderschar«.*

systems zu gewährleisten, muß bei den Wildhunden die goldene Regel, sich dem Meuteführer zu unterwerfen, unauslöschbar eingeprägt sein und zwar erfolgt dies in einem sehr jungen Alter, nämlich bereits in der vierten Lebenswoche.

Deswegen beginnt auch der Meuteführer schon in dieser frühen Lebensphase mit der Erziehung und der Vermittlung der notwendigen Ein- und Unterordnungsregeln seines zukünftigen Meute- und Jagdgenossen.Manchmal spielt er so rauh und hart mit den Welpen, daß jene, die sich nicht gleich auf dem Rücken liegend unterwerfen und anschließend Schutz und Sicherheit in der Höhle suchen, während des ›Ernstspielens‹ verletzt oder gar getötet werden können. Dies ist eine weitere, natürlich vorgegebene, gesetzmäßige, jahrtausendealte Ausleseregel!

die Welpen am Ende der dritten Woche den Drang haben, das Wurflager erstmals zu verlassen, so versuchen auch unsere Welpen über den Wurfkistenrand zu klettern. Wenn nun der Welpe mit dem stärksten Durchsetzungsvermögen als erster das Lager verläßt und er gleichzeitig somit auch den nachweislich stärksten Biotonus besitzt, dann rate ich ihnen dringlich, ihn ständig im Auge zu behalten, denn er ist noch für viele weitere Überraschungen gut. Übrigens geht es nicht nur darum, daß der Welpe das Hindernis überwindet, sondern, daß er einerseits erste soziale Kontakte knüpft und gleichzeitig andererseits individuellen Mut und Neugier beweist, indem er Neues und Unbekanntes außerhalb der Wurfkiste erkunden möchte.

## Phase 3 - Prägungs- und Sozialisierungsphase

Nun kommen wir zu einer äußerst entscheidenden Phase im Leben eines jeden Hundes! Die Periode umschließt die Zeitspanne von der vierten bis zum Ende der elften Lebenswoche. In dem »Lexikon der Hundehaltung« von M. Bürger (1988) wird der Begriff der Prägung allgemeinverständlich und gleichzeitig prägnant folgendermaßen definiert (S. 318ff.): »Kurzzeitiger Lernvorgang in einer sensiblen, d. h. besonders empfänglichen Periode in der ontogenetischen Entwicklung eines Tieres.«

Des klaren Verständnisses dieser entscheidenden Periode wegen bietet sich eine zusätzliche Unterteilung an:

### *a. Grundlegende Prägung - Ein- oder Unterordnungsbereitschaft*

Um sich in der Meute richtig verhalten zu können und damit auch den Fortbestand des kollektiven Meute-

Körperlich schwache Tiere und Hunde mit Wesensdefekten bedeuten nur eine Belastung für die Meute! Insofern müssen Mitglieder, die sich weigern, dem ererbten natürlichen Einordnungsverhalten zu folgen, eliminiert werden, denn das biologische Gesetz fordert unweigerlich: »Die Meute steht über dem Individuum!«

Was unsere Schnauzer und alle anderen domestizierten Rassehundewelpen betrifft, so werden die meisten von ihnen kaum das Glück haben, mit ihren Vätern spielen zu können. Ich habe oft beobachtet, daß, wenn der leibliche Vater nicht anwesend ist, jeder andere wesensfeste und instinktsichere Rüde dessen Vaterrolle übernehmen kann, denn von der vierten Woche an wird ihm die Mutter das Spiel mit ihren Welpen erlauben. Seit ich das weiß und die Bedeutung dieses Rituals erkannt habe, haben meine eigenen Welpen immer mit ihrem Vater oder einem Ersatzrüden spielen dürfen.

### *b. Weitere Prägung und Sozialisierung*

Das grundlegende Verhalten zu Meutegenossen wird durch die Pflege des sozialen Kontaktes zwischen der 4. und 8. Woche hergestellt und als bleibender Besitz fürs Leben geprägt. Das dahinterstehende Ziel ist, daß der individuelle Welpe erfährt, daß er ein soziales Meutewesen ist und ohne sein Rudel nicht überleben kann.

Am Ende der 7. Woche ist das Gehirn des Welpen neurologisch voll ausgebildet. Hoffen wir, daß er noch keinen Schaden genommen hat und nicht bereits durch eine schlechte Umwelt falsch geprägt wurde.

***c. Welpentest, Tätowierung und Abgabe***

Genau jetzt, nämlich in der 8. Woche, kann der Welpe mit Hilfe des Welpen-Persönlichkeitsprofils (Personality Profile, Einzelheiten in Kapitel 10) getestet werden. Ein kurzes Schmerzerfahren beim Tätowieren in der 8. Woche verursacht keinen psychischen Schaden. Außerdem ist nun die ideale Zeit gekommen für die Abgabe des Welpen, denn nun kann er in seinem neuen zu Hause, unter Weiterführung des Sozialisationsprozesses, seine Loyalität auf die neuen menschlichen Meutegenossen problemlos übertragen.

*Prägung auf den Menschen.*
*Edith Gallant und Bhima.*

***d. Natürliches Mißtrauen und angemessene Vorsicht***

Von der 9. bis 11. Woche erlernt der Welpe gegenüber allem Fremdem und möglicherweise Gefährlichen Vorsicht und gesundes Mißtrauen zu entwickeln. In dieser so überaus sensiblen Phase ist es äußerst wichtig, daß der Hund durch Unbedachtsamkeit des Menschen keine extrem negativen Erfahrungen machen muß, denn traumatische Erlebnisse könnten in ständiges Angst- und Meideverhalten münden.

So sind Wolfswelpen nun alt genug, um sich weiter von ihrer Geburtsstätte zu entfernen und nach und nach prägen sie sich ein, welche Objekte und Lebewesen sie meiden müssen und auf was sie zugehen können. In der wilden Natur ist für den Wolf ein gewisses Meideverhalten lebensnotwendig. Wir müssen uns dessen stets bewußt sein und bei unserem domestizierten Hund jede ›Angstprägung‹ während dieser empfindlichen drei Wochen vermeiden.

*Edith und Johan Gallant.*

***Die irreparablen Folgen negativer Einflüsse***

Unwiderruflich steht fest, daß in dieser sehr kurzen aber ganz entscheidenden Lebensphase unseres Schnauzers äußerste Vorsicht geboten ist! Und ich denke dabei etwa an das Kupieren der Ohren und deren Heilungsprozeß, leichtfertiges Versenden des Welpen usw. Tausende von Beispielen belegen, daß ein genetisch gesunder Welpe, der die notwendige und artgerechte Betreuung beim Züchter hatte, in diesen paar Wochen durch seinen neuen Besitzer fürs Leben ruiniert werden kann! So wird zum Beispiel ein Welpe, den man leichtfertig und unangemessen straft, lebenslänglich der Hand, einer zusammengerollten Zeitung, oder dem Stock ausweichen.

*Sozialisierung mit anderen Hunden.*

Artgerechtes und arterhaltendes Verhalten erlernt der Welpe im Umgang mit seinen Wurfgeschwistern und Meutegenossen. Übertragen auf unseren Schnauzer heißt das, daß für ihn Sozialisation mit dem Menschen und seiner verrückten Welt des 20. Jahrhunderts von überragender Bedeutung ist.

Gehen wir doch einmal folgender Frage nach. Wie verhält es sich denn mit einem Schnauzerwurf, der isoliert auf einem Hinterhof gehalten wird? Solchen Hunden kann doch gar keine positive Prägung geboten werden! Noch mehr, im Alter von 6 Wochen werden (oder wurden) ihnen die Ohren abgeschnitten, sie können nicht ungezwungen und frei mit ihren Geschwistern spielen, daß heißt, kein normales Sozialverhalten entwickeln, denn jede Berührung der wunden Ohrränder verursacht große Schmerzen. Das einzige menschliche Wesen, das sie kennen, ist die Person, die ihnen das Futter bringt. Wenn sie nun ihren Gönner begrü-

*Wie alle anderen Hunde, so sind auch die Schnauzer sehr höflich und die Begrüßungszeremonie ist grundlegender Bestandteil hündischen Verhaltens.*

ßen oder mit ihm näheren Kontakt aufnehmen wollen, indem sie ihn freudig anspringen, schimpft er oder tritt gar nach ihnen. Mit diesen erbärmlichen Grundlagen, der Erinnerung an schmerzende Ohren und den unfreundlichen Menschen, kommen sie nun im Alter von acht Wochen in eine Familie mit Kindern, einem anderen Hund, einer Katze, einem Auto, einem Fernseher usw., an. Glücklicherweise liegen noch weitere vier entscheidende Wochen der Prägephase und der Sozialisation vor ihnen. Sind die neuen Besitzer vernünftige und einfühlsame Leute, besteht die faire Chance, einen Teil der Versäumnisse aufzuarbeiten. Verhalten sich aber die neuen Besitzer genauso dumm und unverantwortlich wie der Züchter und treten etwa nach dem »blöden« Welpen, wenn er sich falsch verhält, obwohl man ihm nie beigebracht hat, wie er sich eigentlich verhalten sollte, dann werden wir es bald mit einem armen, psychopathischen Tier zu tun haben.

Genetisch mit den besten Eigenschaften ausgestattet, können unfreundliche und reizarme Umwelt in Verbindung mit falscher Behandlung durch den Menschen dazu führen, daß unserem Schnauzer jede Möglichkeit genommen wird, sich zu einem fröhlichen, menschenfreundlichen Hund zu entwickeln. Dafür werden dann oft der Hund oder sogar die ganze Rasse verantwortlich gemacht. Weil derartige Züchter überhaupt keine Kenntnisse über das Verhalten und die Psychologie des Hundes besitzen, können sie noch nicht einmal einsehen, daß sie gewaltsam und massiv schädigend in natürliche Entwicklungsprozesse eines unfertigen jungen Lebewesens eingreifen.

Der neuer Besitzer seinerseits glaubt, daß die im Stammbaum aufgeführten berühmten Eltern genügen, um ihm einen hervorragenden Hund zu garantieren. Er vergißt dabei, daß richtige und dem jeweiligen Alter angemessene Erziehung von ungeheurer Wichtigkeit sind. Die umfangreichste solideste Veranlagung, die der Welpe von seinen Eltern mitbringt, verkümmert wertlos, wenn sein neuer Herr sie nicht erkennt und angemessen ausbaut und fördert. Entscheidend ist, daß all das, was man in einen Hund hineinsteckt, hundertfach wieder herauskommt - Gutes und Schlechtes! Die Zauberformel lautet: Vererbung plus Umwelt plus Übung gleich Endergebnis!

## Phase 4 - Rangordnungsphase

Im Alter von vier bis sechs Monaten durchlaufen die Junghunde die sogenannte Rangordnungsphase während sie, abhängig von ihrer ererbten Persönlichkeit, meutebezogene Verhaltensweisen entwickeln, die ihnen später eine bestimmte Position auf der sozialen Leiter ermöglicht. Es ist eine Periode von Scheingefechten mit dem Ziel, Wurfgeschwister und andere Hunde besonders zu beeindrucken. Auf diese Weise kann leicht herausgefunden werden, ob der andere ein Feigling oder ein Kerl ist, mit dem man vielleicht doch noch rechnen sollte.

In diesem Entwicklungsstadium darf ein guter Schnauzer schon hin und wieder versuchen, seinen eigenen Kopf durchzusetzen, nicht blind zu gehorchen und seinen Führer herauszufordern. Ich mache wirklich keine Witze! Es ist mir sehr ernst, denn ein Schnauzer, der sich in diesem Alter nicht derartig benimmt, besitzt kein wirkliches Schnauzerwesen. Zieht der Junghund also mal die Lefzen hoch, knurrt er und

*Liebevolle Zuneigung, Voraussetzung für die enge Bindung an den Menschen.*

bleckt seine Zähne, bedeutet das noch lange nicht, daß er etwa ein ›Revolutionär‹ ist, sondern er will ausprobieren, wie weit er gehen kann. In einem solchen Fall gibt es nur eine richtige Antwort und das kann nur folgende Reaktion des Meuteführers sein: Schütteln Sie den Hund im Genick, indem Sie Ihre souveräne und unantastbare Position mit einem barschen und harten »Pfui!« unterstreichen! Versäumen Sie dies aber, oder sind Sie gar aus Angst nicht bereit es zu tun, wird der Junghund daraus schließen, daß er nicht Ihr Untergebener ist und wird zusätzlichen Ehrgeiz entwickeln, um sich zum Meuteführer aufzuschwingen. Haben Sie es in einer solchen Situation gar noch mit einem sehr dominanten Rüden zu tun, dann kann die ganze Angelegenheit einen fatalen Ausgang nehmen.

Aber nicht nur das dominante Tier, sondern der weniger dominante Junghund wird auch versuchen, seinen Führer herauszufordern. Gehen Sie aus einer solchen Auseinandersetzung als Verlierer hervor, führt dies automatisch zur Verwirrung des Junghundes. Dieses Tier, das keine ausgesprochenen Führungsqualitäten geerbt hat und von Natur aus dafür vorgesehen ist, eine untergeordnete Rolle in der Meutehierarchie zu spielen, findet sich plötzlich in einer Situation ohne Meuteführer wieder. Psychologisch betrachtet, bedeutet dies ein Unheil, denn der Hund lebt in einem verunsicherten Zustand und wird in Konfliktsituationen auf unerwartete und unerwünschte Weise wie Flucht oder Angstbeißen reagieren.

## Phase 5 - Pubertät

Vom 7. bis 12. Lebensmonat wächst der Hund zur Geschlechtsreife heran. Entwicklungspsychologisch handelt es sich dabei um eine Fortführung der Rangordnungsperiode mit Schwerpunkt auf dem Sexualverhalten. Oft beobachtet man während dieser Periode eine auffällige Sensibilität, die mit der hormonellen Umstellung einhergeht. Unser Flegel kann wie ein Erwachsener aussehen, aber benimmt sich oft noch wie ein übermütiger »Teenager«.

***Was bedeuten diese Erkenntnisse für die Praxis?***

Halten wir fest, daß während der Phasen der Sozialisation, der Rangordnung und der Pubertät der Schwerpunkt auf der Herstellung von Beziehungen unter der gleichzeitigen Entwicklung der natürlichen Veranlagungen liegt. Wenn wir dies ständig beachten und mit dem passenden Erziehungsprogramm kombinieren, haben wir beste Voraussetzungen für einen lebenslangen Erfolg geschaffen.

*Frühe Kontaktaufnahme zu weiteren »Meutemitgliedern im Großverband« stellt einen wichtigen Grundstein für ein möglichst konfliktfreies, zukünftiges Zusammenleben dar.*

*Erste Kontaktaufnahme durch Spiel, Sapziergang und Herumtollen mit der neuen Bezugsperson.*

*Mit fünf Monaten zeigen die Junghunde schon gutes Benehmen und folgen dem Beispiel ihres Vaters.*

*Mit acht Monaten wurden die Junghunde erstmals mit einem Figuranten konfrontiert und ließen für ihren zukünftigen Einsatz viel Gutes erhoffen.*

*Mit sieben Monaten beeindruckten diese Schnauzer bereits Rassekenner und -liebhaber anläßlich ihrer ersten Ausstellung.*

Hält der Hund die von seinem Herrn aufgestellten Spielregeln (Stubenreinheit, nicht auf Sessel springen usw.) ein, ist es an der Zeit, daß so im Alter von fünf bis sechs Monaten mit allgemeinen und grundlegenden Übungen begonnen wird. Nun wird er mit vielen anderen Hunden und fremden Menschen Erfahrungen sammeln und Kontakte pflegen, die für das Erlernen eines ausgeglichenen Sozialverhaltens in diesem Alter absolut notwendig sind.

Besitzer, die mit ihrem Schnauzer Gebrauchshundesport betreiben wollen, sollten bereits jetzt damit beginnen, die Nasenarbeit des Junghundes durch einfache, aber für das Tier interessant gestaltete Fährten zu üben. Bedenken Sie, daß ein halbjähriger Wolf seine Beute mit Hilfe der Nase zielsicher ausmachen und verfolgen kann.

Bringt man es unserem neugierigen Schnauzer früh genug und erfolgsorientiert bei, macht es ihm z. B. großen Spaß, am Ende der Übungsfährte das zu finden, was der Auslöser für seine motivierte Suchbereitschaft war (Lieblingsperson, Futter, Spielzeug usw.). Ist unser Hund erst den sogenannten »Welpenspieltagen« (vgl. Weidt) entwachsen und die Grundlagen für gutes Sozialverhalten sind gelegt, haben wir hiermit den Weg für weitere Unterordnungsübungen bestens geebnet.

Was den zeitlichen Beginn der Vorbereitung auf den Schutzdienst angeht, so weiß ich sehr wohl, daß es dazu verschiedene Auffassungen und Theorien gibt. Meine eigene Erfahrung ist, daß ein Riesen- oder Mittelschnauzer, mit dem man später Schutzhundeprüfungen ablegen möchte, gegen Ende der Rangordnungsphase und der beginnenden Pubertätsphase vorsichtig, aber dennoch gezielt, mit Grundvoraussetzungen der Schutzarbeit vertraut gemacht werden kann. Während dieses zeitlichen Übergangsstadiums nimmt der Beutetrieb zu und der Junghund sucht nun geradezu nach einer Herausforderung, um seinen Wehrtrieb unter Beweis zu stellen. Warum eigentlich sollte man ihm nicht die Möglichkeit dazu geben?

Schutzdienstübungen dürfen nur von erfahrenen Hundesportlern unter Anwendung der richtigen Techniken durchgeführt werden. Wichtig für den Erfolg ist natürlich auch ein einfühlsamer, erfahrener Figurant, der sich auf das Leistungsvermögen des jungen, im Aufbau begriffenen Hundes einstellt und ihn niemals überfordert! Es geht darum, die natürlich vorhandene Bereitschaft weiterzuentwickeln, auszubauen und in die gewünschten Bahnen zu lenken.

Meine Schlußfolgerung ist, daß der später erfolgreiche Gebrauchshund im jugendlichen Alter simultan in allen Disziplinen (Fährte, Unterordnung, Schutzdienst) - entwicklungspsychologisch angemessen - schrittweise auf die Prüfungsanforderungen vorbereitet werden sollte.

Im Zusammenhang mit der in den letzten Jahren oft leidenschaftlich geführten Diskussion über Kampfhunde ist es kaum verwunderlich, daß auch unser Begriff des »Schutzdienstes« in der Öffentlichkeit hinterfragt und oft genug absolut unangemessen interpretiert wird. Ich möchte mich keineswegs in diese Diskussion einschalten, sondern darstellen, daß wir mit der Unterstützung der breiten Öffentlichkeit nur dann rechnen können, wenn wir ein System entwickeln, in dem die Wörter »Schutz« und »Kampf« nicht falsch ausgelegt werden können.

Zentrales Anliegen der gesamten Prüfung muß die Bestätigung für den Gebrauchshundezüchter sein, daß das Tier in Bezug auf seine Gebrauchseigenschaften auf verschiedenen Ebenen erfolgreich ausbildbar ist. Nur so können wir die über viele Jahrhunderte sorgfältig entwickelten und gehüteten vielseitigen Gebrauchshundeeigenschaften unseres Schnauzers bewahren und an die zukünftigen Generationen weitergeben. Das ist die vornehmste Verantwortung jedes gewissenhaften Züchters.

# Kapitel 9

# DAS KUPIEREN

Während meiner Unterhaltung mit Pam und Charles fiel mir sehr früh auf, daß Pam eine ungewöhnlich praktisch veranlagte und realistische Frau war und insofern überraschte mich Ihre längst erwartete Frage, die sie ganz prägnant stellte, nicht sonderlich: »Warum kupiert man bei den Schnauzern die Ohren und die Ruten, während Hunde anderer Rassen sich dieser Prozedur nicht zu unterziehen brauchen?«

## Vorgeschichte und Tradition

Man berichtet, daß das Kürzen der Ohren und der Ruten eine alte Tradition sei, die zum Zwecke praktischer und vielseitiger Verwendungs- und Einsatzmöglichkeiten dem Hunde zum Vorteil gereiche. Ursprünglich führten die ländlichen Bauernhunderassen ein ziemlich rauhes Leben. Kämpfe und Raufereien, die nicht selten zu massiven Ohrverletzungen führten, waren nicht ungewöhnlich. Beim Begleiten der Viehkarren geriet man schon einmal in Konflikt mit deren Speichenrädern, aber auch zugeschlagene Türen konnten leicht zu Rutenverletzungen führen. Somit war es vielleicht die Überlegung, daß frühzeitige Vorkehrung allemal besser sei, als spätere mühsame Heilung. Dies mag ja alles annehmbar erscheinen, aber es erklärt dennoch nicht, warum zum Beispiel Schnauzer, Rottweiler, Bouviers, Dobermänner, Boxer usw. kupiert werden, aber die Ruten der meisten Schäferhunderassen, die ja ebenso auch Bauernhunde waren und sind, nicht unter das Messer kommen.

In mehreren Ländern verschiedener Kontinente wurde das Ohrenkupieren entweder per Gesetz ganz allgemein oder durch Zuchtbestimmungen der nationalen Rasseklubs untersagt. Einige nationale Parlamente haben erst in jüngster Zeit dieses Verbot auch auf die Ruten der Hunde ausgedehnt. Dies alles dürfte Grund genug dafür sein, daß wir uns die Praktiken jener Eingriffe beim Hund einmal näher anschauen. Zuerst sollten wir einmal herausfinden, woher die Tradition des Kupierens kommt und wie sie sich in des Schnauzers Ursprungsland entwickelte.

Die frühe Literatur des neunzehnten Jahrhunderts vertritt keinen durchgehend einheitlichen Standpunkt in Bezug auf unser Thema. In seinem Buch aus dem Jahre 1834 zeigt Reichenbach eine Zeichnung von zwei an Ohren und Ruten unkupierten Vorläufern des modernen Schnauzers. Andere Autoren erwähnen wiederum, daß die Ohren und Ruten jener Hunde normalerweise kupiert waren. Damals jedenfalls kümmerte man sich weniger um Schönheit, sondern vielmehr um vielseitige praktische Verwendbarkeit und der Eingriff erfolgte meist während der vegetativen Phase, also ohne dem Tier wirklichen Schmerz zu verursachen. Wir haben bereits erfahren, daß während der ersten Lebenstage des Welpen dessen Nervensystem noch immer unfertig ist und die Reaktion auf schmerzhafte Stimuli eher reflektorisch ist und sich kaum im Bereich des bewußten Wahrnehmens abspielt.

Nach der Veröffentlichung des ersten Rassestandards durch von Schmiedeberg im Jahre 1884, in dem eindeutig gefordert wird, daß »die Ruten gekürzt und die Ohren kupiert werden«, wurden 99 % aller in Deutschland geborenen Schnauzer auch konsequent so behandelt. Seit 1. Januar 1987 ist nun aber das Ohrenkupieren auch im Ursprungsland der Schnauzer gesetzlich verboten.

Weil nun der Schnauzer mit der Veröffentlichung des ersten Rassestandards sehr schnell auch in den Ausstellungsringen auftauchte, wurde es notwendig, beide Ohren sorgfältig und symmetrisch zu kupieren. Auf diese Art und Weise erlangte das Kupieren eine ästhetische Qualität und es wurde Teil der Rassemerkmale. Weil man symmetrisch geschnittene und gleichmäßig aufrecht getragene Ohren wollte, konnte man nicht länger Ohren und Ruten zum gleich frühen Zeitpunkt kürzen. Die Züchter stutzten die Ruten am dritten Lebenstag, die Ohren aber waren zu diesem Zeitpunkt noch viel zu wenig entwickelt, um überhaupt ein symmetrisches Kupierresultat zu garantieren. Andererseits lehrte die Erfahrung, daß die beste Möglichkeit, schön aufrecht getragene und gleichmäßig kupierte Ohren zu erhalten, darin bestand, daß die ganze Angelegenheit - einschließlich Heilungsprozeß - vor dem Zahnwechsel mit vier Monaten abgeschlossen sein sollte. Natürlich ist es Teil des Betreuungsauftrages an den soliden Züchter, daß die Ränder der kupierten Ohren sauber verheilt sind, ehe der Welpe abgegeben wird. Daher bürgerte es sich ein, daß in Deutschland und in den meisten anderen ohrenkupierenden Ländern der Eingriff zwischen der sechsten und siebten Lebenswoche erfolgte, so daß die Welpen, einwandfrei betreut, im Alter von zehn bis zwölf Wochen die Zwinger verlassen konnten.

Wolfskrallen sind rudimentäre innenstehende Zehen, die mit unseren Daumen oder großen Zehen vergleichbar sind. Bei der überwiegenden Mehrheit der Hunde haben sie ihre eigentliche Funktion verloren, was darauf zurückzuführen ist, daß sich die Tiere nicht mehr auf ständig wechselndem, unterschiedlichstem Untergrund bewegen müssen. Diese Nägel werden nun nicht mehr gebraucht und daher auch nicht abgenutzt, und nicht selten entwickeln sie sich zu langen, scharfen, sichelähnlichen Anhängseln, die sich zum Beispiel während des Laufens leicht ineinander verfangen und somit häufig zu langwierigen und schmerzhaften Verletzungen führen können.

Aber auch hier muß auf eine gewisse Widersprüchlichkeit und einen Mangel an logischer Konsequenz innerhalb des Hundewesens verwiesen werden. Wenn man schon das Entfernen der Wolfskrallen als eine Sicherheitsmaßnahme befürwortet, dann sollte auch diese Amputation gerade bei allen Arbeits- und Gebrauchshunderassen vorgenommen werden. Im Widerspruch dazu fordern einige Rassestandards zum Beispiel das Vorhandensein von doppelten Wolfskrallen an den Hinterläufen und die »Briards« und »Beaucerons« sind beste Beispiele dafür. Andererseits ist auch die Tatsache bekannt, daß das Entfernen der Wolfskrallen bei Rassen, die laut Standard »Katzenpfoten« haben sollen, diese gewünschte, kompakte Pfotenform deutlich unterstreicht.

Was unsere Schnauzer nun wieder konkret angeht, so ist es in den Vereinigten Staaten und in Großbritannien praktizierte Gepflogenheit, die fünften Zehen an den Vorder- und Hinterläufen zu entfernen. In Europa und den FCI-angeschlossenen Ländern werden allgemein nur die hinteren Wolfskrallen weggenommen.

## Vorgehensweisen

Im Zusammenhang mit der Wahl des richtigen Zeitpunktes des Rutenkupierens und des Entfernens der Wolfskrallen ist für die Mehrheit der heutigen Schnauzerzüchter der Beginn der vegetativen Phase von besonderer Wichtigkeit. Wenn nun diese Eingriffe einmal vorgenommen werden sollen, dann lassen sie mich Ihnen erklären, warum der dritte oder vierte Lebenstag dafür bestens geeignet ist. Dieser Zeitpunkt erscheint aus drei triftigen Gründen als dafür besonders geeignet:

a. Die Kürzung der Rute am dritten oder vierten Tag bedeutet weder ein wirkliches Trauma noch Streß.
b. Die Biestmilch (Colostrum) enthält reichlich Antikörper gegen Infektionen.
c. Inzwischen sind in dem kleinen Organismus genügend Blutgerinnungsstoffe ausgebildet, so daß sich die Wunde schnell verschließt und leicht verheilt.

Wir können wirklich davon ausgehen, daß das Rutenkupieren während der vegetativen Phase einen relativ harmlosen und für das Tier ungefährlichen Eingriff darstellt. Dennoch müssen wir uns als gebildete Menschen fragen, warum der Schnauzerstandard das Rutenkürzen auf drei Glieder vorschreibt, obwohl doch die Mehrheit der anderen Rassehunde sich eines solchen künstlichen Eingriffs nicht zu unterziehen braucht.

Jetzt, da wir uns über den passendsten Zeitpunkt geeinigt haben, müssen wir uns etwas näher mit der Art und Weise der beabsichtigten Maßnahme beschäftigen. Trotz aller Rassestandardvorschriften - wie: ... »Rute auf drei Glieder gekürzt ...« - ist es utopisch, anzunehmen, daß man den passenden Zwischenraum zwischen den einzelnen Rutenwirbeln bei einem strampelnden Welpen so ohne weiteres ausmachen könne. Vielmehr sind es die Empfindungen für schöne Proportionen und umfangreiche Erfahrung, die man braucht, um die Rute auf die richtige Länge zu kürzen.

Die von Schafzüchtern und leider auch immer noch von einigen Hundezüchtern angewendete Methode, die Rute mit einem Gummiring abzubinden, somit die Blutzirkulation zu unterbrechen, was zum Absterben des hinteren Rutenrestes führt, ist längst überholt und absolut unannehmbar. Ganz sicher, das Rutenkupieren ist eine Angelegenheit für einen erfahrenen Tierarzt, dem die notwendige Ausrüstung zur Verfügung steht und der dies alles unter hygienisch einwandfreien Umständen ausführt.

Bevor nun die Rute gekürzt werden kann, hält ein Assistent den Welpen fest und zieht gleichzeitig dabei die Haut der Rute in Richtung Körper zurück. Wenn dann der hintere Rutenteil mit dem Skalpell entfernt wird, rutscht die zurückgezogene Haut über den Stumpf, so daß sie leicht mit absorbierbaren Fäden vernäht werden kann. Anschließend ist es ratsam, die kleine Wunde mit einem antiseptischen Spray oder Puder zu versorgen. Die Wolfskrallen sollten mit derselben Sorgfalt entfernt werden. Auf alle Fälle muß man sichergehen, daß die Blutungen aufgehört haben und die Wunde trocken ist, bevor man die Mutter wieder zu ihren Welpen läßt. Es ist meine Erfahrung, daß

*Torpnorets Don Dorado.*
*Züchter Barbro Thorsager, Schweden.*

*Unkupierter Zwergschnauzer aus Schweden.*

*Argenta's Orville.*
*Besitzer Sophi Nersäter, Schweden.*

*Argenta's Xanthia.*
*Besitzer M. Thim.*

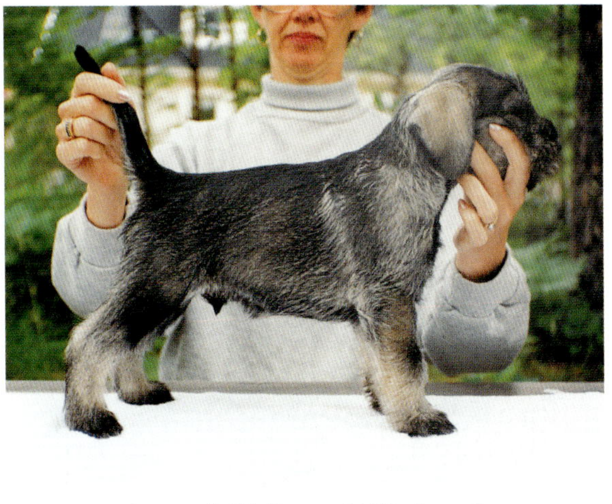

*Argenta's Kipling, acht Wochen alt.*

*Argenta's Percival.*
*Besitzer A. Kjellgren.*

*Minischnauzer Busco.*
*Besitzer Mrs. Scott-Abbott.*

die Welpen unmittelbar nach der Operation etwas irritiert und unruhiger als sonst sind, was die Mutter meist veranlaßt, die Kleinen intensiv zu belecken, um sie zu beruhigen. Natürlich ist dies unmittelbar nach dem Eingriff nicht ideal, weil die Wunde ja trocken bleiben soll, um schnell zu heilen. Daher empfehle ich zunächst mit der Hündin einen kurzen Spaziergang zu machen, zwischenzeitlich hat sich dann der Wurf beruhigt, und die Mutter sieht keinen besonderen Grund mehr, sich ungewöhnlich aktiv gegenüber ihren Welpen zu verhalten.

Halten wir fest, daß das Rutenkupieren während der vegetativen Phase tatsächlich eine schmerzlose Operation ist, die hauptsächlich einen ästhetischen Zweck verfolgt und gleichzeitig ein Zuchtproblem insofern zu lösen hilft, als es künstlich herbeigeführte äußere Gleichheit bewirkt. Wichtiger in diesem Zusammenhang ist aber, daß mit der Amputation auch jegliche Verletzungsgefahr an der Rute ausgeschlossen wird. Dennoch werden wir noch später feststellen, daß

*Argenta's Kimberley.*
*Züchter B. Niklasson, B. Andersson und G. Garpas.*

mit der Rutenkürzung der Schnauzer eines seiner ausdrucksstärksten Kommunikationsmittel beraubt wird.

In früheren Zeiten waren die Techniken des Ohrenkupierens keineswegs so vollkommen wie heute. Meist erledigte dies alles der Züchter selbst oder ein spezialisierter »Kupierer« kam ins Haus. Ohne jeglichen Einsatz von Betäubungsmitteln errangen zwei Techniken besondere Popularität. Die eine Methode bediente sich einer scharfen Klinge, die in einer speziellen S-form geschmiedet war, um so den gewünschten Schwung beim kupierten Ohr zu bewirken. Das Ohr des Welpen wurde auf einen Holzblock gelegt, die Klinge an der richtigen Stelle angesetzt und der äußere Ohrteil durch einen Schlag auf den Messerrücken abgetrennt. Die andere Methode bedient sich speziell angefertigter Kluppen, in die das Ohr so weit hereingezogen wird, bis die gewünschte Außenlinie erreicht ist. Dann wird die Kluppe mit Hilfe von Schräubchen fest angezogen und der heraushängende Teil des Ohres entlang dem geschwungenen Kluppenrand mit einem Skalpell abgeschnitten. Diese zweite Methode wird seit etwa zwanzig bis dreißig Jahren von den meisten Veterinären in jenen Ländern, in denen das Kupieren noch gestattet ist, angewendet. Die Tierärzte tun dies natürlich alles unter Narkose, unter klinischen Bedingungen und mit sterilisierten Instrumenten. Nicht unerwähnt bleiben soll, daß einige Veterinäre sich auf der Ohrinnenseite des narkotisierten Hundes einen Strich ziehen, an dem sie dann mit dem Skalpell entlangschneiden. Wurden früher die Ohren von den »Berufskupierern« sich zur Heilung selbst überlassen, so werden nun die Ohrränder vernäht und die Wunden tierärztlich bestens versorgt.

## Kupieren- ja oder nein?

Zumindest in Deutschland, dem Mutterland aller Schnauzervarietäten, besteht bei der überwiegenden Mehrheit der Rasseliebhaber keinerlei Zweifel daran, daß die Kupiermöglichkeit uneingeschränkt beibehalten werden sollte, zumal das gesetzlich verordnete Ohrenkupierverbot nur widerwillig akzeptiert wurde. Nicht selten wird argumentiert, daß das Erscheinungsbild des kupierten Schnauzers als eine Art zu bewahrendes »Kulturgut« einzustufen sei, und das Problem sollte daher weder ausschließlich emotional noch gar leichtfertig und oberflächlich abgetan werden!

In der momentan heiklen Situation halte ich es dennoch für wichtig, einige vom Leser selbst abzuwägende Aspekte und Meinungen zur Frage des Kupierens anzuführen. Dies, so hoffe ich, kann möglicherweise zu mehr Einsicht und Verständnis führen, falls einmal eine Situation eintreten sollte, gegen die nicht angegangen werden kann.

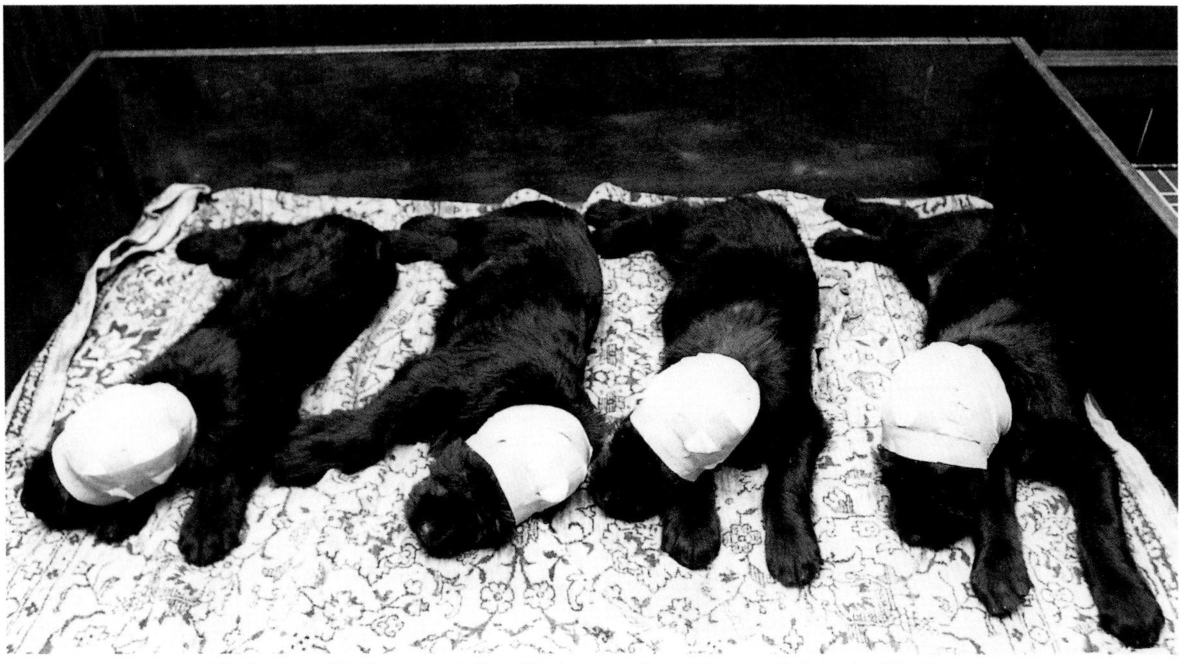

*Noch unter Narkose nach dem Kupieren - aber schon zurück in der Wurfkiste.*

Wie dem auch sei, meine Philosophie ist, daß - tiefsinnig betrachtet - ein Schnauzer allemal ein Schnauzer bleibt, ob kupiert oder nicht, denn, seine liebenswerten Charaktereigenschaften und vielseitigen Verwendbarkeiten können doch nicht nur von Ohren und Ruten abhängen!

***Wolfskrallen:*** Wenn auch die kleinen Wolfskrallen bei den meisten unserer domestizierten Hunde keine wirkliche Funktion mehr besitzen, so können sie doch Quelle für mögliche Verletzungen sein. Dieses Problem kann vermieden werden, indem man die Nägel regelmäßig kürzt, eine Amputation geschieht hauptsächlich aus ästhetischen Gründen.

***Rute:*** Im Zusammenhang mit der Rutenproblematik möchte ich lediglich einige Denkanstöße geben. Wir alle wissen, daß Hunde äußerst sozial orientierte Lebewesen sind und das bedeutet, daß Kommunikation für die Kaniden eine lebensnotwendige Rolle spielt. Wie könnte eine Meute ohne umfangreiche Ausdrucksmittel und Kommunikation überhaupt funktionieren? Freilich, die Stimme ist wichtig, aber noch wichtiger ist die innerartliche Verständigung mit Hilfe der Körpersprache, deren Code teilweise angeboren ist und trainiert und verfeinert wird, sobald die Saugwelpen hören und sehen können. Hier nun spielen Haltung und Bewegung der Rute ganz sicher eine bedeutende Rolle. Dennoch glaube ich nicht, daß ein an der Rute kupierter Schnauzer sich frustriert fühlt, wenn er die beeindruckend befederte Rute etwa eines Irischen Setters bewundert. Übrigens, Hunde mit kurz kupierten Ruten können ihre Genitalien weder bedecken noch schützen.

Die Gebäude fast aller an den Ruten kurz kupierter Rassen, so wie unsere Schnauzer, werden in ihren jeweiligen Rassestandards häufig folgendermaßen beschrieben: »Quadratischer Bau, wobei die Widerristhöhe etwa der Rumpflänge entspricht.« Ohne Zweifel, die kupierte Rute unterstreicht optisch den kompakten und vom Standard gewünschten möglichst quadratischen Körperbau.

Abgesehen von dem ästhetischen Effekt, wird mit dem Kupieren auch noch ein züchterisch nicht zu übersehendes weiteres Problem gelöst. Glauben Sie wirklich, daß, wenn man hunderte von Welpen plötzlich nicht kupierte, sie als erwachsene Hunde die Ruten alle auf dieselbe Art und Weise trügen? Weit gefehlt! Wie ungeheuer schwierig sich das Problem darstellt, kann man leicht ermessen, wenn man die Unterschiedlichkeit und Vielfalt der Rutenformen und Haltungen der Zwerg-, Mittel- und Riesenschnauzer aus Ländern, in denen seit längerer Zeit Rutenkupierverbot besteht, betrachtet.

***Ohren:*** Hier nun muß ich anführen, daß das billige Argument, daß kupierte Ohren weniger anfällig für bestimmte Infektionen seien, unhaltbar ist. Diese Aussage möchte ich auf Grund eigener Erfahrungen belegen. Seit 1976 wird in unserem Zwinger kein Schnauzer mehr an den Ohren kupiert. Durchschnittlich besitzen wir 10 erwachsene Tiere und meine Frau und ich haben inzwischen etwa 400 Welpen gezüchtet. Bislang hatten wir noch keine Tierarztrechnung wegen einer Ohrenbehandlung zu begleichen. Ohreninfektionen treten häufig bei Hunden mit zu engen Gehörgängen oder bei Rassen mit schweren Hängeohren auf, beides trifft auf die Schnauzerohren nicht zu!

Wenn die Ohren dennoch kupiert werden sollen, dann ist es ratsam, dies keineswegs während der extrem sensiblen Prägungsphase der Sozialisierung zu tun. Auch wenn das Kupieren fachgerecht unter Narkose ausschließlich von erfahrenen Tierärzten vorgenommen wird, so bleibt dennoch festzustellen, daß die Welpen während des Heilungsprozesses nicht frei und ungezwungen miteinander spielen und sich somit auch nicht umfangreich genug sozialisieren können.

Als langjähriger Züchter von Schnauzern mit naturbelassenen Ohren weiß ich sehr wohl um die Schwierigkeit, das korrekte »V-förmige« und richtig getragene Ohr genetisch zu festigen. Die naturbelassenen Ohren müssen, wenn sie standardgerecht getragen werden, an der faltenlosen flachen Stirn hoch angesetzt sein, und ihre korrekte Haltung darf nicht durch unangemessene Backenbildung gestört werden. Somit ist der anatomisch richtig konstruierte Oberkopf die unabdingbare Voraussetzung dafür, daß unsere Schnauzer ihre nicht kupierten Ohren überhaupt rassegerecht tragen.

## Werteverschiebung und neue gesetzliche Grundlagen

Es hat immer Stimmen gegeben, die, gestützt auf das Glaubensbekenntnis, daß der Mensch kein Recht dazu habe, gewaltsam in das einzugreifen, was Gott geschaffen hat, jedwede Art von Kupiermaßnahmen kategorisch ablehnen.

Während des 19. Jahrhunderts war das Ohrenkupieren in England besonders bei den Terrierrassen, die speziell bei den damals sehr populären Hundekämpfen eingesetzt wurden, gang und gäbe. Die primitiven Kupiertechniken und unmenschlichen Methoden einerseits und die Brutalität der Hundekämpfe andererseits, haben sicher auch nicht unerheblich dazu beigetragen, daß das Ohrenkupieren vom Englischen Kennel Club schon im Jahre 1895 verboten wurde. Man darf natürlich nicht vergessen, daß das Hundewesen jener Tage sich in den Händen der sogenannten höheren Schichten befand und keiner ihrer Hetz- und Jagdhunde besaß kupierte Ohren. Wenn nun einfache Landbewohner, Häusler oder gar Wilderer ihre Hunde auf Ausstellungen zeigen wollten, so konnten sie dies nur mit Terriern tun, deren Ohren nicht mehr abgeschnitten waren. Trotz ursprünglicher heftiger Opposition im United Kingdom, begann nun eine züchterisch sehr erfolgreiche Selektion im Hinblick auf natürlich stehende oder hängende Ohren. Weniger konsequent war da schon der »Kennel Club« als es um das Rutenkupieren ging, denn die betreffenden Standards enthielten Formulierungen wie: »... Rute herkömmlicherweise gekürzt bis auf ... Glieder« und somit überließen sie die ganze Angelegenheit den Rasseliebhabern selbst, die in der Regel kupierten und auch weiterhin kupieren wollen. In Ländern, die damals enge Verbindungen zum »Kennel Club« unterhielten, wurden auch die englischen Bestimmungen und Regularien mehr oder weniger übernommen.

Es ist schon etwas verwunderlich, daß, während man in England das Ohrenkupieren abschaffte, es eben zur selben Zeit besondere Popularität in den meisten anderen europäischen Ländern gewann. Zwischen 1880 und 1920 tauchten plötzlich viele unbekannte Hundearten in den Ausstellungsringen auf, die bis dahin als eine Art Landschläge von der einfachen Bevölkerung gehalten worden waren. Welch starke Auswirkung das rapide wachsende Ausstellungswesen auf das Kupierverhalten nahm, läßt sich leicht am Beispiel des »Bouvier des Flandres« beweisen. Geht man die Richterberichte der Jahre zwischen 1900 und 1920 durch, so kann man eine Entwicklung von »halb stehende Ohren, schlecht getragene Ohren, schlecht kupierte Ohren, gleichmäßig geschnittene Ohren« bis zu »aufrecht getragene Ohren« nachvollziehen. Während der britische »Kennel Club« Einheitlichkeit durch züchterische Selektion erzwang, riefen die anderen europäischen nationalen Rasseklubs durch entsprechende Formulierungen in ihren Standards geradezu zum Kupieren auf. Gewiß, mit dem Eingriff an den Ohren wurde schneller Einheitlichkeit im äußeren Erscheinungsbild der jeweiligen Rasse erreicht, die Kupierinstrumente und die Methoden wurden verfeinert und der kupierte Hund wurde zur Selbstverständlichkeit. Erst im Zusammenhang mit tierschützerischen Überlegungen verboten einige europäische Länder Jahrzehnte später das Ohrenkupieren. Norwegen, Finnland, Schweden, Dänemark und Holland waren die ersten, die derartige Gesetze erließen, die Schweiz folgte etwas später.

Was den Pinscher-Schnauzer-Klub angeht, so muß das Jahr 1963 als eine Art Wendepunkt betrachtet werden. Anläßlich der 1963er Jahreshauptversammlung beschloß der Vorstand, daß der an den Ohren kupierte Schnauzer gegenüber seinem unkupierten Konkurrenten im Ausstellungsring nicht bevorzugt werden darf. Mit anderen Worten, das Ohrenkupieren wurde nicht mehr zwingend vorgeschrieben und die Rassestandards erweiterte man nun um detaillierte Beschreibungen des naturbelassenen Ohres. Zwei Jahre später erließ der PSK die zwingende Vorschrift, daß der Eingriff ausschließlich unter Narkose erfolgen und nur von einem Tierarzt ausgeführt werden darf.

Als sich im Jahre 1972 das deutsche Parlament umfangreich mit der Problematik des Tierschutzes be-

*Riesenschnauzer Tyras v. d. Lederhecke, sieben Monate alt. Züchter und Besitzer W. Büschel, Deutschland.*

schäftigte, war am Ende die Mehrheit der Schnauzerliebhaber doch sehr erleichtert, daß das Ohrenkupierverbot nicht durchgekommen war.

Am 13. November 1987 wurde im Europäischen Parlament in Straßburg ein Gesetzeswerk eingebracht, das von Belgien, Dänemark, Deutschland, Griechenland, Italien, Luxemburg, Holland, Norwegen, Portugal, Schweden und der Schweiz unterzeichnet war. Wichtige Punkte aus diesem Vorschlag zur »Europäischen Übereinkunft zum Schutze von Haustieren« möchte ich in den nachfolgenden Ausführungen zusammenfassen.

In der Präambel werden grundsätzliche Beweggründe formuliert und es wird dargelegt aufgrund welcher Motivationen die einzelnen Mitgliederstaaten die Übereinkunft gemeinsam unterzeichnet haben. Neben allgemeinen Erörterungen in Bezug auf Tiere schlechthin, konstatiert die Präambel, daß der Mensch moralisch einfach verpflichtet ist, alle lebenden Kreaturen uneingeschränkt zu respektieren.

Ganz speziell hervorgehoben wird die enge Bindung des Menschen an sein Haustier, dem gegenüber er zu besonderer Fürsorge und Sorgfalt verpflichtet ist und zwar:

- wegen der Bedeutung der Haustiere und ihrem Beitrag, den sie zur Lebensqualität des Menschen leisten und wegen ihres daraus resultierenden Wertes für die Gesellschaft insgesamt;
- wegen der Auswirkung, die die Haltung von zu vielen Tieren auf die Hygiene, die Gesundheit und die Sicherheit des Menschen und anderer Tiere haben kann;
- wegen der Empfehlung, daß die Haltung oder Einsperrung von Wildtieren als Haustiere keineswegs gefördert werden sollte;
- wegen des Bewußtseins, daß Haustiere nicht immer unter Bedingungen gehalten werden, die ihnen zum Vorteil, zu ihrer Gesundheit und ihrem Wohlergehen gereichen;
- wegen der Feststellung, daß die Einstellung zu Haustieren oft sehr unterschiedlich ist, manchmal sehr negativ wegen fehlenden Wissens oder mangelnden Verantwortungsbewußtseins;
- wegen der allgemein grundlegenden Auffassung, daß die richtige Haltung und der angemessene Umgang mit Haustieren nicht nur eine wünschenswerte Absichtserklärung, sondern allgemeine Realität werden sollte.

Im ersten Kapitel der Übereinkunft wird definiert, was Haustiere überhaupt sind, wie der Handel mit Haustieren aussehen soll, wie herrenlose Tiere behandelt werden, wie dies alles institutionell gehandhabt werden soll usw.

Das zweite Kapitel beschäftigt sich mit den grundlegenden Prinzipien der Haustierhaltung, die sich uneingeschränkt an dem Postulat orientieren muß, daß es niemandem erlaubt ist, ein Haustier leiden zu lassen oder ihm unnötige Schmerzen zuzufügen. Es erklärt die selbstverständlichen Haltungsvoraussetzungen und gibt Instruktionen im Hinblick auf Zucht, Anschaffung, Handel, Ausbildung, Zwingerhaltung und Tierheime. Es ist auch die Rede von Tieren in der Öffentlichkeit, ihrem Einsatz bei Unterhaltungsveranstaltungen, den Regularien bei Ausstellungen und Wettkämpfen, in die Tiere einbezogen sind. Abschließend erfährt man noch einiges darüber, wie mit streunenden Tieren, ihrer Tötung und der Euthanasie verfahren werden soll.

Der Artikel 10 behandelt chirurgische Eingriffe und stellt folgendes fest:

1. Chirurgische Eingriffe, die darauf abzielen, das äußere Erscheinungsbild des Haustieres zu verändern, oder die wegen anderer, medizinisch nicht notwendiger Zwecke vorgenommen werden, sind verboten, insbesondere
   a. das Rutenkürzen
   b. das Ohrenkupieren
   c. das Durchtrennen der Stimmbänder
   d. die Entfernung von Nägeln und Zehen.
2. Ausnahmen zu diesen Verbotsbestimmungen können nur genehmigt werden, wenn die tierärztliche Bestätigung vorliegt, daß der Eingriff medizinisch indiziert ist und zwar
   a. zum Wohle eines bestimmten Tieres
   b. zum Zwecke der Sterilisation.

Die oben erwähnten Unterzeichnerstaaten können das umfangreiche Dokument entweder vollständig akzeptieren, oder auch eigene nationale Vorbehalte gegenüber einzelnen Ausführungen geltend machen.

Die Bundesrepublik Deutschland nahm am 1. April 1987 das Gesetzeswerk an, aber übernahm das Rutenkupierverbot dabei nicht. Mit dem 1. Januar 1988 trat dann das Gesetz offiziell in Kraft und seitdem ist es in Deutschland generell verboten, Hunde an den Ohren zu kupieren.

Nach der deutschen Wiedervereinigung gilt diese gesetzliche Regelung seit dem 1. Juli 1989 nun für Gesamtdeutschland.

Das leidige Thema des Rutenkupierens war auch Gegenstand der Erörterung innerhalb der ISPU und als Ergebnis wurde vorgeschlagen, daß Züchter, die einem Rutenkupierverbot unterliegen, der Säbelrute den Vorzug geben sollten. Ferner äußerte man, daß sich Deutschland in Bezug auf eine Standardergänzung zurückhalten möge.

Allgemein muß festgestellt werden, daß die Tradition des Ohrenkupierens innerhalb der westeuropäischen Zivilisation immer mehr schwindet und was mit den Ruten geschehen wird, bleibt ungewiß.

# Kapitel 10

# WAS FÜR EINEN WELPEN MÖCHTE ICH?

»Nun gut, Pam und Charles, nach allem was wir bislang diskutiert haben, leuchtet es ein, daß das Aussuchen eines Welpen nicht nur eine Minutensache sein darf, oder gar nur aus einer Laune heraus erfolgen sollte. Gewöhnlich orientiert man sich bei der Welpenauswahl an zwei grundlegenden Aspekten: Erstens, möchte man einen Hund zu reinen Ausstellungszwecken, oder legt man mehr Wert auf einen fröhlichen und zuverlässigen häuslichen Gefährten? Zweitens - ein weit wertvolleres und bedeutenderes Kriterium - paßt der Welpe zu mir, entspricht er meinen Erwartungen und kann er problemlos in meine Familie und häusliche und nachbarschaftliche Umgebung integriert werden? Wenn dem so ist, dann sollten äußere Feinheiten eine geringere Rolle spielen, denn Charakter, Temperament und Allgemeinverhalten des Welpen sind für die richtige Entscheidung die ausschlaggebenden Merkmale.«

Zu allererst muß sorgfältig erwogen werden, ob die Anschaffung eines Hundes überhaupt möglich und sinnvoll ist, dann muß man sich für die passende Rasse entscheiden und schließlich folgt das schwierigste Unterfangen, den Welpen herauszufinden, der den umfangreichen Erwartungen am nächsten kommt. In diesem Zusammenhang ist von fundamentaler Wichtigkeit, daß der Züchter in einem ausführlichen Gespräch vorher Einzelheiten über Vorstellungen, Wünsche und allgemeine Lebensumstände des zukünftigen Hundebesitzers erfährt.

Natürlich, nur ein solider Züchter mit gründlichen Kenntnissen des Hunde- und Welpenverhaltens wird, nach intensiven Beobachtungen des gesamten Wurfes, von echter Hilfe im Hinblick auf das Auswahlproblem sein können, daher sollte jeder ernsthafte Züchter größtes Interesse daran haben, seine kompletten Würfe speziellen Welpentests zu unterziehen, denn dadurch gewinnt er mindestens zwei wichtige Informationen. Einmal erhält er eine deutliche Aussage über die allgemein charakterliche Qualität seines gesamten Wurfes - häufigeres Auftauchen von nervösen Welpen kann Anlaß genug sein, beim nächsten Mal eine andere Verpaarung zu wählen, oder gar in andere Linien zu gehen. Zum Anderen wird der Züchter Einzelheiten und Auffälligkeiten der einzelnen Welpen schriftlich festhalten, um mit Hilfe dieser Aufzeichnungen leichter und zuverlässiger den richtigen Welpen für den richtigen Besitzer zu ermitteln. In seinem 1975 erschienenen Buch mit dem Titel »Behavior Problems in Dogs« beschreibt William Campbell einen sehr interessanten Welpentest und seit Campbells Erkenntnissen hat die Idee der Welpentests in den Reihen seriöser Züchter enorm an Bedeutung zugenommen. Nach Durchsicht der mir zu dieser Thematik zur Verfügung stehenden Literatur, möchte ich mir erlauben, den von Wendy Volhard - auf Campbell basierenden - aktualisierten und verfeinerten Test wiederzugeben. Nicht zuletzt deswegen, weil meine Frau und ich innerhalb der vergangenen fünfzehn Jahre selbst wertvolle praktische Erfahrungen damit gemacht haben.

### Das Welpen-Persönlichkeitsprofil nach Wendy Volhard:

Das Folgende ist eine systematisch standardisierte Zusammenstellung, die jeden einzelnen Test, einen Bewertungsbogen, seine Bewertung und die Bewertungsinterpretation enthält. Der Test muß nachfolgende Bedingungen erfüllen:

1. Die Welpen werden in der siebten Lebenswoche, vorzugsweise am 49. Tag, getestet. Mit sechs Wochen oder früher ist das Nervensystem noch nicht voll entwickelt. Wird der Test zwischen der 8. und 10. Woche durchgeführt, so hat der Welpe erste Prägungen erfahren und zeigt keine rein natürlichen Reaktionen mehr.
2. Die Welpen werden weg von der Mutter und den Wurfgeschwistern in einer für sie unbekannten Gegend, möglichst ohne Ablenkungsmöglichkeiten überprüft. Die Welpen sollten vor dem Füttern - wenn sie wach und lebhaft sind - und nicht einen Tag nach der Entwurmung oder Impfung getestet werden.
3. Die Testabfolge ist für alle Welpen gleich und ein eher stressiger Test wird abgelöst von einem neutralen oder angenehmeren Versuch.
4. Es besteht weniger Wahrscheinlichkeit für menschlichen Irrtum oder Beeinflussung durch eine vertraute Person, wenn die Tests nicht vom Züchter selbst durchgeführt werden.

| | WELPENTEST | TESTGEGENSTAND | BEWERTUNG |
|---|---|---|---|
|  | **Soziale Bindung**<br>Der Welpe wird in das Versuchsfeld gebracht. Der Tester lockt den Welpen durch in die Hände klatschen und Hinknien an. | Intensität der sozialen Bindung, Selbstvertrauen oder Abhängigkeit. | Kam bereitwillig, Rute erhoben, biß in Hände.<br>Kam bereitwillig, Rute erhoben, Pfoten gebend, Hände leckend.<br>Kam bereitwillig, Rute erhoben.<br>Kam bereitwillig, Rute gesenkt.<br>Kam zögernd, Rute gesenkt.<br>Kam überhaupt nicht. |
|  | **Das Folgen**<br>Erheben Sie sich und entfernen Sie sich in ganz normaler Art vom Welpen. Vergewissern Sie sich, daß dies der Welpe auch wahrnimmt. | Intensität des Folgens. Nichtfolgen bedeutet Unabhängigkeit. | Folgte bereitwillig, Rute erhoben, lief zwischen den Beinen, biß in die Füße.<br>Folgte bereitwillig, Rute erhoben, lief zwischen den Beinen.<br>Folgte bereitwillig, Rute erhoben.<br>Folgte bereitwillig, Rute gesenkt.<br>Folgte zögernd, Rute gesenkt.<br>Folgte gar nicht, oder ging davon. |
|  | **Bereitschaft zum Widerstand**<br>Hocken Sie sich nieder, drehen Sie den Welpen auf den Rücken und halten Sie ihn so mit einer Hand volle dreißig Sekunden fest. | Intensität des sich Wehrens - oder Aufgebens. Wie Streß akzeptiert wird, wenn soziale / physische Dominanz ausgeübt wird. | Kämpfte heftig, fuchtelte, biß.<br>Kämpfte heftig, fuchtelte.<br>Ergab sich, kämpfte, ergab sich unter Blickkontakt.<br>Kämpfte und ergab sich dann.<br>Kein Kampf.<br>Kein Kampf, Blickkontakt vermeidend. |
|  | **Sozialdominanz**<br>Lassen Sie den Welpen aufstehen und streicheln Sie ihn vom Kopf zum Rücken, während Sie neben ihm kauern. Streicheln Sie ihn solange, bis ein sicher wahrnehmbares Verhalten erkennbar ist. | Art und Weise des Fertigwerdens mit sozialer Dominanz. Welpe versucht durch Springen oder Zwicken zu dominieren, oder zeigt sich unabhängig und geht weg. | Sprang, gab Pfote, biß, knurrte.<br>Sprang, gab Pfote.<br>Schmuste mit Tester, versuchte Gesicht zu lecken.<br>Wich zurück, leckte Hände.<br>Legte sich auf den Rücken, leckte Hände.<br>Ging weg und blieb fort. |
|  | **Dominanz in hochgehobener Stellung**<br>Sie beugen sich über den Welpen, umfassen seinen Bauch mit ineinander verschränkten Fingern der beiden Hände und heben ihn für dreißig Sekunden leicht hoch. | Art und Weise des Erduldens von Dominanz in einer für den Welpen unbeherrschbaren Situation. | Kämpfte heftig, biß, knurrte.<br>Kämpfte heftig.<br>Wehrte sich nicht, entspannte sich.<br>Wehrte sich, gab auf, leckte.<br>Wehrte sich nicht, leckte die Hände.<br>Wehrte sich nicht, verhielt sich starr. |
| <br> | **Apportieren**<br>Sie bücken sich neben den Welpen und erregen seine Aufmerksamkeit mit Hilfe eines zusammengeknüllten Papierballs. Sobald ihn der Welpe interessiert, werfen Sie den Ball etwa 2 Meter vor ihn hin. | Bereitschaft zur Zusammenarbeit mit den Menschen. Hohe Verbindung zwischen der Apportierfähigkeit und erfolgreicher Ausbildbarkeit. | Jagt Gegenstand nach, nimmt ihn auf, läuft davon.<br>Jagt Gegenstand nach, steht über ihm, kommt nicht zurück.<br>Jagt Gegenstand nach und kommt mit ihm zum Tester zurück.<br>Jagt Gegenstand nach und kommt ohne ihn zum Tester zurück.<br>Jagt anfänglich Gegenstand nach, verliert Interesse.<br>Jagt Gegenstand nicht nach. |

| | WELPENTEST | TESTGEGENSTAND | BEWERTUNG |
|---|---|---|---|
|  | **Schmerzempfindlichkeit**<br>Sie fassen den Welpen zwischen den Zehen eines Vorderfußes, drücken zunehmend fester mit Zeigefinger und Daumen und zählen dabei langsam bis 10. Hören Sie sofort auf, wenn der Welpe wegzieht oder sich wehrt. | Grad der Schmerzempfindlichkeit. | Reaktion während des Zählens von 8 - 10.<br>Reaktion während des Zählens von 6 - 7.<br>Reaktion während des Zählens von 5 - 6.<br>Reaktion während des Zählens von 2 - 4.<br>Reaktion während des Zählens von 1 - 2. |
|  | **Geräuschempfindlichkeit**<br>Welpe ist im Zentrum des Versuchsfeldes, nicht weit von ihm ertönt ein scharfes Geräusch. Ein großer Metallöffel, der zweimal hart gegen eine Metallpfanne geschlagen wird, eignet sich gut. | Reaktionsweise auf Geräusche. | Hört zu, lokalisiert Geräusch, geht bellend darauf zu.<br>Hört zu, lokalisiert Geräusch, bellt.<br>Hört zu, lokalisiert Geräusch, zeigt Neugier und geht darauf zu.<br>Hört zu, lokalisiert das Geräusch.<br>Zeigt Meideverhalten, weicht zurück, verkriecht sich.<br>Beachtet Geräusch nicht, zeigt sich desinteressiert. |
|  | **Visuelle Reaktion**<br>Welpe ist im Zentrum des Versuchsfeldes, ein an einem Strick befestigtes Handtuch wird nicht weit vom Welpen über den Boden gezogen. | Intensität der intelligenten Reaktion auf einen unbekannten Gegenstand. | Schaut, greift an und faßt zu.<br>Schaut, bellt mit erhobener Rute.<br>Schaut neugierig, möchte näher untersuchen.<br>Schaut, bellt, Rute eingeklemmt.<br>Läuft davon, versteckt sich. |
| | **Formwertaspekte**<br>Welpe wird natürlich hingestellt und nach folgenden Kategorien bewertet: Gerade Front; Gerade stehend hinten; Schulterlagerung; Vorhandwinkelung; Kruppenlage; Hinterhandwinkelung. | Inwieweit ist der Hund strukturell korrekt aufgebaut? Gute Struktur ist bedeutend. | Richtig strukturiert = gut<br>Leichter Fehler oder Abweichung = ziemlich gut<br>Extremer Fehler oder Abweichung = schlecht |

*Zwergschnauzer Welpen, Züchter Y. und R. Coucke, Belgien.*

## Interpretation der Bewertungen

### Vorwiegend Einer-Bewertungen:

Dieser Hund ist extrem dominant und zeigt aggressive Neigungen. Er beißt schnell zu und gilt allgemein als nicht sehr geeignet für Kinder und ältere Leute. Wenn er dazu auch noch im Bereich der Berührungsempfindlichkeit eine 1 oder 2 hat, wird er schwierig ausbildbar sein, er ist kein Hund für eine unerfahrene Person und braucht einen kompetenten Ausbilder, um ihm seinen Platz in der Rangfolge zuzuweisen.

### Vorwiegend Zweier-Bewertungen:

Dieser Hund ist dominant und kann zum Beißen provoziert werden. Reagiert gut auf sicheren, beständigen und fairen Umgang in einem Erwachsenenhaushalt und wird wahrscheinlich ein zuverlässiger Kamerad, wenn er erst einmal die menschliche Führerschaft akzeptiert hat. Oft ist er sehr lebhaft, zu aktiv für ältere Leute und zu dominant für kleine Kinder.

### Vorwiegend Dreier-Bewertungen:

Dieser Hund nimmt die Menschen leicht als Führer an, ist bestens geeignet für den Durchschnittsbesitzer, paßt sich gut neuen Situationen an und ist im Allgemeinen gut zu Kindern und älteren Leuten, wenn er auch zu Aktivität neigen mag. Läßt sich gut lenken und zeigt vernünftige Verhaltensweisen.

### Vorwiegend Vierer-Bewertungen:

Dieser Hund ordnet sich unter und paßt sich den meisten Haushalten an. Kommt gut mit Kindern zurecht und läßt sich einfach abrichten.

### Vorwiegend Fünfer-Bewertungen:

Dieser Hund ist extrem unterwürfig und braucht besondere Behandlung, um Vertrauen zu ihm aufzubauen und ihn aus der Reserve zu locken. Kommt nicht gut mit Veränderungen und Unruhe zurecht und braucht eine sehr konstante Umgebung. Gewöhnlich sicher in Bezug auf Kinder und beißt nur, wenn er stark unter Streß gesetzt wird. Keine gute Wahl für einen Anfänger, da er leicht erschrickt und lange braucht, mit neuen Erfahrungen fertig zu werden.

### Vorwiegend Sechser-Bewertungen:

Dieser Hund ist unabhängig. Er ist nicht anhänglich und mag es nicht sehr, angefaßt und gekrault zu werden. Es ist schwierig, ein Verhältnis zu ihm aufzubauen - weder zu Arbeitszwecken noch als Mitbewohner im Haus. Nicht zu empfehlen für Kinder, die sich ihm aufdrängen, ist kein Hund für einen Anfänger.

a. Wenn mit Einern kombiniert, besonders im Bereich »Widerstand«, wird der unabhängige Hund unter Streß beißen.

b. Wenn mit Fünfern kombiniert, wird der unabhängige Hund sich vor Menschen verbergen, oder erstarren, wenn sich ihm ein Fremder nähert.

**Keine klare Aussage:** (mehrere Einer, Zweier und Fünfer)

Dieser Hund mag sich nicht wohl fühlen und sollte nach zwei Tagen erneut getestet werden. Zeigt dann der Versuch immer noch eine große Variationsbreite, ist das Verhalten des Welpen wahrscheinlich nicht voraussehbar und er wird kaum ein guter Familienhund werden.

*Ein vielversprechender Wurf. Züchter und Besitzer M. u. B. Gale, Südafrika.*

# Kapitel 11

# DER GROSSE TAG - DER SCHNAUZER-WELPE KOMMT INS HAUS

Jetzt, da sich Pam und Charles für einen Schnauzer entschieden hatten, blieb mir nichts anderes übrig, als sie über einige vorher zu treffende Vorkehrungen zu informieren.

## Sind Sie wirklich vorbereitet?

Obwohl es grundlegend ist, daß man sich innerlich gut auf einen Welpen eingestellt hat, so ist es aus praktischen Erwägungen ebenso wichtig zu wissen, daß man vermutlich auch körperlich beansprucht werden wird. Der Hund ist ein Meutetier, dessen Lebensweise weitgehend durch erworbene Verhaltensmuster bestimmt wird. Existiert einmal eine Gewohnheit, ist es mit zunehmendem Alter äußerst schwierig, eine Verhaltensänderung beim Hund zu erzielen. Ganz besonders die während der Prägephase gemachten Erfahrungen sind später praktisch unbeeinflußbar, sie bleiben lebenslanger Besitz. Umso wichtiger ist es, peinlich darauf zu achten, daß das Verhalten des Welpen in seiner neuen Umgebung während der ersten Wochen den zukünftigen Lebensformen so angepaßt wird, daß man konfliktfrei miteinander auskommt. Für den neuen Besitzer und seine Familie bedeutet dies, daß sich alle einig darüber sein müssen, was dem neuen Hund gestattet und was ihm verboten werden sollte. Wenn Sie nun die Auffassung vertreten, daß der junge Schnauzer auf das Sofa springen kann und im Bett der Tochter schlafen darf, dann ist dies ihre eigene Angelegenheit. Niemals sollte man aber etwa folgende Überlegung anstellen: »Ach! Der Welpe ist ja so süß, laß ihn doch im Bett schlafen. Wir bringen ihn dann später, wenn er etwas älter ist, hinaus in den Zwinger.« Total falsch! Meine beste Empfehlung ist, daß vor der Ankunft des Welpen intensiver, jedes Mitglied einbeziehender und strikt bindender Familienrat darüber gehalten wird, an welchen Gesetzen und Regeln sich das Leben des neuen Hausgenossen orientieren muß. Sobald der Welpe ins Haus kommt, müssen die vorher aufgestellten Verhaltens- und Erziehungsnormen auch eisern befolgt werden, was besonders wichtig für den Schlafplatz, den Futterplatz und den Auslaufbereich des Hundes ist.

### Der Schlafplatz

Gern ist der Welpe bereit, eine zugfreie und ruhige Stelle, an der das Kissen oder der Hundekorb seinen ständigen Platz einnimmt, als neues Schlaflager zu akzeptieren. Achten Sie stets darauf, daß sich der Hund möglichst ungestört in diese Ecke zurückziehen und er dennoch gleichzeitig seine »menschlichen Meutegenossen« im Auge behalten kann. Auf eben diesen Platz wird der Hund auch verwiesen, wenn die Familie das Essen einnimmt, er im Wege ist, mit schmutzigen Pfoten in das Haus kommt, usw.

Ein auf seinem Ruheplatz schlafender junger Hund sollte niemals gestört werden! Der Junghund braucht unbedingt seine Ruhe und daher lassen Sie es bitte niemals zu, daß das schlafende Tier von unvernünftigen Erwachsenen oder unerfahrenen Kindern beeinträchtigt oder gar geneckt wird.

Weiterhin empfehle ich den Kauf eines ovalen Korbes aus Hartplastik oder Fiberglas (kann nicht zerkaut werden), bereits groß genug für den ausgewachsenen Schnauzer. In den Korb können Sie eine dreifach gefaltete Decke oder ein waschbares Kissen legen. Mit Schaumstoff gefüllte Kissen nehmen die Nässe des Hundefelles und auch die Feuchtigkeit aus der Luft auf, was unweigerlich zu einem feuchten Schlafplatz führen muß.

### Der Futterplatz

Die beste Anschaffung ist ein Satz von zwei ›Nirosta‹-Stahlnäpfen, deren Fassungsvermögen der Futtermenge ihres ausgewachsene Schnauzers angemessen sein muß. Die Näpfe werden an einem soliden Ständer befestigt, wobei die Napfhöhe variabel ist, so daß der Hund jederzeit aufrecht stehend fressen kann. Das Ganze befindet sich idealerweise an einer leicht sauberzuhaltenden und ungestörten Stelle im Haus.

Fressende Hunde dürfen weder von Kindern noch von Fremden gestört werden! Wird dieses Prinzip, von wem auch immer, verletzt, so sollten Sie sofort intervenieren, andernfalls würde der Hund selbst die Bestrafung gegenüber dem Störenfried vornehmen. Es ist ein jahrtausende altes Naturgesetz, daß zwar die Meute zusammen frißt, aber man provoziert sofort offene Aggression, macht man dem anderen dessen Beute (das Fressen) strittig.

### Der Auslauf

Von fundamentaler Bedeutung ist es, daß der junge Schnauzer in Begleitung und mit Hilfe des neuen Herrn sein zukünftiges Territorium erforschen und abstecken kann. Wiederum auf ein uraltes Naturgesetz zurückgehend, erfolgt diese Erkundung zwar sehr intensiv aber dennoch sehr bedächtig und nur schrittweise. Ein Schnauzer, der sein Territorium und dessen Grenzen so genauestens kennengelernt hat, wird auch kein Herumtreiber! Im Gegenteil, er entwickelt sehr früh und deutlich ausgeprägt seinen natürlichen Wach- und Schutztrieb für diesen Bereich. Haben Sie Ihren Grund und Boden sicher umzäunt, so ist damit des Schnauzers Reich (Territorium) eindeutig abgesteckt. Sollte aber die Umzäunung nicht »welpensicher« sein, so wird unser Junghund schnell dazu neigen, die benachbarte Umgebung in seinen Bereich mit einzubeziehen und dies umso intensiver, falls er dabei gar noch die Bekanntschaft weiterer Spiel- und Meutekameraden macht.

Lehren Sie Ihren Welpen zunächst spielerisch, wie weit er gehen darf und machen Sie ihm dabei deutlich klar, daß selbst das geöffnete Gartentor nicht überschritten werden darf. Der Spiel- und Beutedrang, allem sich Bewegenden wie laufenden Kindern, Fahrrädern und Motorrädern nachzujagen, muß bereits schon jetzt in Bahnen gelenkt oder aus Sicherheitsgründen ganz unterbunden werden. Wenn sich solche, auf angeborenes Triebverhalten zurückgehende Verhaltensweisen im jugendlichen Alter unkontrolliert entwickeln können, ist deren teilweise Unterbindung später kaum noch möglich, und der Hund wird alle sich bietenden Situationen nutzen, vorbeiziehende Beute, selbst unter »Grenzverletzung«, zu verfolgen.

Erst wenn der oder das Fremde in das Territorium eindringt, sollte der Schnauzer reagieren. Sie werden bald feststellen, daß er seine heftigste Reaktion im Mittelpunkt des Territoriums zeigt - und zwar etwa da, wo sich sein Schlaf- und Ruheplatz befindet. Je weiter der Junghund von dem wichtigsten Punkt innerhalb seines Territoriums entfernt ist, umso eher geht er direkten Konflikten aus dem Weg. Verfolgt ihn aber der Gegner während des Rückzuges in Richtung Schlafplatz, so nimmt sein Mut proportional zur Entfernung deutlich zu und schlägt spontan in Verteidigungsbereitschaft um.

Ein weiteres Naturgesetz beinhaltet, daß ein Fremder, der die notwendige Freundlichkeit und das erwartete Begrüßungsritual gegenüber dem Meuteführer zeigt, durchaus als Gast akzeptiert wird. Typisch für kanide Begrüßungszeremonien sind untertäniges, um Wohlwollen bittendes Maulwinkel- und Nasenberühren des Überlegenen. Insofern ist es durchaus natürlich, daß der junge Schnauzer leidenschaftlich bemüht ist, möglichst Ihr Gesicht zu berühren, um Sie so als überlegenes Meutemitglied respektvoll zu begrüßen. Um aber unerwünschtes Anspringen von Anfang an zu unterbinden, beugen Sie sich zu dem Welpen herunter, und halten Sie ihm beide Hände auf Nasenhöhe hin. Mit der einen Hand streicheln Sie seinen Kopf und verhindern dabei gleichzeitig alle Anspringversuche, während das Begrüßungszeremoniell durch Bestupsen und Belecken der anderen Hand ausgelöst und abreagiert wird.

**Fassen wir noch einmal zusammen:**

a. Ein zehn bis zwölf Wochen alter Welpe sollte, unter Anleitung des Herrn, sein Territorium erkunden dürfen und schrittweise kennenlernen.
b. Von Anfang an wird ihm ein Löseplatz zugewiesen. Vergessen wir das Begrüßungsritual nicht, und geben wir dem Welpen jede Unterstützung bei ersten Anzeichen von Territorialschutz. Alle Schnauzer besitzen Wachhundeigenschaften und der Riese ist ein allgemein anerkannter Schutz- und Gebrauchshund. Falls Sie begründetes Melden und Verbellen keineswegs ertragen können, dann sollten Sie sich lieber für einen Basenji entscheiden.

## Welches Futter für den Schnauzer?

Bücher und Fachzeitschriften sind voll von umfangreichen Darstellungen und Fütterungsempfehlungen, so daß es müßig ist, darüber noch allzuviele Worte zu verlieren. Der gewissenhafte Züchter wird dem neuen Besitzer mit der Welpenübergabe sowieso das weitere Futterprogramm an die Hand geben.

Daß alle Haushunde, so wie ihre wilden Vorfahren und Geschwister, von Natur aus hauptsächlich Aas- und Fleischfresser (Karnivore) sind, damit muß auch der stolze Schnauzerliebhaber von vornherein leben. Die Menschen können es meist nicht verstehen und betrachten es gar als verwerfliche Unart, daß ihr Liebling es wagt, ungewaschene Pansen einem saftigen Steak vorzuziehen. Aber bereits ein kurzer Einblick in das Verdauungssystem des Hundes erklärt uns auf Anhieb, was unseren wertvollen Schnauzerwelpen bewog, sich eindeutig für den Pansen zu entscheiden. Sein Verdauungsapparat ist nicht besonders dazu geeignet, Bindegewebestrukturen von Gräsern und Pflanzen aufzuschließen, obwohl er dennoch gewisse pflanzliche Nahrungsbestandteile braucht. Wenn der Wildhund einen Pflanzenfresser erjagt hat, reißt er dessen Bauch auf, zerrt den ganzen Magen heraus, öffnet ihn und verschlingt sofort Teile der Magenwand zusammen mit dem vorverdauten Inhalt. Nachdem nun gewissermaßen nach dem ersten Speisegang der gröbste Hunger gestillt ist, reißen sich die Kaniden anschließend ein Stück Fleisch heraus und zerkauen und verschlingen dann schließlich auch noch Knochen. Wissenschaftliche Analysen beweisen ohne Zweifel, daß es sich hier um einen in allen Teilen ideal zusammengestellten Futterplan handelt, der alle für den Hund notwendigen Nahrungsbestandteile enthält.

Wollen Sie einmal ihrem Schnauzer einen besonderen Leckerbissen anbieten, dann tauschen Sie doch einfach das kommerziell hergestellte Fertigfutter mit einer Schüssel voller ungewaschener Pansen und einem ungereinigten Knochen. Ein weicher Kalbsknieknochen kann geradezu wahre Freude bei ihrem Welpen auslösen. Ein harter Markknochen reinigt nicht nur das Gebiß und trainiert nicht nur die Kaumuskulatur des ausgewachsenen Schnauzers, sondern unabhängig von dem Genuß, sind Knochen elementare Lieferanten von erforderlichem Calcium, Mineralien und Spurenelementen.

Also, vermenschlichen Sie niemals Ihren geliebten und niedlichen Zwergschnauzer, Süßigkeiten und Knabberwerk schaden nicht nur dem Herrn, sondern sind Gift für jedes Hundegebiß! Verabreichen Sie Ihrem Schnauzer angemessene und ausgewogene Mahlzeiten zu festen Zeiten und immer am selben Platz. Wenn der Hund Durst hat, so sollte ihm stets frisches Wasser verabreicht werden.

## Grundversorgung

Jahrhundertelang lebt der Wolf ohne jede Impfung oder sonstwie geartete tierärztliche Betreuung. Die Erklärung dafür ist in der harten, natürlichen Selektion zu suchen. Die Schwachen werden von der Natur als untauglich ausgesondert und nur die Starken überleben und vermehren sich. Wenn auch diese brutale, natürliche Auslesemethode im Wildtierreich ihre Berechtigung haben mag, so können wir sie heute dennoch nicht bei unseren domestizierten Hunden, die mit uns »kultivierten« Menschen zusammenleben, uneingeschränkt akzeptieren. Der einfache Grund liegt in der bewußt eng eingegangenen Lebensgemeinschaft zwischen Mensch und Hund, einer Gemeinschaft, die nur unter bestimmten hygienischen Bedingungen bestehen kann.

Die Schnauzer sind eine gesunde Rasse. Neben einigen Routinebesuchen, wird Ihr Hund den Tierarzt kaum brauchen. Hin und wieder auftretende erbliche Leiden wie »Jugendstar« bei den Zwergen (amerikanisch - englischer Herkunft) oder Hüftgelenksdysplasie bei den größeren Geschwistern, werden durch harte Zuchtbestimmungen und verantwortungsvolle Zuchtprogramme erfolgreich unter Kontrolle gehalten. Kaufen Sie einen Welpen von einem zuverlässigen, vom Rasseklub gewissenhaft kontrollierten und betreuten Züchter und Sie laufen weniger Gefahr, mit derartigen Problemen konfrontiert zu werden!

Nun noch einige Anmerkungen zur allgemeinen Gesundheitsvorsorge. Betrachten wir zunächst einmal das bei allen Rassen angewendete Impfprogramm. Etwa in der achten Lebenswoche erhält der Welpe seine ersten Impfungen, die der Arzt in dem für das Tier individuell ausgestellten internationalen Impfpaß bestätigt. Dieses wichtige Dokument, in dem alle späteren Impfmaßnahmen sorgfältig registriert werden, gehört lebenslang zum Hund.

Da man nicht genau definieren kann, wie lange die mütterlichen Antikörper wirksam bleiben, könnten die ersten Impfungen teilweise oder ganz von diesen Antikörpern inaktiviert werden und daher muß die Grundimmunisierung im Alter von zwölf bis dreizehn Wochen aufgefrischt werden.

Nutzen Sie den Impftermin, um ersten Kontakt mit dem Tierarzt aufzunehmen, er wird das Impfdokument auf den neuesten Stand bringen und Sie über zukünftige Vorsorgemaßnahmen informieren. Bitten Sie den Veterinär auch um eine Routineuntersuchung und vermutlich wird er Ihnen bestätigen, daß Sie einen gesunden Rassehund von einem guten Züchter gekauft haben. Sollten dennoch Parasiten festgestellt werden, so wird der Tierarzt gleich dagegen vorgehen. Sicher, ein Schnauzer, der während der Regenperiode im subtropischen Afrika lebt, muß einfach anfälliger für Parasiten sein als sein Bruder, der im Schnee des strengen kanadischen Winters herumtollt.

Abhängig von den jeweiligen klimatischen und geographischen Umständen, sind wöchentliche Maßnahmen gegen Ektoparasiten (Flöhe, Zecken usw.) und zweimonatliches Entwurmen beim Schnauzer, der in subtropischen Regionen lebt, allemal empfehlenswert, während, um beim Beispiel zu bleiben, der »kanadische« Bruder vielleicht gar nicht von äußeren Parasiten befallen wird und eine jährliche Entwurmung lediglich als Vorsichtsmaßnahme einzustufen ist.

## Stubenreinheit

Gleich nach der Ankunft des Welpen in seinem Heim, weisen Sie ihm seinen Löseplatz zu und geben Sie ihm immer wieder zu verstehen, daß er nur dort sein Geschäft verrichten darf. Auch hier verhelfen Ihnen wieder bereits vom Welpen praktizierte, natürliche Verhaltensweisen schnell zum gewünschten Erfolg. Wenn der etwa gut drei Wochen alte Welpe, genauso wie seine wildlebenden Verwandten, das Wurflager neugierig verläßt, so wird er immer bestrebt sein, sich möglichst weit weg von seiner Behausung zu lösen. Wurfgeschwister werden ihm dorthin folgen und alle gemeinsam benutzen dann dieselbe Ecke, weit genug entfernt vom Schlafplatz und dem sauberzuhaltenden Spielbereich. Damit dies alles artgerecht funktionieren kann, müssen auch vom Züchter die notwendigen Voraussetzungen dafür geschaffen werden.

Zum Beispiel zieht vielleicht der Züchter »X« seinen Riesenschnauzerwurf in einem wunderschönen Zwinger mit einem komfortabel ausgestatteten Schlafplatz auf. Der 2fi m x 5 m große betonierte Auslauf ist mit einem teuren, schmiedeeisernen Zaun versehen. Alles wird zweimal täglich mit einem Hochdruckreiniger saubergemacht und regelmäßig desinfiziert und das Ganze mutet äußerst professionell an, zumal ja keine Kosten gescheut werden. Dennoch, ein 2fi m x 5 m großer Auslauf ist keineswegs geräumig genug, um für acht mobile Welpen sowohl einen angemessenen Spielraum als auch einen geeigneten Löseplatz zu gewährleisten. Zusätzlich erfolgt unter derartig ungeeigneten Bedingungen eine Negativprägung der Welpen, insofern als sie gezwungen sind, ihren Urin und Kot auf hartem Untergrund abzusetzen. Wen sollte es dann noch wundern, daß Ihr neun Wochen alter Welpe, nachdem er den ›goldenen Käfig‹ verlassen hat, seinen Bach lieber auf dem steinernen Küchenfußboden macht und nicht davon überzeugt werden kann, die extra dafür im Garten bereitgestellte Sandkiste zu benutzen.

Der Züchter »Y« aber gestaltet seinen Zuchtzwinger entsprechend der nachfolgenden Skizze. Langjährige Beobachtungen haben mir bestätigt, daß Welpen ab der vierten Lebenswoche die Bereiche »A« oder »B» niemals beschmutzen und mit sechs Wochen haben sie bereits den Bereich »Z« als ihren ausschließlichen Löseplatz gewählt. Sie bewegen sich zwar weiterhin in Bereich »C«, aber ihre intensiven Spiele finden alle im Bereich »D« statt.

Es ist einleuchtend, daß ein Welpe aus dem Zwinger des Züchters »Y«, weil er darauf geprägt wurde, sein Geschäft auf Sand oder Gras zu verrichten, dieses Verhalten auch automatisch in seiner neuen Umgebung beibehalten wird, vorausgesetzt man gibt ihm überhaupt die äußere Möglichkeit dazu.

Wenn sich Ihr Welpe nach einem Schläfchen rekelt, wenn er seine Mahlzeit beendet oder gar viel getrunken hat, so tragen Sie ihn als aufmerksamer Beobachter unverzüglich heraus und loben Sie ihn überschwenglich, wenn er an der ihm zugewiesenen Stelle das erledigt hat, was Sie von ihm erwarten. Wenn diese Spielregeln konsequent eingehalten werden, ist der normal veranlagte Hund auch in kurzer Zeit stubenrein.

Da ein Welpe sich mehr als zehnmal täglich lösen muß, ist es einfach unrealistisch anzunehmen, daß er sich etwa einen ganzen Arbeitstag lang selbst kontrollieren könne. Der Gipfel menschlichen Fehlverhaltens ist es, dann auch noch den Hund mit der Nase in seinen Kot oder Urin zu drücken, denn Sie selbst haben das spielfreudige Tier stundenlang eingesperrt, ohne ihm überhaupt eine Möglichkeit zu geben, sich artgerecht zu lösen. Als Zugabe zu dem ganzen Malheur kann es ferner durchaus passieren, bedingt durch Langeweile (kein sozialorientiertes Lebewesen möchte länger allein bleiben), daß »Pfiffi« auch noch die Tischdecke heruntergezerrt und die im Winde wehenden Gardinen im Spiel zerfetzt hat.

Freilich, wird ein Mittel- oder Zwergschnauzer oft genug und regelmäßig ausgeführt, so kann er auch vorbehaltlos in einer Mietswohnung oder einem kleinen Haus, auch ohne Garten, gehalten werden.

## Das Verhaltensfundament

Die richtige Anwendung der vorher im Familienrat festgelegten Spiel- und Verhaltensregeln für den Hund gewährleistet nicht nur ein sehr angenehmes Miteinanderauskommen, sondern liefert uns auch das praktische Grundgerüst, auf dem bei nachfolgenden und anspruchsvolleren Ausbildungstätigkeiten erfolgreich aufgebaut werden kann. Überall und jederzeit bieten sich günstige, einfach in das Erziehungsprogramm einzubauende, Alltagssituationen. Läuft der Welpe etwa beim Spiel ganz freudig und spontan auf Sie zu, dann, um Himmels willen, gehen Sie in die Hocke, verknüpfen Sie die ganze Aktion mit dem liebevoll artikulierten Wort »Komm« und loben Sie Ihren jungen Schnauzer leidenschaftlich, sobald er Sie erreicht. Um Ihre freudige Begrüßung und ihm angenehmes Streicheln und Tätscheln zu genießen, setzt sich der Junghund nicht selten spontan vor Sie hin.

Hier nun bietet sich die günstige Erziehungs- und Lehrsituation Nummer zwei an! Ohne Ihre Einwirkung oder gar Anwendung von Zwang hat der Spielwelpe aus sich selbst heraus die nächste, von uns gewünschte Tätigkeit ausgeführt. Auch in diesem Zusammenhang bringt die wiederholte Anwendung des Wörtchens »Sitz«, im richtigen Moment und der richtigen Tonart geäußert, nach kurzer Zeit den neuen Hausgenossen dazu, das gegebene Stichwort ungezwungen und freiwillig mit der Sitzaktion zu verknüpfen. Erst später wird der einfühlsame Schnauzerfreund seine anfänglich geäußerten Wünsche gegenüber dem

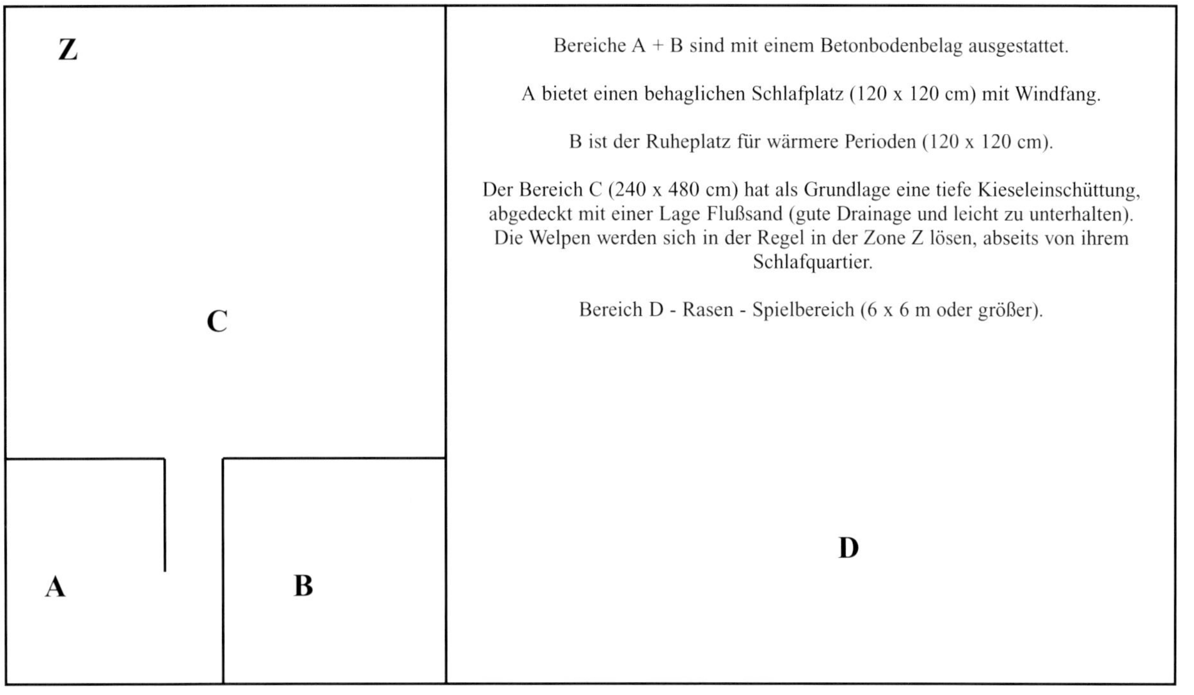


Zögling schrittweise in konsequent auszuführende Befehle umfunktionieren.

Von Ihrem geduldigen Bemühen und pädagogischen Geschick als Meuteführer hängt es weitgehend ab, daß ein halbjähriger Schnauzer problemlos zirka zehn ihm beigebrachte Wörter (wie: »komm, sitz, pfui, brav« usw.) wunschgemäß, bereitwillig und ohne Druck in die Tat umsetzt.

Mit der Variations- und Intensitätsbreite der menschlichen Stimme steht uns, neben Gestik und Mimik, ein äußerst effektvolles Erziehungsmittel zur Verfügung. So kann die fröhlich aufmunternde Stimme unerwartet in ein ermahnendes, drohendes »Pfui!« umschlagen, das etwa dem Knurren oder Drohen des kaniden Meuteführers gleichkommt. Reagiert nun aber der Welpe nicht auf dieses »Knurren« und verstößt in flagranter Weise gegen die Aufforderung, so packt ihn der Meuteführer unerbittlich beim Genick und lehrt ihm durch heftiges Schütteln unmißverständlich, was er zu tun hat. Wie alle Strafmaßnahmen, so darf gerade auch das für den Welpen effektvollste Genickschütteln nur an Ort und Stelle und im richtigen Moment erfolgen, denn schon Sekunden nach der Missetat würde beim nun wieder harmlos spielenden Schnauzer jede Einsicht in die harte Bestrafung fehlen. Zahlreiche Verhaltensforschungen belegen, daß sechs Monate alte, wildlebende Wölfe bereits ein so feines und umfangreiches Verhaltensinventar besitzen, welches ihnen reibungslose Integration in das Jagdrudel ermöglicht. Da alle domestizierten Hunde ähnliche Ausbildungsgrundlagen mitbringen, ist es, bei angemessener Lehrmethode, eigentlich gar nichts Ungewöhnliches, daß sich liebenswerte Vertreter unserer Schnauzerrassen schon als Halbjährige relativ wohlerzogen und beeindruckend in der Öffentlichkeit bewegen.

## Wie wird der Mensch zum »ALPHAtier«? nach Terry Ryan

Die nachfolgenden Ausführungen und bildlichen Darstellungen sind schriftlichen Handreichungen zu einem Vortrag von Terry Ryan unter dem Titel »How to ALPHAbetize Yourself?« entnommen. Für die uneingeschränkte Übernahmeerlaubnis bedanke ich mich an dieser Stelle bei der Autorin.

Wenn Ihr Hund ziemlich dominant und schwierig kontrollierbar ist, er sich also wenig um Ihre Meinung kümmert und dies Ihnen auch deutlich zu verstehen gibt, dann könnte es sich in diesem Falle um das sogenannte ALPHASYNDROM handeln.

**Das Alphasyndrom kann die Wurzel vieler Verhaltensprobleme sein.** In den meisten Fällen haben wir es nicht mit einem Problemhund als solchem, sondern mit einem problematischen Umfeld oder Problemverhältnis zwischen Hund und Besitzer zu tun. Hunde, ebenso wie ihre Vorfahren, die Wölfe, brauchen ganz einfach einen Führer. Wenn dem Hund nicht angemessene Führung geboten wird, wenn Sie, nach der Meinung des Hundes, für ihn keine würdige Führerfigur sind, wird er versuchen, die Zügel selbst in die Hand zu nehmen, um eine höhere Sprosse auf der sozialen Leiter zu erklimmen. Der folgende Plan, der

weder auf Strafe noch auf brutalen Unterordnungsübungen beruht, kann, wenn er über mehrere Wochen geduldig angewendet wird, sehr wohl eine Verhaltensänderung im Umgang zwischen Mensch und Tier erzielen. So wie Ihr Hund seine soziale Position (Rangordnung) nicht über Nacht erreicht hat, wird es auch eine längere Zeit in Anspruch nehmen, den Ehrgeizling in seine Schranken zu verweisen. Ehe wir uns nun mit den einzelnen Erziehungsmaßnahmen befassen, wünsche ich Ihnen bei Ihren Bemühungen viel Erfolg und vergessen Sie bitte niemals, das Zusammenleben mit einem Hund spielt sich nicht unbedingt nach demokratischen Normen ab! Seien Sie standhaft, geduldig, konsequent und in jeder Lage ALPHA!

**Ein Führer muß sich zunächst der Aufmerksamkeit seines Gefolgsmannes vergewissern!**
Nehmen Sie mehrmals täglich Augenkontakt auf. Sprechen Sie den Hund mit seinem Namen an. Reagiert er nicht darauf, dann bewegen Sie Ihre Hand nahe an sein Gesicht und führen die gestreckte Hand anschließend in einer geraden Linie von seinen Augen zurück zu Ihren Augen. Sein Lieblingsspielzeug haltend, macht Ihre Hand für den Hund nur noch interessanter. Schon die Kontaktaufnahme von nur einer Sekunde muß durch Lob und Ermunterung verstärkt werden, denn Sie bauen Kommunikationskanäle und Verbindungen zwischen Ihnen und Ihrem Hund auf.

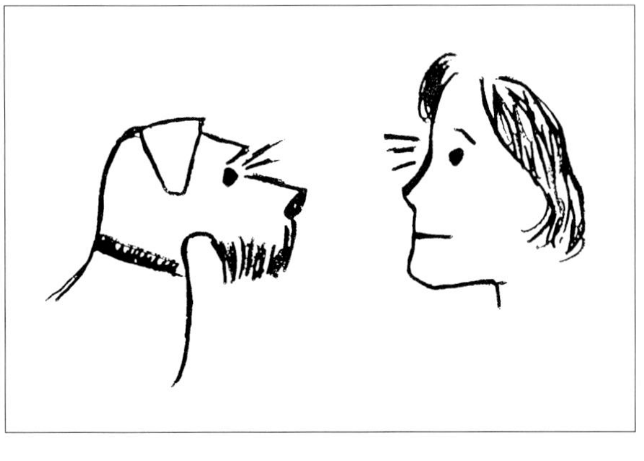

**Vom Führer ist man abhängig!**
Die Verabreichung von zeitlich genau festgelegten Mahlzeiten unterstützt des Hundes Stubenreinheit und macht ihn vom Herrn futterabhängig. Übrigens, Futter ist das Hilfsmittel Nummer eins zur Auslösung und Verstärkung des gewünschten Triebverhaltens, nutzen Sie es, wann immer es möglich ist!

**Der Führer kommt zuerst!**
Wenn Ihre Mahlzeiten parallel zu den Fütterungszeiten des Hundes liegen, dann zeigen Sie ganz deutlich, daß »Schnauzi« erst nach Ihnen an der Reihe ist. Der Hund als ein Lebewesen, das durch intensive Beobachtung sehr umfangreich auch non-verbal kommuniziert, erkennt sehr schnell, wer auch in dieser Situation (Befriedigung des Freßtriebes) das »Leittier« ist.

**Lob und Genuß müssen verdient werden!**
Während der Umerziehungs- und Einordnungsphase werden Lob und Leckerbissen nur verteilt, wenn sie auch durch Ausführung des Befohlenen erarbeitet und verdient wurden. Beispiel: Kommt der Hund zu Ihnen um zu spielen, so muß er erst ein gegebenes Kommando wie »Sitz« ausführen, ehe Sie ihn loben und anschließend mit ihm herumtollen.

**Der Führer ist immer vorn!**
Niemals verläßt oder betritt der Hund das »Territorium« vor Ihnen. Ob an der Haustür, der Autotür oder dem Gartentor, befehlen Sie ihm immer zu warten, ge-

hen Sie zuerst durch das Tor und rufen Sie den Hund erst danach herein oder heraus.

**Der Führer bestimmt im Territorium!**
Der Gefolgsmann gibt dem Führer gegenüber nach. Beispiel: Liegt der Hund in der Diele und Sie möchten passieren, dann muß er aufstehen und Ihnen aus dem Weg gehen - Sie steigen weder über ihn noch bewegen Sie sich um ihn herum.

**Was der Führer sagt gilt!**
Wenn Sie Ihrem Hund einen Befehl geben, dann tun Sie dies weder bittend noch schreiend, sondern Sie sprechen mit relativ leiser, sicherer Stimme.

Auch das einfachste Kommando erfolgt nur einmal und tun Sie alles, daß es auch wirklich korrekt ausgeführt wird.

**Der Führer gewinnt immer!**
»Kontrollieren Sie die Spiele und Sie kontrollieren den Hund!« Kampf- und Zerrspiele, etwa mit dem Sack oder der Leine, sind ungeeignet, einen dominanten Hund umzuerziehen. Es könnte die Selbstsicherheit des Tieres geradezu steigern und lassen Sie gar am anderen Ende los, verbucht das der Hund als seinen eindeutigen Gewinn. Viel erfolgversprechender ist dagegen folgende Vorgehensweise: Halten Sie das Spiel generell kurz, damit Ihr Hund nicht übermäßig erregt wird. Gehen Sie sicher, daß Sie der Gewinner sind (der Hund muß das Spielzeug herausgeben) und während er alles interessiert beobachtet, stecken Sie das Spielzeug für den Rest des Tages weg.

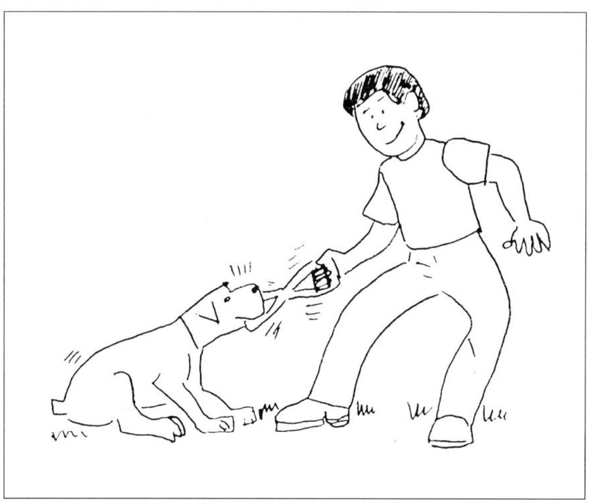

**Reine Demokratie versteht der Hund nicht!**
Dennoch, seien Sie bitte ein gütiger und sanfter Diktator! Ich denke dabei an eine Partnerschaft, in der Sie alle wichtigen Entscheidungen fällen! Um es etwas humorvoll, aber trotzdem deutlich darzustellen,

wählen wir das »Bettbeispiel«. So lange sich das Benehmen des Hundes nicht gebessert hat, schläft er zwar mit in Ihrem Zimmer, aber nicht in sondern neben dem Bett. Auf gleicher Höhe mit dem Hund zu liegen, degradiert Sie zum gleichrangigen »Spielgefährten«. Gerade wegen des Ruheplatzes hat es schon viele »ALPHA-Auseinandersetzungen« gegeben. Das führt dann dazu, daß der Herr des Hauses mit dem Fußboden vorlieb nehmen muß, weil sein Riesenschnauzer ihn nicht auf das Bett läßt.

**Das Gespräch mit dem Tierarzt.**
Kastrieren oder Sterilisieren können eine positive Auswirkung auf Verhaltensprobleme haben und Ihr Tierarzt wird Ihnen noch weitere Vorteile in diesem Zusammenhang aufzählen können. Genaue Untersuchung ist wichtig, um herauszufinden, ob das Fehlverhalten Ihres Hundes tatsächlich auf ein physisches (hormonelles) Problem zurückgeht.

**»Fangübergreifen« beweist die natürlich dominante Stellung!**
Legen Sie Ihre Hand von oben auf den Fang des Hundes und lassen Sie sie dort einige Sekunden lang verweilen. Dies kann in unterschiedlichen Situationen wiederholt und immer wieder deutlich als Zeichen der Kontrolle demonstriert werden.

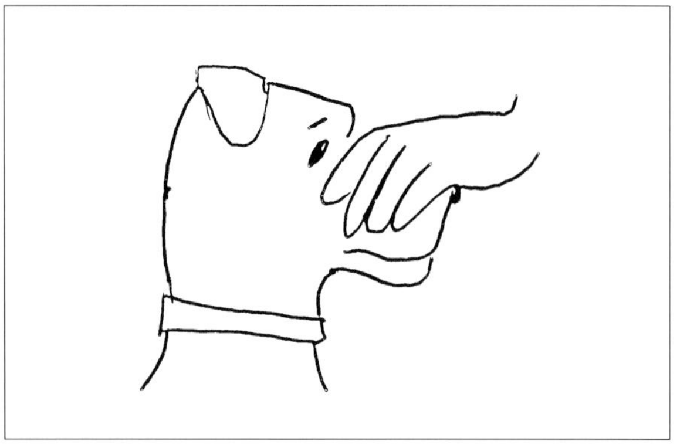

**Auf - dem - Rücken - Liegen ist eine natürliche Unterwerfungsgeste!**
Laden Sie Ihren Hund einmal täglich zu einem »Bäuchleinstreicheln« ein. Zeigen Sie ihm dabei wie angenehm selbst diese Unterwerfungshaltung sein kann.

**Ein Gefolgsmann läßt sich berühren!**
Kämmen und bürsten Sie Ihren Hund regelmäßig, berühren Sie dabei zunehmend auch sensiblere Stellen, bis er alles widerspruchslos über sich ergehen läßt.

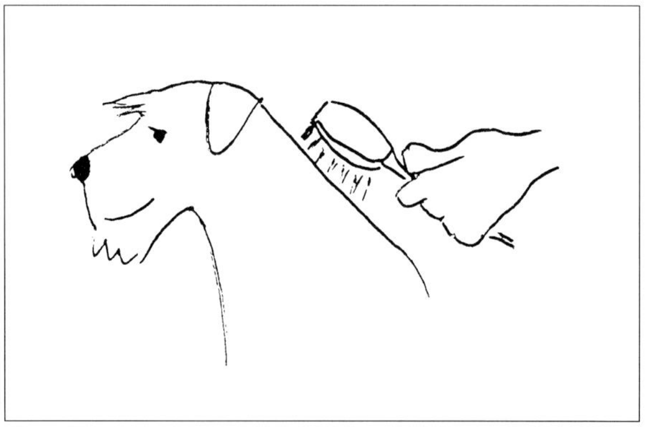

**»Platz« bedeutet eine untergeordnete Stellung!**
Lassen Sie Ihren Hund täglich eine halbe Stunde »Platz« machen. Erzwingen Sie es! Das kann während des Essens oder Zeitungslesens sein, jedenfalls müssen Sie immer auf ihn einwirken können.

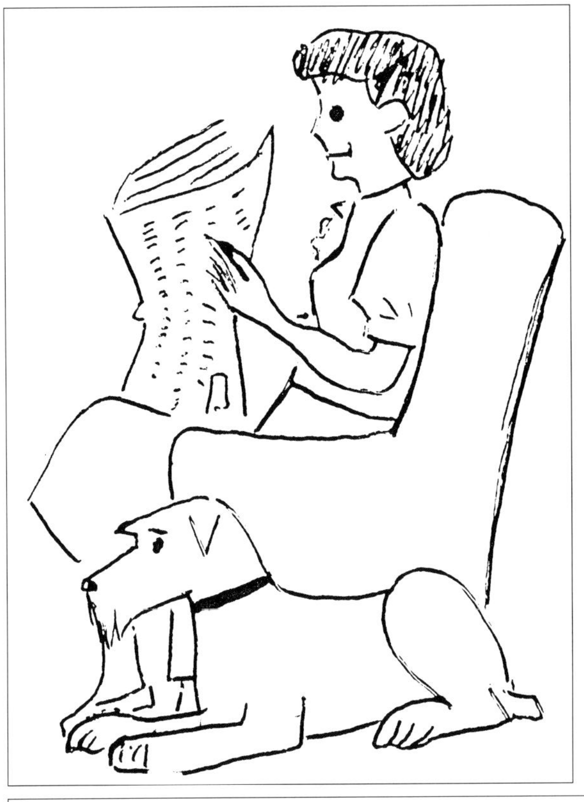

**Nicht meckern, sondern Arbeiten!**
Zwanzig Minuten Unterordnung täglich tun Ihrem Hund gut, wenn Sie das Ganze auf zwei oder drei Übungsphasen verteilen. Dies alles kann sowohl im eigenen Garten oder vor der Haustür als auch unter Anleitung und in der Gruppe auf dem Übungsplatz geschehen.

**ALPHA-tiere bieten auch Freude!**
Bieten Sie einiges an, von dem Sie wissen, daß es Ihrem Hund Freude bereitet, aber bestimmen Sie dennoch, wie es geschieht.

**Führer sind fair, gütig, beständig!**
Seien Sie immer bestimmt, aber nicht grob. Brechen Sie jede Arbeit mit dem Hund sofort ab, wenn Sie merken, daß Sie die Geduld verlieren. Durch ständiges Wiederholen dieser einzelnen Ratschläge wird das vorher etwas schwierigere Tier genau in die Rangposition hineinmanipuliert, die es sinnvollerweise als integriertes Familienmitglied einnehmen darf und soll.

# Kapitel 12

# DAS HAARKLEID DES SCHNAUZERS UND SEINE PFLEGE

## Wurzeln und Gene

Ehe wir uns näher mit der Beschaffenheit und Pflege des typischen Schnauzerhaarkleides befassen, ist es wohl nicht ganz uninteressant, daß wir uns einige verschiedene Beschreibungen des Haares anschauen.

Da ist zunächst R. von Schmiedeberg zu erwähnen, der 1884 den ersten Rassestandard für den rauhhaarigen Pinscher erarbeitete. In seiner Allgemeinbeschreibung spricht er von: »... harte, rauhe Behaarung«, und weiter spezifiziert er »Haar möglichst hart. An der Schnauze kurzer Schnurr- oder Knebelbart, buschige Augenbrauen«.

Die Rasseeinzelheiten, die 1907 von Dr. Zurhellens Bayerischen Schnauzerklub aufgestellt wurden, fordern: »Haar: dicht, straff und drahtig, auf dem Rücken - gegen den Strich gesehen - aufstrebend, also weder kurz noch glatt anliegend; an Ohren, Stirn, Läufen und Pfoten kürzer.«

Der, bei der FCI hinterlegte, aktuelle, deutsche Standard gibt folgende Beschreibung: »Haarkleid - Beschaffenheit: Das Haar soll drahtig hart und dicht sein. Es besteht aus einer dichten Unterwolle und dem keineswegs zu kurzen, harten, dem Körper gut anliegenden Deckhaar. Das Deckhaar ist rauh, lang genug um seine Textur überprüfen zu können, weder struppig noch gewellt. Das Haar an den Läufen neigt dazu, nicht ganz so hart zu sein. An der Stirn und den Ohren kurz. Als typisches Kennzeichen bildet es am Fang den nicht zu weichen Bart und die buschigen Brauen, die die Augen leicht überschatten.« Weiter definiert der Standard als Fehler: »zu kurzes, zu langes, weiches, gewelltes, zottiges, seidiges Haar«.

All diese Beschreibungen belegen, daß das Haar des reingezüchteten Schnauzers von Anbeginn an drahtig sein muß, und diese Forderung besteht bis heute. Wir sollten uns fragen, wo denn eigentlich ein derartiges Haarkleid herkommt. Wir haben gesehen, daß der Kurzhaarpinscher und der Drahthaarpinscher über viele Jahrhunderte in den südlichen Regionen Deutschlands glücklich nebeneinander und miteinander lebten. Diese Hunde hatten denselben Ursprung und dieselbe Morphologie. Sie wurden zunächst unbekümmert gekreuzt und man konnte kurzhaarige und drahthaarige Welpen und auch Variationen davon in ein - und demselben Wurf finden.

Momentan kann man immer noch nicht verbindlich sagen, wo das Drahthaar nun konkret herkommt. Bereits 1834 schrieb Reichenbach, daß er der Auffassung sei, daß der drahthaarige Pinschertyp seinen Anfang genommen haben muß durch eine Kreuzung eines Hundetyps mit gelocktem Haar und einem glatthaarigen Partner. In der Tat wissen wir, daß eine Kreuzung zwischen einem dominant glatten Haar und einem dominant gelockten Haar drahthaarige Welpen bringen kann. Dennoch, kann niemand genau sagen, wann und wie eine solche Verbindung stattfand. Was wir wissen ist, daß selbst hundert Jahre nach der Auf-

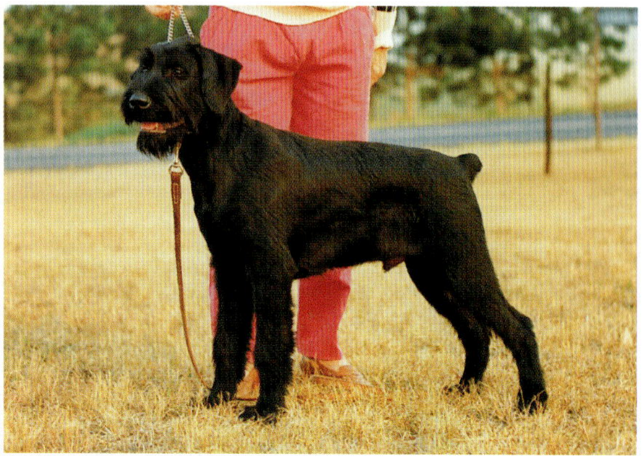

*Dieser vier Monate alte Riesenschnauzer hat ein korrektes Fell.*

*Unerwünschtes zottiges, welliges, überlanges Fell ist bereits bei diesem Welpen ersichtlich.*

teilung in einen Glatthaar- und einen Drahthaarpinscher in zwei verschiedene Rassen - von diesem Zeitpunkt an wurden und werden die zwei Haartypen züchterisch strikt getrennt - des Schnauzers Drahthaar nicht dominant in Bezug auf alle Gene ist, mit anderen Worten, es ist genetisch nicht eindeutig fixiert. Die Gene, die für das richtige Haarkleid verantwortlich zeichnen, sind komplex. Selbst wenn wir zu Zuchtzwecken ausschließlich Rüden und Hündinnen mit phänotypisch korrektem Haar einsetzten, bedeutet dies noch lange nicht, daß die Kombination ihrer Gene alle Welpen mit der richtigen Unterwolle und dem passenden Deckhaar ausstatten muß. Wegen der genetischen Vielfalt ist es schlechthin unmöglich vorherzusagen, ob ein bestimmter Rüde oder eine bestimmte Hündin genetisch zuverlässig im Hinblick auf den korrekten Haartyp ausgestattet ist. Die einzige Chance, die wir im Zusammenhang mit diesem komplizierten Prozeß haben, ist, ausschließlich Elterntiere einzusetzen, die zumindest das richtige Haarkleid zeigen - d. h. also, den korrekten Phänotyp zu wählen.

Ich bin davon überzeugt, daß in den frühen Tagen des Drahthaarpinschers dieses Prinzip angewendet wurde, weil ein langhaariger und wolliger Welpe unerwünscht war, denn ein solcher Hund war nicht besonders geeignet für die rauhen Umstände und die Anforderungen, die man an ihn stellte. Eine gelegentliche Kreuzung mit einem Glatthaarpinscher schien das Leben ganz allgemein und die vom Hund recht unterschiedlich geforderten Einsatzmöglichkeiten erheblich zu erleichtern. Ich nehme an, daß es gerade die Robustheit und Pflegeleichtigkeit waren, die einen entscheidenden Anstoß in Richtung auf die Entwicklung der korrekten Drahthaartextur gab.

## Die Haartextur

Den Rassestandards entnehmen wir, daß sich das Haarkleid des Schnauzers zusammensetzt aus einer weichen, kurzen, dichten Unterwolle und dem drahtigen Deckhaar.

Schauen wir uns zunächst einmal die Textur und Funktion der Unterwolle an. Sie besteht aus einer dicken und an der Haut anliegenden Schicht von weichem Haar, mit der offensichtlichen Funktion, die Haut warm zu halten. Somit stellt sie ein grundlegendes Element für des Schnauzers Isolationssystem dar. Im Idealfalle sollte diese Unterwolle den ganzen Körper bedecken und man kann das Vorhandensein und die Qualität der Unterwolle nur sehen und prüfen, indem man durch das Deckhaar durch faßt. Die Erfahrung lehrt, daß einem Schnauzer mit zu langem, struppigem oder welligem Deckhaar oft die notwendige Unterwolle fehlt. Wenn dem so ist, dann ist dieses Haarkleid nicht nur nicht richtig wegen des zu langen Deckhaares, sondern auch untypisch wegen des Fehlens der Unterwolle.

Des Schnauzers Deckhaar ist gerade und drahtig und liegt ziemlich glatt am Körper an, mit anderen Worten, wenn man das Haarkleid genauer analysiert, hinterläßt es den Eindruck von Rauhheit und steht dabei ganz leicht vom Körper ab. Das Deckhaar fühlt sich straff an und man verspürt einen leichten Widerstand, wenn man es zwischen den Fingern zu biegen versucht. Nur wenn es diese Eigenschaften besitzt, kann das Haar zurecht als »drahtig« bezeichnet werden.

Warum ist das so wichtig? Nicht nur weil das Deckhaar so im Rassestandard beschrieben ist, sondern vorrangig deswegen, weil es dem Schnauzer eine ideale und praktische Ausrüstung liefert, ihn gegen jedwede Art von Wetter schützt und es zudem geringsten Pflegeaufwand benötigt. Das gerade, lagige Deckhaar, das nicht eng am Körper anliegt, wird durch das von den Hautdrüsen produzierte Öl getränkt und macht es so zum idealen Isolator gegen heiße und kalte Luft, Regen, Schnee, Schmutz und Verletzungen.

Ein langes, welliges Deckhaar ohne Unterwolle mag einem Friseur oder Hundesalonbetreiber gefallen und nützlich sein. Es mag sogar herhalten, um Aufsehen zu erregen oder gar Gebäudefehler zu verbergen, aber es ist absolut nutzlos für den Schnauzer selbst und allemal unpraktisch für den Besitzer, der einen typischen und zugleich pflegeleichten Rassevertreter möchte.

Das Drahthaar wird jährlich zweimal gezupft. Seine Wachstumsgeschwindigkeit und Textur, die allgemeine Beschaffenheit der Unterwolle und des Deckhaars werden von verschiedenen, nicht zuletzt auch äußeren Faktoren beeinflußt. Eine auf den Millimeter genau anzugebende ideale Haarlänge ist daher nicht ratsam und auch nicht möglich. Was wir feststellen können, ist die Maximallänge des idealen Deckhaares, nämlich kurz bevor es das Stadium erreicht, in dem es abstirbt und gezupft werden muß. Natürlich müssen wir unterscheiden zwischen dem Zwergschnauzer, Schnauzer und Riesenschnauzer, dennoch können die Zahlen nur als Richtwerte betrachtet werden. Nach meinen Ermittlungen beträgt die Maximallänge, die das Haarkleid eines Zwergschnauzers erreichen kann ungefähr vier bis fünf Zentimeter.

Das Schnauzerhaar wächst etwas länger bis auf fünf bis sechs Zentimeter und das Haar des Riesenschnauzers (abhängig von der Größe des einzelnen Hundes) kann von sechs bis sieben Zentimetern reichen. Schnauzerhaar, das über diese Grenzen hinauswächst, ist sicher nicht mehr gerade und drahtig, sondern entwickelt eine unerwünschte, struppige oder wellige Struktur.

Während wir bei diesem Thema sind, muß ich mich für die Rasse starkmachen und den zukünftigen Liebhaber vor jenen Züchtern warnen, die das korrekte standardgerechte Schnauzerhaarkleid mißachten. Der Anfang allen Übels liegt beim Züchter! Es gibt Liebhaber, die sich mit zu langem Haar abmühen, indem sie Stunden mit dem Zurechtmachen und Frisieren verbringen und trotz des Einsatzes von zusätzlichen intensiven Haarfestigern und anderen Chemikalien können sie höchsten damit den Nichtspezialisten beeindrucken. Leute, die dies geradezu als Lieblingsbeschäftigung kultivieren, schrecken vor keinem Mittel zurück. Gewollt oder ungewollt, verweigern sie dem Schnauzer damit das natürliche Recht, eben wie ein Schnauzer zu leben. So halten sie oft ihre Zwergschnauzer in kleinen Boxen und ihre Schnauzer und Riesenschnauzer leben häufig auf zu engem Raum. Solche reinen Ausstellungshunde dürfen nicht umhertollen, spielen, wirklich aktiv sein - mit anderen Worten, sie können ihre körperlichen und geistigen Anlagen auf normale, der Rasse angepaßte Art keineswegs entwickeln. Alles, was man von ihnen erwartet, ist, daß ihr Haar üppig wächst, das - nach notwendiger, spezieller, mühsamer und zeitaufwendiger Manipulation - lediglich dazu dient, des Besitzers Ego aufzupolieren. Natürlich werden solche Hunde auch zur Zucht eingesetzt. Dem interessierten Liebhaber kann ich nur versichern, daß ein richtiger Schnauzer mit dem korrekten Haar eine viel bessere und eindeutig praktischere Anschaffung ist.

Wenn Sie nur auf Ausstellung, Schau und Äußerlichkeiten aus sind, vergessen Sie nicht, daß solch äußerlicher Charme nur kurzlebig ist und bald, nachdem der Hund vom Trimmtisch genommen wurde und den Schauring verlassen hat, verflogen sein wird. Ein Schnauzer mit einem richtigen Drahthaar wird selbst nach einem Spaziergang im Regen und dem danach routinemäßigen Einsatz einer Bürste sauber und attraktiv aussehen. Keineswegs bin ich gegen Hundeausstellungen und das Zurechtmachen des Schnauzers für diese Anlässe. Ich möchte lediglich vor jeder Art von Übertreibung warnen, durch die die Rassekennzeichen verändert werden sollen.

## Die Haarfarben

Die glatthaarigen und rauhhaarigen Pinscher des 19. Jahrhunderts, also die Vorfahren unserer modernen Pinscher und Schnauzer, gab es in einer größeren Palette von Farben. Sie variierten von flachsfarbig über rot und braun bis zu grau in all seinen Schattierungen. Einige waren rein schwarz, andere schwarz-rot oder schwarz mit andersfarbigen Markierungen.

Die Aufspaltung in glatthaarige Pinscher und drahthaarige Schnauzer erfolgte bekanntlich bereits vor über hundert Jahren und die jeweiligen Zuchtauflagen und Vorgaben fanden in klar definierten Standardformulierungen ihren Niederschlag, um mehrmals aktualisiert zu werden.

Die schwarzroten zusammen mit den rotbraunen Farben blieben für die Pinscher reserviert, während Grau und Schwarz den Schnauzern zugeordnet wurden. Die vom Mutterland der Pinscher- und Schnauzerrassen erstellten Standards sehen für die Schnauzer und Riesenschnauzer zwei Farben vor: das reine Schwarz und das Pfeffersalz in seinen verschiedenen Schattierungen. Was den Zwergschnauzer betrifft, so kam die schwarzsilberne Farbe hinzu und neuerdings züchtet man auch weiße Zwerge.

Schauen wir uns nun die Beschreibung der einzelnen Farben etwas genauer an. Das Zuchtziel für die Pfeffersalzfarbe ist ein mittleres, gleichmäßig verteiltes und intensiv pigmentiertes Grau mit grauer Unterwolle. Zugelassen sind alle Schattierungen vom Eisengrau bis zum Silbergrau. Weiße Markierungen am Kopf, der Brust und den Läufen sind keinesfalls erwünscht. Die dunkle Maske hebt sich ausdrucksvoll von der möglichst gleichmäßig pigmentierten Körperfarbe ab. Die typische graue Pfefferung wird dadurch bewirkt, daß jedes einzelne Haar auf besondere Weise schwarz und weiß gebändert ist. Wenn der Rassestandard fordert, daß die intensiv pigmentierte Pfefferung gleichmäßig über den ganzen Körper verteilt sein soll, so bedeutet das, daß man nur gebänderte Haare und nicht rein weiße Haare vorfinden darf. Rein Schwarz bedarf keiner detaillierten Erklärungen, Deckhaar und Unterwolle sind schwarz. Dennoch möchte ich hier anführen, daß man bei jungen Hunden hin und wieder einzelne weiße Haare finden kann. Auch ein kleiner weißer Fleck oder Streifen an der Brust kann vorkommen, aber spätestens nach dem dritten Trimmen sollten die weißen Haare verschwunden sein. Manchmal schimmert auch ein brauner Anflug durch die schwarze Farbe hindurch. Dies kann vorübergehend und die Folge von stumpfem und ungepflegtem Haar sein, obwohl es bestimmte Linien gibt, die für solch rötlichen Schimmer besonders anfällig sind.

Das Zuchtziel für den schwarzsilbernen Zwergschnauzer ist lackschwarzes Deckhaar mit schwarzer Unterwolle und weißen Abzeichen über den Augen, an der Kehle, den Backen, zwei geteilten Dreiecken an der Vorbrust, weißen Markierungen an den Mittelfüßen der Vorderläufe, an den Pfoten, an der Innenseite der Hinterläufe und am After. Nacken und Außenseiten der Ohren sollen, ebenso wie das Deckhaar, rein schwarz sein. In den meisten Fällen hat sich das rein silberne Haar als weich und flauschig erwiesen, während die rein weißen Abzeichen von viel härterer Qualität sind. Der weiße Zwerg sollte rein weißes Deckhaar und weiße Unterwolle besitzen. Diese Varietät wird in Deutschland unter der konsequenten Kontrolle des PSK seit über dreißig Jahren gezüchtet.

An dieser Stelle muß nun unbedingt angemerkt werden, daß in des Schnauzers Ursprungsland und in Ländern, die nach dem deutschen Standard züchten, die Verpaarung der unterschiedlichen Farbvarietäten miteinander absolut untersagt ist. Dies hat sich zum Beispiel als nützlich im Hinblick auf die Pfeffer- und Salzschattierungen, die gleichmäßig über den gesamten Hund verteilt sein sollen, erwiesen. Auch der schwarzsilberne Zwerg wurde dadurch insofern verbessert als das Schwarz »schwarz« bleibt und im späteren Alter nicht zu einem Blaugrau verblaßt. Dadurch, daß der deutsche Rassestandard keine zu weichen und üppigen Beinhaare wünscht, wurde die richtige Haarstruktur erhalten und eine kräftige, gleichmäßige Pfeffer- und Salzpigmentierung erzielt.

Später, wenn wir uns mit den Rassestandards verschiedener Länder im Einzelnen beschäftigen, wird es klar werden, daß die obigen Prinzipien und Vorschriften nicht in allen Ländern konsequent befolgt werden. Ich selbst neige dazu, den Anweisungen und Forderungen, wie sie im Mutterland der Rasse erhoben werden - wo ein Team von Spezialzuchtrichtern mit ihrem Richterobmann sicherstellt, daß der Rassestandard konsequent befolgt und nicht überinterpretiert wird - den Vorzug zu geben. Damit haben kurzlebige Modeerscheinungen und ins Auge fallende Äußerlichkeiten nicht oder schlecht informierter Liebhaber nur eine geringe Chance.

## Die allgemeine Haarpflege

Nun sind wir so weit, um einiges zur richtigen Behandlung des Drahthaares zu sagen. Ich halte es für ratsam, daß ich mich hauptsächlich mit der routinemäßigen Haarbehandlung von 95 % aller Schnauzer, die das glückliche Leben in einer Familie teilen, ohne dem Druck einer Ausstellungskarriere ausgeliefert zu sein, beschäftigen sollte.

Jede vernünftige Haarpflege zielt im Prinzip darauf ab, die Sauberkeit und allgemeine Gesundheit zu erhalten. Um zu verstehen, wie man dies am einfachsten erreichen kann, müssen wir uns vor allem bewußt machen, daß des Schnauzers Drahthaar in Zyklen wächst. Jeder Zyklus dauert etwa sechs Monate, während derer das Haar zu seiner vollen Länge heranwächst und seinen Höhepunkt am Ende der normalen Reifephase erreicht. In diesem Stadium, unterschiedlich zu den meisten anderen Haartypen, beginnt der Schnauzer sein Haar nicht von sich aus vollständig abzustoßen. Es besitzt die Besonderheit, daß es zu diesem Zeitpunkt gerupft und getrimmt werden kann. Das reife Deckhaar wird während einiger Arbeitsstunden per Hand entfernt, vorteilhafter zum natürlich klassischen Haarwechselprozeß, der mehrere Wochen andauert und überall abgestorbenes Haar zurückläßt. Läßt man aber das Haar des Schnauzers unbehandelt, wird er versuchen, sein Fell gegen einen Baumstumpf, eine Wand oder etwas Ähnliches zu reiben, um das tote Haar fleckenweise selbst zu entfernen.

Zwei oder drei Wochen nach dem Trimmen des Deckhaares kommen die neuen Stoppeln durch und es wird Zeit, sich um die Unterwolle zu kümmern. Das bedeutet, daß das vollständige Haarkleid in zwei Etappen getrimmt wird. Zuerst also bearbeiten wir das Deckhaar und wenn dies dann erneut durchbricht, widmen wir uns der Unterwolle. Nun sind alle Poren befreit vom alten, toten Haar und der Erneuerungsprozeß kann ohne Beeinträchtigung neu einsetzen.

Die oben angeführte Methode des Trimmens führt zu den gewünschten Ergebnissen, dennoch darf sie nur bei Schnauzern angewendet werden, die auch die richtige Haarstruktur besitzen. Übrigens, nur verhältnismäßig wenige Schnauzerliebhaber beherrschen das Trimmen per Hand und sehr viele Schnauzer werden einfach mit der Schermaschine bearbeitet. Auch wenn man in einen Hundesalon geht, wird dort vorwiegend nur die Maschine eingesetzt, entweder deswegen, weil das Trimmen per Hand viel zu zeitaufwendig und teuer ist, oder weil der Hundefriseur die Kunst des Trimmens einfach nicht beherrscht. Wenn Sie das Haarkleid Ihres Schnauzers wirklich behandeln und pflegen wollen, dann trimmen Sie es selbst, oder suchen Sie sich eine erfahrene Person, die mit dem Drahthaar richtig umgehen kann.

## Die Routinebehandlung des Haares

Bevor Sie sich für die Anschaffung eines Schnauzers entscheiden, sollten Sie wissen, daß das Haarkleid Ihres Hundes einer täglichen, wenn auch routinemäßig geringen Pflege bedarf. Freilich, das korrekte Drahthaar verfilzt kaum, das längere Haar an den Augenbrauen und dem Bart kann sich wohl verwirren und verknoten. So wie sich einfach nicht vermeiden läßt, daß das Haar etwas Schmutz aufnimmt, ist das tägliche, routinemäßige Bürsten und Kämmen daher unumgänglich. Zur Ausrüstung für die Routinepflege gehören eine Zupf- und Rupfbürste und ein Metallkamm von mittlerer Zahnung. Zur Haarpflege stellt man den

Hund in passender Arbeitshöhe auf eine gerade Oberfläche. Das muß nicht unbedingt ein teurer Trimmtisch sein, ein ausrangierter Tisch mit einem Gummistück belegt erfüllt den gleichen Zweck.

Machen Sie es sich gleich nach Ankunft des Welpen zur Regel, ihn täglich von oben bis unten zu bürsten und die Nahrungsreste aus seinem Bart herauszukämmen. Lassen Sie dabei von Anfang an keine Rangeleien zu. Haarpflege ist nicht nur für des Hundes Gesundheit, sondern auch für Ihre Stellung als Meuteführer von Bedeutung, denn hier lernt der Schnauzer bereits, daß er sich Ihren Wünschen und Anordnungen unterordnen muß.

Obwohl das Bürsten gewissenhaft und gründlich vorgenommen werden sollte, so besteht dennoch kein Grund dafür, daß es schmerzen muß. Greifen Sie Ihren Hund am Hals oder fassen Sie ihn am Bart, schütteln Sie ihn mit dem gleichzeitigen, deutlichen Befehl »Pfui!« und fahren Sie mit der Pflegearbeit fort. Bedauern und bemitleiden Sie ihn nicht, denn sonst wird er schnell erlernen, daß er durch Betteln und Jammern oder gar durch Aggressivität alles erreichen kann. Geben Sie niemals nach, denn sonst wird er knurren, kämpfen oder beißen, zumal er ja erfahren hat, daß er so seine Schlacht leicht gewinnen kann. Mit anderen Worten, er schwingt sich zum Meuteführer oder Alpha-Wolf auf, er und nicht Sie als Hundebesitzer kontrolliert und beherrscht die Situation. Wenn Sie aber einmal die Dominanzangelegenheit geregelt haben, werden Sie bald entdecken, daß sich Ihre Fertigkeiten von Tag zu Tag verbessern und daß Ihr Schnauzer gelernt hat, diese »Sitzungen« gerade zu schätzen.

Es ist auch ratsam, ein altes, sauberes Tuch an einem bestimmten Platz zu deponieren, um damit des Schnauzers Bart nach dem Saufen und Fressen abzuwischen und trockenzureiben, denn sonst wird er sein Markenzeichen an Ihrer Hose oder dem Sofa reiben wollen - nicht wenige von ihnen bevorzugen sogar Perserteppiche.

Haben Sie sich während der ersten sechs bis sieben Monate, bis also Ihr Schnauzer soweit ist, daß er zum ersten Mal gezupft wird, konsequent an die tägliche Routinepflege gehalten, so verdienen Sie ganz sicherlich meinen Glückwunsch. Inzwischen sollten Sie sich entschieden haben, ob Ihr Liebling sein erstes Zupfen durch einen erfahrenen Fachmann über sich ergehen lassen soll, ob es von einem vertrauten Hundefreund, der gleichzeitig Ihr Lehrmeister sein kann, gemacht werden soll, oder ob Sie es wagen, die Aufgabe mit meiner Hilfe in diesem Kapitel gemachten Anleitungen selbst zu lösen. Erlernen Sie das Zurechtmachen nicht selbst, dann sollten Sie Ihren Schnauzer bei einem erfahrenen Haarpfleger abgeben. Auf alle Fälle möchte ich Ihnen dringend raten, es selbst zu probieren, denn Sie sparen damit nicht nur eine Menge Geld, sondern verbessern dadurch automatisch das Verhältnis zu Ihrem Hund. Hundliche Beziehungen entwickeln und festigen sich durch ständige und gegenseitige Kommunikation und der Wert einer oft Stunden dauernden Trimmaktion sollte in diesem Zusammenhang keineswegs unterschätzt werden. Haben Sie also Ihren ersten Trimmversuch halbwegs erfolgreich beendet, widmen Sie sich anschließend der weiteren täglichen Routinearbeit. Übrigens, ich würde Ihnen vorschlagen, einmal wöchentlich mit dem Trimmesser durch das Fell zu gehen, um dabei alle lose und schmutzige Unterwolle, den feinen Schmutz und vielleicht sogar Parasiten zu beseitigen. Sie werden überrascht sein, wie pflegeintensiv sich der Einsatz des Trimmessers auswirkt. Wenn Ihr Schnauzer die richtige Haartextur besitzt, können Sie damit den Zeitraum zwischen den einzelnen Trimmterminen auf acht oder zehn Monate verlängern. Ich kenne Schnauzer, die jährlich nur noch einmal im Sommer getrimmt werden.

Ein Schnauzer, dessen Haar so gepflegt wird, benötigt selten ein Bad, es sei denn, er hat sich in irgendeiner ekelhaften Substanz gewälzt. Falls aber dennoch ein Bad unumgänglich wird, so verwenden Sie ein Shampoo, das zur Behandlung des Hundefells geeignet ist. Alle anderen Seifen- oder Waschmittel könnten die natürliche Fettschicht, die das Haar schützt, zerstören. Meine Schnauzer werden verhältnismäßig selten gebadet aber sie schwimmen mindestens einmal jede zweite Woche im Fluß oder einem nahegelegen See. Natürlich weiß ich, daß meine Hunde das Privileg haben, in einer Gegend zu leben, in der es keinen Winter gibt und wo es nicht wirklich kalt wird. Dennoch versichere ich Ihnen, daß ein Schnauzer mit korrektem Haar sich keineswegs davor fürchtet, in sehr kaltes Wasser zu springen, denn wenn er herausgekommen ist und sich kräftig geschüttelt und bewegt hat, wird er sehr schnell wieder trocken.

Äußere Parasitenüberwachung und Kontrolle erweisen sich wegen des täglichen Bürstens als relativ einfach und ganz sicherlich werden Sie die ein oder andere Zecke oder gar einen Floh während der wöchentlichen Kämmaktion bemerken und entfernen.

## Das Zupfen und das Trimmen

Folgende Ausrüstung benötigen Sie: ein Trimmesser, eine gute Haarschneideschere, eine Hundeschere oder Kleintierschermaschine, eine Krallenzange, um die Nägel von Zeit zu Zeit zu kürzen. Haben Sie nun einmal all diese Kosten auf sich genommen, so möchte ich Sie umso mehr ermutigen, die Werkzeuge und Geräte auch wirklich einzusetzen. Tausende vor Ihnen haben die Aufgabe gemeistert, nur wenige haben versagt und ihr Geld umsonst ausgegeben. Das Ergebnis hängt von Ihrer Willensstärke ab, dem Wunsch, einfach mehr Geschicklichkeit und Routine gewinnen zu wollen.

Mit Ihrem ersten Versuch warten Sie, bis das Haar wirklich reif ist und sich somit leicht zupfen läßt. Stellen Sie Ihren Schnauzer an einem freien Samstagnachmittag auf seinen gewohnten Trimmtisch und fangen Sie mit dem Zupfen oben am Hals an. Nehmen Sie Haarbüschel zwischen Daumen und den gebeugten Zeigefinger und rupfen Sie mit schnellen kurzen Bewegungen die Haare in Richtung des Haarwuchses heraus. Die meisten Leute bevorzugen allerdings ein Trimmesser. Dann werden die Haarbüschel zwischen Daumen und Klinge gelegt und herausgezupft und keineswegs abgeschnitten. Selbst wenn es sich um einen Zwergschnauzer handelt, wird es Ihnen beim ersten Mal nicht gelingen, den Hund auf einmal fertig zu machen. Wenn Sie Hals, Schultern und Rücken am ersten Tag erledigt haben, können Sie mit dem verbleibenden Rest später weitermachen.

Abschließend erkläre ich nun, wie etappenweise mit dem Rest zu verfahren ist. Würde die Unterwolle gleichzeitig mit entfernt, wäre der Hund vollkommen nackt und seine Haut für mehrere Wochen ungeschützt. Daher ist es üblich, daß diese zwei Bereiche in voneinander getrennten Abständen bearbeitet werden. Einige Wochen nach der gründlichen Behandlung des Deckhaares sprießen die neuen Stoppeln durch, und nun ist es an der Zeit, sich intensiv um die Unterwolle zu kümmern. Auch hierbei sollte jedes Schneiden vermieden werden. Die feinen und überreifen Haare werden herausgezogen.

Mit der Schere werden die zu langen Haare des Bartes, der Augenbrauen und auch die möglicherweise überlangen Haare an den Läufen und der Brust beigeschnitten.

Die Haare an den Ohren, an einigen Partien des Kopfes, an der Unterseite des Halses und unmittelbar unter der Rute bleiben dem Einsatz mit der Maschine vorbehalten.

## Das Zurechtmachen

Ob es sich um den Schnauzer für den Ausstellungsring handelt, oder um Liebhaber der Rasse, die Perfektion anstreben, das Zurechtmachen der Tiere sollte sich immer an der ursprünglichen Absicht, Sauberkeit und Gesundheit zu fördern, orientieren. Natürlich ist es legitim, gleichzeitig auch damit des Schnauzers Attraktivität zu betonen. Wie ich schon deutlich ausgeführt habe, sollten des Schnauzers typische Qualitäten niemals zu Gunsten von vordergründigem Glanz, Schau oder Modetrends verfälscht werden. Beim Zurechtmachen sollte man sich stets den Standard vor Augen halten, um somit die vorhandenen anatomischen und morphologischen Vorzüge angemessen herauszuarbeiten und betonen zu können. Angenommen, Ihr Schnauzer stammt aus einer Linie mit gutem Drahthaar, so ist es auch gar nicht schwierig, das drahtige, harsche und dichte Haarkleid zu erreichen. Im Durchschnitt dauert es etwa acht Wochen bis das Haar die richtige Ausstellungslänge erreicht hat. Dies ist aber keine verbindliche Regel und Sie müssen durch Beobachtung Ihres eigenen Schnauzers selbst herausfinden, wie lange er braucht, um haarmäßig in Topform zu sein. Ich habe bereits betont, daß das Haar vor dem Zupfen auch wirklich reif sein muß. Abhängig davon, wann der Schnauzer für die nächste Ausstellungssaison wieder fertig sein soll, kann das Haar freilich auch für einige Wochen unbearbeitet bleiben.

## Das Zupfen des Deckhaares

**1. Körper und Hinterläufe** (Diagramm I- Teil 1)
Hat nun Ihr Schnauzer das freie Stehen auf dem Trimmtisch gelernt, so brauchen Sie keinen Galgen, um ihn zu kontrollieren, wenn auch der Einsatz eines solchen Gerätes bei der Behandlung fremder Hunde notwendig sein mag.

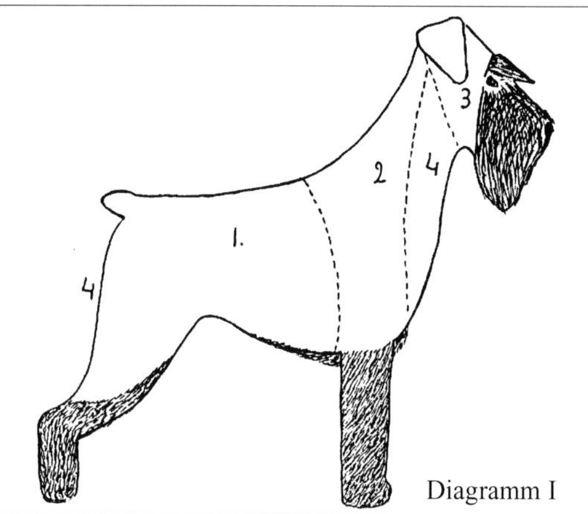

Diagramm I

Sind Sie Rechtshänder, dann stellen Sie sich rechts hinter den Hund. Halten Sie den Hund am Nacken mit Ihrer linken Hand fest und beginnen Sie hinter der Schulter die Haare in Richtung Rute mit der rechten Hand zu zupfen. Das Trimmesser halten Sie so in Ihrer Hand, daß das Blatt an Ihrem Zeigefinger liegt. Heben Sie einen kleinen Haarbüschel mit dem Daumen an und bringen Sie das Trimmesser in Kontakt mit den Haaren und Ihrem Daumen, indem Sie die beiden

Finger leicht zusammendrücken. Halten Sie die Haare zwischen dem Trimmesser und Daumen fest und ziehen Sie sie dann mit einer sicheren, zupfenden Bewegung in Richtung des Haarstriches heraus. Schneiden Sie die Haare niemals ab, was nur dann passiert, wenn Sie das Trimmesser zu intensiv in Ihrer Hand drehen. Während dieses Arbeitsganges werden zunächst nur die Haare des Körpers und der Hinterläufe gezupft.

Achten Sie als Anfänger besonders darauf, daß Sie wirklich nicht schneiden, sondern zupfen. Dies können Sie prüfen, indem Sie mit Ihrem Daumen an einer bereits bearbeiteten Stelle gegen den Strich fahren und wenn Sie dann scharfe Stoppeln spüren, dann haben Sie es nicht richtig gemacht. Es sollte lediglich die weiche Unterwolle übriggeblieben sein, das tote Deckhaar wurde ja bereits mit der Wurzel entfernt.

Am Ende eines jeden Trimmvorganges sollten Sie sich immer die Haut des Hundes gewissenhaft anschauen. Sieht sie etwas gerötet oder irritiert aus, so reiben Sie die Haut mit Baby- oder Haaröl ein.

**2. Hals und Schultern** (Diagramm I - Teil 2)
Etwa zwei Wochen nach dem ersten Trimmtermin wenden Sie dieselbe Technik an, um Hals und Schultern zu bearbeiten. Warten Sie eine weitere Woche, ehe Sie die übrigen Regionen (Teile 3 und 4) weiterbehandeln. Die Methode des zeitversetzten Vorgehens wurde einfach deswegen gewählt, weil das Haar an den einzelnen Körperstellen auch unterschiedlich schnell wächst. Indem Sie es in Etappen trimmen, werden Sie dann zum Ausstellungstermin auch ein einheitliches Haarkleid vorfinden. Sicher, falls Sie kein Interesse an Ausstellungen haben, können Sie das komplette Deckhaar auch am selben Tag oder in derselben Woche entfernen.

**3. Kopf und Ohren** (Diagramm II - Teil 3)
Der Kopf und die Ohren sind sehr empfindliche Regionen und das Zupfen erfolgt lediglich mit Hilfe des Daumens und den Fingerspitzen. Stellen Sie sich vor den Hund, fassen Sie einige wenige Haare und ziehen Sie sie zwar schnell aber dennoch vorsichtig heraus. Vermeiden Sie den Einsatz des Trimmessers, denn allzu leicht kann man dabei die Haut verletzen.

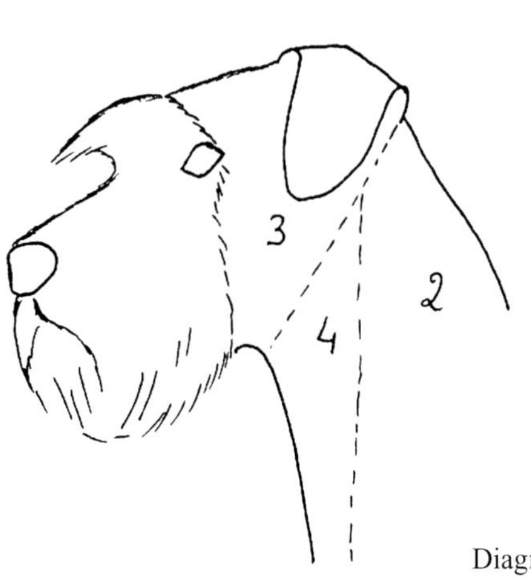

Diagramm II

**4. Front und After** (Diagramm III - Teil 4)
Dies sind die beiden letzten Regionen und sie sollten etwa zwei Wochen vor dem Ausstellungstermin in Angriff genommen werden. Getrimmt werden sie wie oben beschrieben.

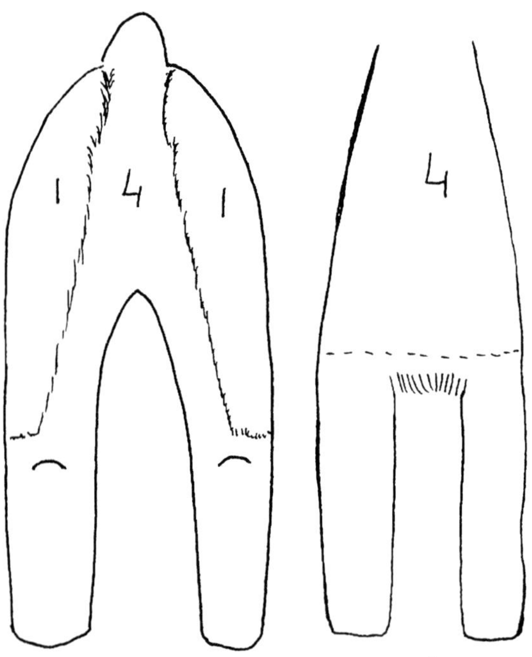

a b
Diagramm III

## Das Trimmen der Unterwolle

Nach der vollständigen Entfernung des Deckhaares bleibt für die folgenden Wochen zunächst wenig zu tun, außer daß das regelmäßige Bürsten beibehalten wird. Zeigt sich dann aber das neue Haarkleid, so ist die Zeit gekommen, sich auf gleiche Art und Weise wie beim Deckhaar um die Unterwolle zu kümmern. Aber Vorsicht, zerstören oder entfernen Sie dabei nicht das junge Deckhaar.

## Das Scheren

Das Scheren ist die letzte Maßnahme, die eine Woche vor der Ausstellung vorzunehmen ist.

**1. Kopf** (Diagramm I und II - Teil 3 / Diagramm IV a + b)
Kämmen Sie das Gesichtshaar vorwärts in einer Linie, knapp oberhalb der Augenbrauen beginnend und zu den Mundwinkeln führend. Stecken Sie einen Scherkopf mit kurzer Schnittlänge auf Ihre Maschine und scheren Sie den Hund von oberhalb der Augenbrauen über den gesamten Oberkopf, dann von den äußeren Augenwinkeln bis zum Ohrenansatz und von den Mundwinkeln zu einer V-Form an der Kehle.

**2. Ohren**
Ober- und Unterseite werden kurzgeschoren.

**3. Hals und Vorbrust**
(Diagramm I und II - Teil 4 / Diagramm III b - Teil 4)
Scheren Sie die Kehle, die Halsfront und die Vorbrust herunter bis zum Brustbein. Achten Sie darauf, daß Sie dabei eine gerade saubere Linie erhalten.

**4. Rute**
Kupierte Ruten werden vom Rutenende an der Unterseite geschoren. Die Oberseite der Rute muß gezupft werden. Unkupierte Ruten müssen generell gezupft werden.

**5. Innenseiten der Oberschenkel und Unterbauch**
Benutzen Sie einen Scherkopf mit kurzer Schnittlänge, halten Sie die Maschine diagonal zur Innenseite des Schenkels und scheren Sie die Haare runterwärts in Richtung Sprunggelenk ab. Dann wird der Bauch bis zum Nabel geschoren. Bei Rüden wird der Penisbereich kurzgehalten.

**6. Augenbrauen** (Diagramm IVa und IVb)
Die Kopfgestaltung des Schnauzers, besonders der Augenbrauen und des Bartes, trägt sehr viel zu seinem rassetypischen Ausdruck bei. Kämmen Sie die Augenbrauen direkt nach vorne und beziehen Sie den Bart mit ein. Schneiden Sie die äußeren Ränder der Augenbrauen so, daß sie mit der Kopfseite in einer Linie verlaufen. Kürzen Sie dann die Augenbrauen diagonal vom äußeren Rand in Richtung auf die Nase mit einem Schnitt.

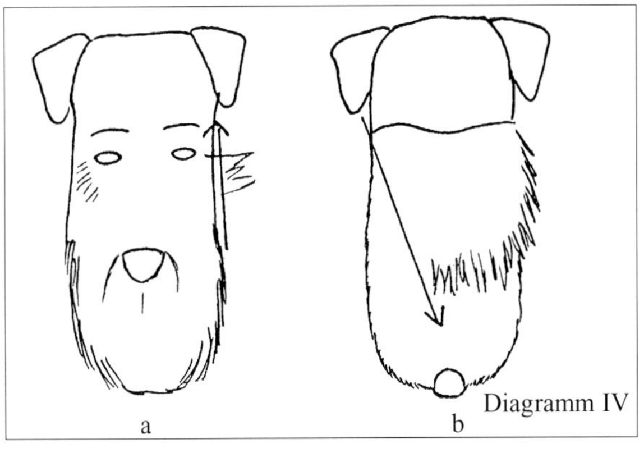

Diagramm IV

**7. Bart** (Diagramm V)
Kämmen Sie den Bart komplett nach vorn und halten Sie Bart und Fang in Ihrer Hand. Dann schneiden Sie mit einer geraden Haarschere in einer Linie vom Mundwinkel zum Augenwinkel entlang. Entfernen Sie alle Haare, die überstehen.

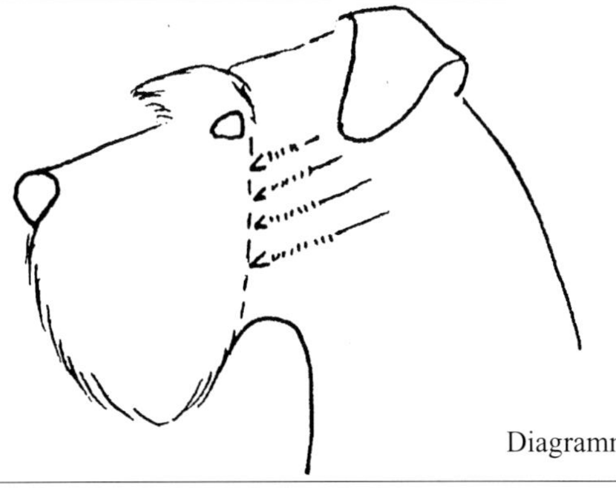
Diagramm V

**8. Vorderläufe** (Diagramm VI a)
Falls nötig, kämmen Sie das Beinhaar auf, so daß es von den Läufen absteht. Betrachten Sie den Hund von oben und indem Sie die Schere senkrecht halten, kürzen Sie das Haar sorgfältig, damit die Vorderläufe wie zwei gerade Säulen erscheinen.

Von vorne gesehen, schneiden Sie die Fahnen so, daß sie nicht auswärts über die Ellenbogen weisen. Von der Seite betrachtet, wird das Beinhaar in einer geraden Linie vom Ellenbogen bis zur Tischplatte heruntergeschnitten. Schneiden Sie das Haar an den Pfoten rund, um so die gewünschte Katzenpfotenform zu betonen.

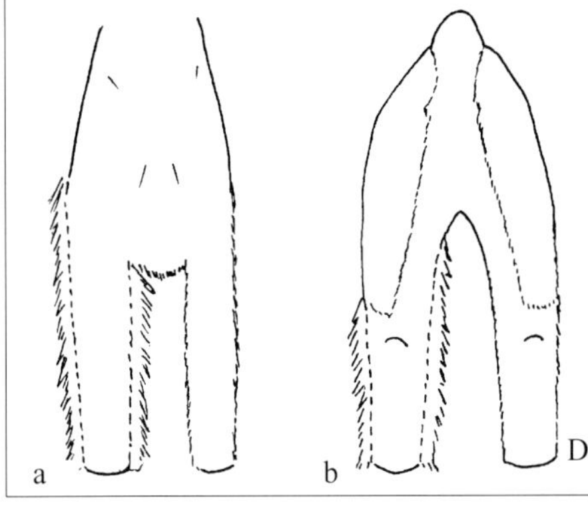

Diagramm VI

**9. Hinterläufe** (Diagramm VIb)
Auch hier wird das Haar zunächst so gekämmt, daß es leicht absteht. Beschneiden Sie das Haar sowohl von der Innenseite als auch von der Außenseite des Laufes, um eine saubere Oberfläche zu erreichen, wodurch die Hinterläufe gepflegt aussehen und gleichzeitig den gewünschten Schwung erhalten und die Winkelung außerdem deutlich sichtbar wird. Der Hintermittelfuß sollte rund und kompakt aussehen.

**10. Unterbrust** (Diagramm I)
Hier kürzen Sie das Haar so, daß es nicht über die Ellenbogenhöhe herabreicht. Die Unterlinie steigt allmählich nach hinten über den letzten Rippenbogen hinaus an.

*Das Deckhaar am Rücken zum Ende der normalen Reifephase.*

*Fassen Sie ein Büschel Deckhaar zwischen Daumen und Zeigefinger.*

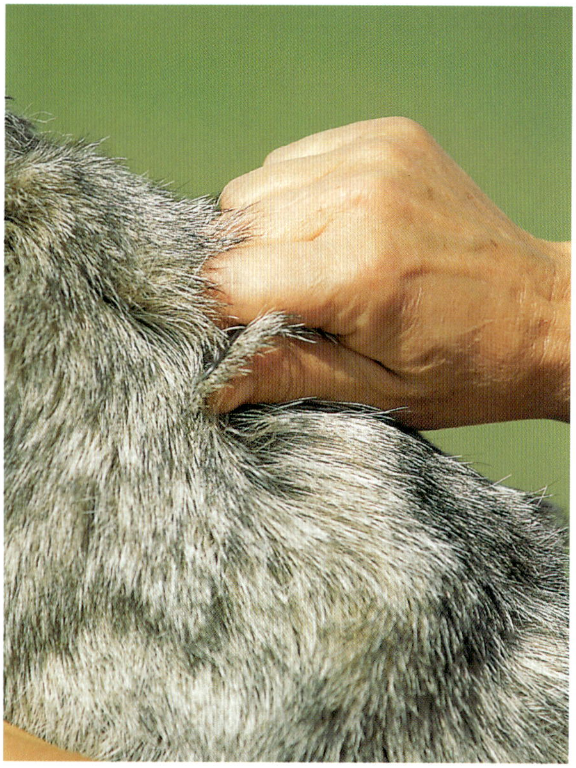

*...beziehungsweise zwischen Daumen und Trimmblatt.*

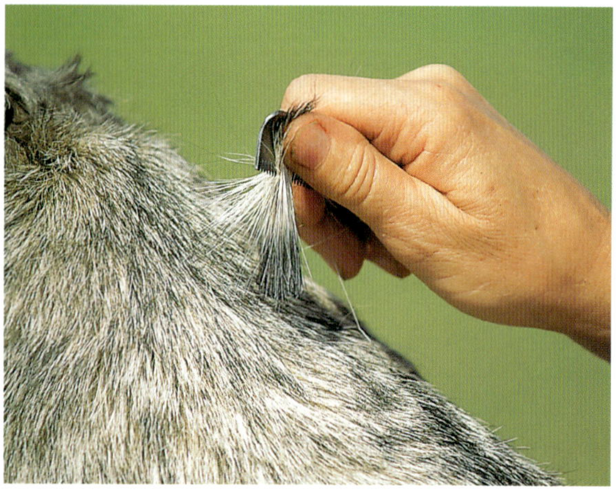

*...und zupfen Sie es in Wachsrichtung aus.*

*Schließlich bleibt nur die Unterwolle stehen, die bis zur nächsten Sitzung warten muß.*

*Das Zupfen des Oberkopfes.*

*Die unkupierte Rute wird an der Oberseite gezupft, an der Unterseite geschoren.*

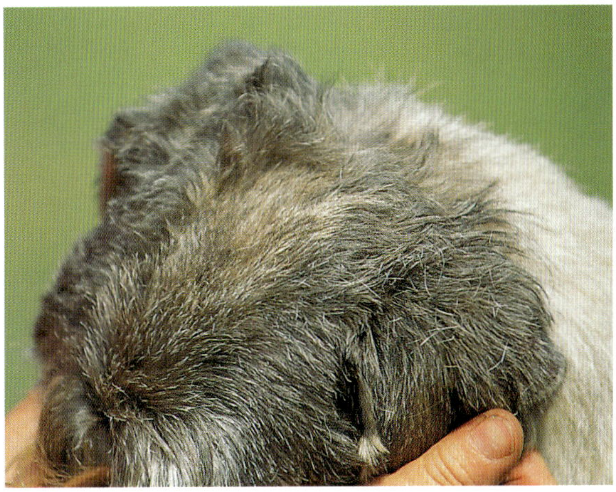

*So sieht er wieder gepflegt aus.*

*Bart...*

*An den Kopfseiten zwischen Auge, Ohr und Mundwinkeln wird die Schermaschine eingesetzt.*

*...und Augenbrauen ...*

*...werden mit der Schere geschnitten.*

*Auch die längeren Haare der Bauchpartie werden mit der Schere gekürzt.*

*Übermäßig lange Haare an den Vorderläufen werden ebenfalls mit der Schere angeglichen.*

*Beim Schneiden der Haare zwischen den Zehen muß man besonders vorsichtig vorgehen, um die empfindlichen Häute nicht zu verletzen.*

*Die Haare der Vorderläufe lassen sich am besten in waagerechter Haltung kürzen.*

*Dasselbe gilt auch für die Hinterläufe.*

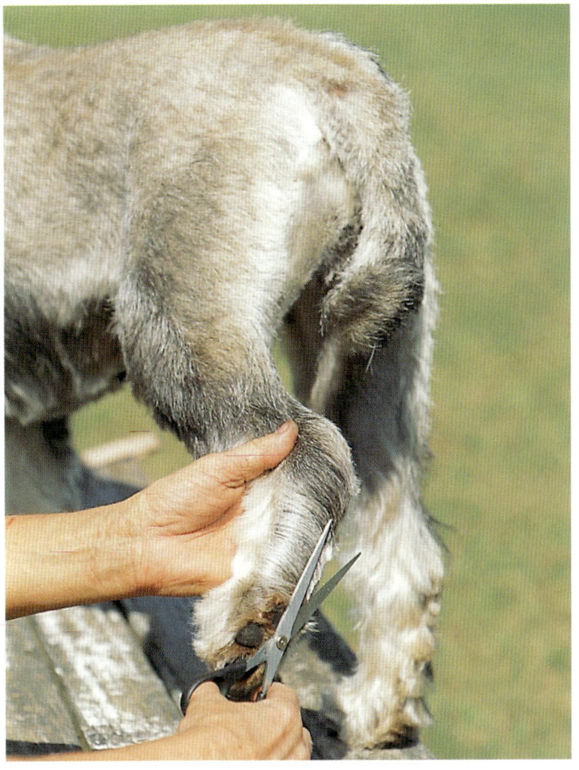

*Die Rückseite der Hinterläufe nicht vergessen.*

*Fertig zum Vorgeführtwerden.*

*So gefällst du mir wieder!*

# Kapitel 13

# DER SCHNAUZER INTERNATIONAL BETRACHTET

## PSK - VDH - ISPU - FCI - KC (London) - AKC

Nun sind wir so weit, daß Pam und Charles als interessierte Liebhaber die Funktionen, Strukturen und Beziehungen zwischen Organisationen, die einen keineswegs zu unterschätzenden Einfluß auf die Entwicklung der Schnauzer schlechthin haben, verstehen sollten.

## Der »Pinscher-Schnauzer Klub 1895 e.V. (PSK)«

Der deutsche Pinscher-Schnauzer Klub (PSK) ist die international anerkannte Organisation des Mutterlandes der Pinscher- und Schnauzerrassen. (Der österreichische Kurzhaarige Pinscher gehört nicht dazu). Auf den vorangegangenen Seiten habe ich bereits schon erklärt, wie Josef Berta den Klub 1895 gründete und wie die gegenwärtige Organisation bereits 1922 ihren Namen erhielt. Trotz einiger Rückschläge während des Ersten und Zweiten Weltkrieges ist der PSK beharrlich zu einer starken Organisation herangewachsen, die sich mit Ernsthaftigkeit und Autorität um alle Pinscher- und Schnauzerrassen kümmert.

Der PSK als der einzig anerkannte Vertreter der Pinscher- und Schnauzerrassen in Deutschland ist dem »Verband für das Deutsche Hundewesen (VDH)« angeschlossen, der seinerseits Mitglied der »Fédération Cynologique Internationale (FCI)« ist. Somit ist der PSK beauftragt und verantwortlich für das Wohlergehen aller Schnauzer (Riesenschnauzer, Schnauzer und Zwergschnauzer) und Pinscher (Zwergpinscher, Deutscher Pinscher und Affenpinscher). Der PSK registriert alle Pinscher- und Schnauzerwürfe und gibt die offiziellen Stammbäume heraus, die vom VDH und der FCI bestätigt werden. Im September 1997 hatte der PSK über 13.500 Mitglieder, von denen mehr als 600 ihren Wohnsitz außerhalb Deutschlands haben. Die deutschen Mitglieder gehören alle jeweils einer der 198 lokalen Pinscher- und Schnauzerorganisation (Ortsgruppe) an. Diese unabhängigen Ortsgruppen entwickeln ihrerseits wiederum ihre Aktivitäten innerhalb einer der 16 Landesgruppen. Delegierte der Ortsgruppen diskutieren ihre Probleme auf Landesgruppenebene und Delegierte der Landesgruppen beschäftigen sich mit Problemen auf nationaler Ebene. Somit wird gewährleistet, daß die Meinungen, Wünsche und Probleme der Basis über ihre jeweilige Landesgruppe auf Bundesebene diskutiert und entschieden werden.

*Standardschnauzer. Besitzer Max Kamp.*

*15fache Siegerin »Epoche von den munteren Gesellen«. Züchter und Besitzer G. Gerth, Deutschland.*

Rassehundeausstellungen, nationale und internationale Arbeitsprüfungen (PO u. IPO), Körungen, Begleithundeprüfungen, Agility, Breitensport und weite-

*Riesenschnauzer Kobold v. Lobbachtal.*
*Züchter J. Senitwany, Besitzer Mrs. V. Rune, Dänemark.*

re Aktivitäten werden von den Orts- und Ländergruppen organisiert. Den klubinternen Ausstellungshöhepunkt bildet die jährlich stattfindende »Jahressieger-auslese« und die »Bundesleistungssiegerprüfung« ist das anspruchsvollste jährliche Ereignis im Bereich des Gebrauchshundesports - die Zahl ist auf 24 Teilnehmer begrenzt, wobei die Prüfungsteilnehmer sich vorher für den Start zu diesem Ereignis in harten Ausscheidungswettkämpfen qualifizieren mußten.

Innerhalb der obersten Organisationsstruktur des PSK werden verantwortliche Persönlichkeiten für bestimmte Aufgabenbereiche gewählt. So gibt es z. B. den Hauptzuchtwart, Richterobmann, Sportbeauftragten und Beauftragten für Jugendhandling und Breitensport.

Der Hauptzuchtwart überwacht und koordiniert die Arbeit der übrigen Zuchtwarte und Angelegenheiten im Zusammenhang mit der Problematik der Hüftgelenksdysplasie (HD) fallen ebenso in seinen Verantwortungsbereich.

Jeder Zuchtwart besucht die Züchter der Region, für die er zuständig ist, und fertigt detailliert schriftliche Berichte über alle gefallenen Würfe an. Der Zuchtwart besichtigt jeden Wurf mindestens zweimal, einmal innerhalb einer Woche nach der Geburt der Welpen und dann noch einmal in der achten Woche, in der dann die Welpen tätowiert und die einzelnen Tiere, einschließlich der Zuchthündin, genaustens untersucht und die Ergebnisse in dem Zuchtwartbericht schriftlich festgehalten werden. Das Dokument enthält Informationen zu den Eltern, es berichtet über den Ablauf der Geburt und gibt Einzelheiten zu den verschiedenen Welpen. Weiterhin wird festgehalten, wo die Welpen geboren wurden (Haus, Zwinger), wie die Bedingungen aussehen, unter denen sie gehalten und großgezogen werden, in welcher Verfassung sich das Muttertier befindet, wie die Mutter und ihre Welpen auf Fremde reagieren, ob der Züchter noch weitere Hunde hat usw.

Der Richterobmann lädt alle vom PSK anerkannten deutschen Spezialzuchtrichter zu der mindestens alle zwei Jahre stattfindenden Richtertagung ein. Spezielle Probleme im Hinblick auf die verschiedenen Rassen und die Art und Gewichtung ihrer Beurteilung werden diskutiert. Man einigt sich über Empfehlungen und Vorgehensweisen, um möglichst viel Vergleichbarkeit und Einheitlichkeit in Bezug auf die einzelnen Richterurteile zu erzielen.

Der Sportbeauftragte vertritt den PSK bei den Zusammenkünften des DHV (Deutscher Hundesport Verband, e.V.) und der AZG (Arbeitsgemeinschaft der Rassehundezuchtvereine und Gebrauchshundeverbände). Er koordiniert bundesweit alle den Hundesport betreffenden Aktivitäten und meldet sich in der monatlich erscheinenden Klubzeitschrift zu Wort.

Bestimmte Leistungserfolge und Ausstellungsergebnisse der Elterntiere führen dazu, daß es auch Unterschiede im Bezug auf die Bezeichnung und Farbe der Stammbäume ihrer Nachkommen gibt. Der PSK ermuntert seine Züchter mit den Pinschern und Schnauzern an einer Begleithundeprüfung teilzunehmen, die Körung abzulegen und Erfolge im Bereich des Gebrauchshundesports nachzuweisen.

Unabhängig davon, müssen die Hunde vor ihrem Zuchteinsatz eine »vorzügliche« oder »sehr gute« Formwertbeurteilung erhalten und sich als für die Zucht besonders geeignet erwiesen haben. Abhängig von den Qualitäten und Qualifikationen der Eltern werden unterschiedliche Stammbäume für die Nachzucht erstellt.

## 1. Die Körzucht

Riesenschnauzer, Schnauzer und Deutsche Pinscher müssen im Rahmen der Körzucht folgende Bedingungen erfüllen:

a. Zwei Formwertbeurteilungen mit »Vorzüglich« oder mindestens »Sehr Gut«, erteilt von zwei verschiedenen Richtern im zuchtfähigen Alter des Hundes (18 Monate für Riesenschnauzer, 15 Monate für Schnauzer und Deutsche Pinscher).
b. Untersuchung auf Hüftgelenksdysplasie (HD).
c. Nachweis der bestandenen Körung.

Zwergschnauzer, Zwergpinscher und Affenpinscher können folgendermaßen angekört werden:

a. Wie die Schnauzer und Deutschen Pinscher.
b. Untersuchung auf HD ist nicht erforderlich.
c. Bestandene Begleithundeprüfung (BH).

*Zwergschnauzer Winny v. Marten, geb. 8.7.94. Besitzer Bernd und Waltraud Marten.*

*Zwergschnauzer Golda v. Marten, geb. 14.7.96. Besitzer Bernd und Waltraud Marten.*

*Tresko v. Giebiko*

*Riesenschnauzer Ch. Arko v. d. Talmühle, Klubsieger PSK, VDH-Sieger. Züchter und Besitzer J. Merbt.*

*Zwergschnauzer Bonni v. Westerwiesen und Ante v. Westerwiesen. Züchter und Besitzer J. Krage.*

*Engelchen v. Bommerholz, Weltsiegerin 1996, Int. Champion, Dt. Ch. Ungarischer Ch., VDH-Ch.*

## Deutschland

*Penny Lane v. h. Hannieshonk, Int. Champion, Deutscher Champion, VDH Champion, Klubsieger PSK Besitzer: Roswita Ruland*

*Riesenschnauzer Elflein vom Argenstein Vize-Weltsieger*

*Varus v. Bartenwetzer.*

**2. Die Leistungszucht:**
Nur für Riesenschnauzer, Schnauzer und Deutsche Pinscher.
a. wie oben
b. wie oben
c. Bestandene Schutzhund- oder IPO-Prüfung.

**3. Die Kör- und Leistungszucht:**
Qualifikationen sowohl im Bereich eins als auch zwei.

Jährlich veröffentlicht der Klub das Zuchtbuch, ein umfangreiches Werk, das alle gemeldeten Würfe dokumentiert. Im Anhang enthält es eine komplette Auflistung aller Pinscher und Schnauzer, denen während des Jahres Siegertitel verliehen wurden. Ebenso werden im Zuchtbuch die HD-Ergebnisse und die Erfolge der einzelnen Hunde im Leistungssportbereich veröffentlicht.

## Die Siegertitel

**Formwerttitel:**
Bedingungen für die einzelnen Siegertitel des PSK:

An Riesenschnauzer, Schnauzer und Deutsche Pinscher werden Siegertitel des PSK nur vergeben, wenn der Nachweis für HD A, HD B oder HD C1 erbracht wurde.

**Klubsieger (Kbsg):**

Diesen Titel erhält ein Hund, der dreimal eine »Klubsiegeranwartschaft (KSA)« unter mindestens 2 verschiedenen Richtern auf der Landesgruppenzuchtschau oder speziell deklarierten Klubsiegerzuchtschauen errungen hat.

**Deutscher Schönheits-Champion:**
Für den Titel sind erforderlich:

- die »Siegeranwartschaft (SA)«, die nur auf der eigenen Landesgruppenzuchtschau erworben werden kann und
- fünf »CAC«, errungen durch die Teilnahme an CAC-Schauen oder bestätigtem »V« (SG für Jugendklassen) auf der Jahressiegerauslese.
- die fünf CAC müssen von mindestens drei verschiedenen Richtern vergeben worden sein.
- zwischen dem erst erhaltenen und letzten CAC muß eine Zeitspanne von mindestens einem Jahr und einem Tag liegen.

**Jahressieger / Jahresseniorensieger / Jahresjugendsieger:**

**»Jsg«:** Nach Gegenüberstellung der V1-Hunde aus der Offenen-, Sieger- und Gebrauchshundeklasse erhält der jeweils beste Hund der Jahressiegerauslese je Rasse und Geschlecht diesen Tagestitel.

**»Jssg«:** Nach Geschlechtern getrennt erhält der jeweils beste Hund der Seniorenklasse diesen Titel.

**»Jjsg«:** Diesen Titel erhält der jeweils beste Hund der Jugendklassen der Jahressiegerauslese.

**ISPU-Sieger:**

**»ISPUsg«:** Nach Gegenüberstellung der V1-Hunde aus der Offenen-, Sieger- und Gebrauchshundeklasse wird dieser Titel dem jeweils besten Hund der ISPU-Schau je Rasse und Geschlecht verliehen.

**ISPU-Jugendsieger:**

**»ISPUjsg«:** Diesen Titel erhalten die SG1-Hunde der Jugendklassen.

**Bedingungen für den Titel »Deutscher Champion (VDH)«:**
Der Titel wird verliehen wenn:

- 4 bestätigte Anwartschaften nachgewiesen werden, von denen mindestens zwei auf Internationalen oder Allgemeinen Zuchtschauen errungen wurden;
- die Anwartschaften müssen unter mindestens drei verschiedenen Zuchtrichtern erworben worden sein;
- zwischen der ersten und der letzten Anwartschaft muß ein zeitlicher Mindestzwischenraum von zwölf Monaten und einem Tag liegen.

**Bedingungen für den Titel »Bundessieger (Bsg)«:**

**»Bsg«** - In der Gegenüberstellung der V1-Hunde aus der Offenen-, Sieger- und Gebrauchshundeklasse wird der Bundessieger je Rasse und Geschlecht ermittelt.

**Bedingungen für den Titel »Internationaler Schönheits-Champion (Ch. Int)«:**
Für Hunde ohne Arbeitsprüfung:

- Vier durch die FCI bestätigte CACIB unter drei verschiedenen Richtern in drei verschiedenen Ländern. Davon einmal im Heimatland des Hundeeigentümers oder im Ursprungsland der Rasse. Zwischen dem ersten und dem letzten CACIB muß ein zeitlicher Zwischenraum von mindestens einem Jahr und einem Tag liegen.

Für Hunde, die den Arbeitsprüfungen unterworfen sind - (Riesenschnauzer):

- Zwei durch die FCI bestätigte CACIB unter zwei verschiedenen Richtern in zwei verschiedenen Ländern. Außerdem ist der Nachweis zu erbringen, daß der Hund die von der FCI vorgeschriebene Arbeitsprüfung abgelegt hat (Mindestanforderung für Riesenschnauzer IPO I oder SchH I). Zwischen dem ersten und letzten CACIB muß ein zeitlicher Zwischenraum von mindestens einem Jahr und einem Tag liegen.

**Bedingung für den Titel »Weltsieger (Wsg)«:**
**»Wsg«:** Diesen Titel erhält der jeweils beste Hund der FCI-Weltausstellung je Rasse und Geschlecht.

## Freizeit- und Prüfungssport

Da der PSK eine reichhaltige Palette sportlicher Betätigungsmöglichkeiten - sowohl geeignet für den Zwerg- als auch geeignet für den Riesenschnauzer - anbietet, findet man dementsprechend auch im Zuchtbuch-Anhang die Ergebnisse folgender sportlicher Aktivitäten: SchH- und IPO Prüfung, Fährtenhundprüfung (FH), Ausdauerprüfung (AD), Diensthundprüfung (DH), Rettungshundprüfung (RH), Wachhundprüfung (WH) und Begleithundprüfung (BH). Daran anschließend folgt die Veröffentlichung jener Hunde, die die Körung bestanden haben, und ganz am Ende findet man alphabetisch aufgelistet die HD-Ergebnisse aller im jeweiligen Zeitraum geröntgter Pinscher und Schnauzer.

Während meiner Arbeiten an diesem Buch besuchte ich auch die PSK-Geschäftsstelle mehrmals und war von der Struktur und der Effektivität dieser Organisation sehr beeindruckt. Insgesamt ist es beruhigend, festzustellen, daß unsere Pinscher- und Schnauzerrassen dort sehr wohl in den verantwortlich richtigen Händen sind. Nur schwerlich kann ich nachvollziehen, wie einige nationale Hundeorganisationen oder Schnauzerklubs in anderen Teilen der Welt Entscheidungen - sogar im Bereich der Rassestandards - treffen, ohne die Organisation des Herkunftslandes der Rassen überhaupt zu befragen. Eigentlich sollte doch jeder Schnauzerspezialklub der Welt bemüht sein, den authentischen Schnauzer zu fördern und gegenüber lokalen Vorstellungen oder Modetrends, die oft auf Unwissenheit basieren, keine Zugeständnisse machen.

### Die »Internationale Schnauzer-Pinscher Union (ISPU)«

Eigentlich hat es schon immer gute Kontakte zwischen dem PSK und Pinscher- und Schnauzerklubs anderer Länder gegeben. Dennoch, 1977 kam der Gedanke auf, eine Organisation ins Leben zu rufen, in der Delegierte verschiedener Länder sich treffen können, um ihre Meinungen auszutauschen. Einladungen wurden vom PSK verschickt und am 19. März 1977 fand die Gründungsversammlung im Zusammenhang mit der jährlichen Zuchtrichtertagung in Gütersloh statt. Belgien, Dänemark, Deutschland, Finnland, Frankreich, die Niederlande, Norwegen, Österreich, Polen, die Schweiz und Jugoslawien entsandten Delegierte zu dieser ersten Zusammenkunft der »Internationalen Schnauzer-Pinscher Union (ISPU)«.

Der Vorsitzende des PSK, Herr Heinz Höller, wurde zum Präsidenten der ISPU bestimmt und Frau Marianne Frestadius aus Schweden wurde zur Vizepräsidentin gewählt. Das Hauptanliegen der Organisation war und ist das international gemeinsame Bemühen, die Pinscher- und Schnauzerrassen zu festigen und weiterzuentwickeln.

Anläßlich der zweiten ISPU-Versammlung in Berlin am 12. und 13. August 1978 stießen Israel und Italien als weitere Mitglieder hinzu. Die genauere Beschreibung des unkupierten Ohres erfolgte und die Richterbewertungsbögen wurden vereinheitlicht und in die Sprachen aller angeschlossener Mitglieder übersetzt. Die Diskussion über die Anerkennung des weißen Zwergschnauzers als weitere Varietät nahm breiten Raum ein, ebenso intensiv diskutierte man die Probleme im Hinblick auf die Zucht der Pfeffersalzriesen und schwarzsilbernen Zwerge.

Die dritte Versammlung berief man zum 22. Mai 1981 - parallel zur Welthundeausstellung - nach Dortmund ein, und erstmalig waren auch ein spanischer Delegierter und ein Beobachter aus Großbritannien dabei. Herr Jan Beeftink aus den Niederlanden wurde in den Vorstand gewählt. Professor Schleger aus Österreich, der hochgeschätzte Gastredner, sprach über aktuelle genetische Probleme in der Hundezucht. Andere Themen beschäftigten sich mit dem Kupierverbot, den Quarantänebestimmungen, der künstlichen Besamung und dem Gedanken gemeinsamer ISPU-Ausstellungsveranstaltungen.

Am 24. und 25. März 1984, anläßlich eines weiteren ISPU-Treffens, wurde einstimmig beschlossen, daß dem europäisch kontinentalen Haartyp des Schnauzers der Vorzug gegeben werden sollte. Weiterhin standen auf der Tagesordnung Bereiche wie die unkupierten Ohren und die Problematik der Hüftgelenksdysplasie.

Drei Jahre später traf man sich am 28. und 29. März 1987 erneut in Dortmund, wo folgende wichtigen Punkte abgehandelt wurden:

1. Obwohl inzwischen das Ohrenkupieren in Deutschland verboten war und Dr. Räber (Schweiz) darauf bestand, die Beschreibung des kupierten Ohres aus dem Standard zu streichen, war man dennoch mehrheitlich der Meinung, die Beschreibung im Standard zu belassen.
2. Entwürfe und Zeichnungen der Frau Esser, die die verschiedenen Schnauzer- und Pinscherrassen mit unkupierten Ohren darstellten, wurden besprochen und als Modelle für Briefköpfe und Medaillen akzeptiert.
3. Dr. Reinhardt berichtete sehr umfangreich über das zunehmende Auftreten von kleinen Tumoren an den Zehen der schwarzen Schnauzer.

*Fünf Schnauzer aus dem Zwinger »Scedir«.*

*Zwergschnauzer Black and Silver Ch. Scesir Hey Pil Pel. Züchter Ferrari Fabio, Besitzer Pshevoznik Dr. Shlomit.*

*Miniaturschnauzer Ch. Aplause und Ch. Gillegaard go for it.*

*Mulit Ch. Gillegaard go for it.*

Bild rechts: *Riesenschnauzer Malya Togo, Jahressieger. Züchter und Besitzer A. Torregiani.*

*Zwergschnauzer Rhapsodie de Bacara. Züchter J. Tonossi, Besitzer F. Meneghello.*

*Ch. It. Int. Öst. Esg. Dt. KSA Scedir Toffee. Züchter und Besitzer Ferrari Fabio.*

## Schweiz

*Zwergschnauzer Ch. Schnauzi's Noblesse.*
*Züchter und Besitzer F. Steiger.*

*Zwergschnauzer Schnauzi's Sambo.*
*Züchter und Besitzer F. Steiger.*

## England

*Ch. Malenda Masterblend at Risepark.* *Foto: Sally Anne Thompson*

Bild oben: *Ch. Risepark Our Miss Daisy.* *Foto: Sally Anne Thompson.*
Bild unten: *Ch. Risepark Here Comes Charlie. Besitzer Messrs. Newman and Day.* *Foto: Sally Anne Thompson.*

4. Peter Burtzik gab einen klaren Überblick über den Stand der HD-Untersuchungen und hielt anschließend noch einen Vortrag über das Temperament und Wesen der Pinscher und Schnauzer.
5. Dr. Räbers Ausführungen zur Zucht auf reine Farben fesselte die Zuhörer derart, daß ein Vorschlag an die FCI formuliert werden sollte, mit der Bitte, bessere Kontrollmechanismen zu entwerfen und das Färben gewisser Rassen und Varietäten strikt zu verbieten.

Nach dem plötzlichen Tod Heinz Höllers im Dezember 1987 führte Peter Burtzik bis dahin als zweiter Vorsitzender den PSK, bis Theo Hunecke anläßlich der Jahreshauptversammlung 1988 zum Vorsitzenden gewählt wurde. Er leitete nun die ISPU-Zusammenkunft vom 28. und 29. Oktober 1989. Inzwischen war es schon zur Tradition geworden, daß renommierte Gastredner Vorträge über besonders aktuelle und interessante kynologische Fragestellungen hielten. Der Radiologe Professor Dr. Hartung erklärte das Auswertungssystem der Hüftgelenksdysplasie und lieferte gleichzeitig eine vergleichende Studie zu den unterschiedlichen Auswertungskriterien in verschiedenen Ländern.

Dr. S. Keil (PSK-Hauptzuchtwärtin) warnte vor Krankheiten, die zunehmend in unseren Rasen diagnostiziert wurden und erblich zu sein scheinen. Besonders verwies sie auf Fälle von Epilepsie und Diabetes, vererbbarem »Jugendstar« (Congenital Juvenile Cataract - CJC) und Fortschreitende Netzhautatrophie (Progressive Retinal Atrophie - PRA), von denen aus den Vereinigten Staaten berichtet wurde, wenn auch bislang (1989) keine solchen Fälle innerhalb der europäisch-kontinentalen Linien diagnostiziert wurden. Dr. Alfrink sprach über Bewegung und Gangwerk.

Im Zusammenhang mit dem ausführlich diskutierten Problem des Färbens kam man überein, daß es den Richtern gestattet sein möge, bereits bei Verdacht der Manipulation Haarproben zum Zwecke der Laboruntersuchung zu entnehmen. Ferner einigte man sich darauf, alle zwei Jahre eine ISPU-Schau durchzuführen, und der anwesende VDH-Präsident, Dr. Peper, sagte für Deutschland zu, daß die Bedeutung dieser Schauen durch die CAC-Vergabemöglichkeit enorm zunehmen werde.

Seit der Gründungsversammlung 1977 war die ISPU Zusammenkunft vom 15. und 16. November 1991 zweifellos die markanteste. Zunächst einmal muß ich erwähnen, daß nach Heinz Höllers Tod im Dezember 1987 der PSK - und folglich auch die ISPU - einige Veränderungen im Vorstand erfuhr. Es war nicht leicht, Ersatz für Heinz Höllers internationale und nationale Reputation und Kontakte zu finden, ganz zu schweigen von seinen Erfahrungen und Führungsqualitäten, die er über siebzehn Jahre als Vorsitzender des PSK gewonnen hatte.

Zur Jahreshauptversammlung im Mai 1991 wählte der PSK ein neues Präsidium mit Kurt Spiecker an dessen Spitze. Als neuer Präsident der ISPU bewies sich Herr Spiecker als ein äußerst konstruktiver Vorsitzender. Als weitere Mitglieder des ISPU-Vorstandes wurden gewählt: Frau Höller (Deutschland), Frau Seltz (Frankreich), Frau Rosier (Schweiz) und Herr Van Melis (Niederlande). Mit der Bekanntgabe, daß die FCI den weißen Zwergschnauzer nun als Rasse anerkannt habe, eröffnete der Präsident die Versammlung. Da diese Varietät sich aber immer noch in einer Art Entwicklungsstadium befände, dürfe auf internationalen Schauen noch kein »CACIB« (1991) an sie vergeben werden. Im Zusammenhang mit den Zwergschnauzern schlechthin wurde auch das Problem des kompletten Scherengebisses, so wie im Standard formuliert, diskutiert. Die Delegierten kamen überein, daß auch bei den kleineren Rassen (Zwergschnauzer, Zwergpinscher und Affenpinscher) das korrekte, vollständige Gebiß anzustreben sei, dennoch sollte bei sonst in allen anderen Teilen überragenden Tieren das Fehlen von zwei Prämolaren 1 insofern noch toleriert werden als an die Hunde noch ein »Vorzüglich« vergeben werden könne.

Das nächst wichtige und kontrovers diskutierte Anliegen betraf das Haar des Zwergschnauzers und die amerikanische Auffassung dazu. Durch mich angeregt, wurde hervorgehoben, daß das Problem mit dem amerikanischen Zwergschnauzer in der Tat viel komplexer sei und nicht nur den Unterschied im Haarkleid beträfe. Vergleicht man den aktuellen amerikanischen Rassestandard mit dem FCI-Standard, so wird man unschwer einige grundlegende Differenzen im Hinblick auf mehrere bedeutende Aspekte der Rassebeschreibungen finden.

Da ist zunächst die amerikanische Feststellung, daß der Zwergschnauzer den Terriertyp verkörpert. Dies steht im eindeutig schroffen Widerspruch zum FCI-Standard. Mit dieser »Terrierzuordnung« ist die amerikanische Beschreibung des Kopfes, der Vorbrust, der Oberlinie und die Rutenhaltung direkt verbunden. Die amerikanische Definition des Kopfes bevorzugt extreme Länge und Verjüngung von den Ohren bis zur Nase - eine Beschreibung, wie sie typisch für viele Terrierrassen ist. Indem sie den Satz, daß die Vorbrust durch die Brustbeinspitze markant ausgebildet sein muß, weglassen, schließen sie eine unterentwickelte, flache Vorbrust nicht aus, ein weiterer Schritt in Richtung auf das Terrieraussehen. Während die Deutschen die Oberlinie mit einer leicht abgerundeten Kruppe und hochangesetzten Rute beschreiben, fordern die Amerikaner eine absolut gerade Oberlinie mit aufrecht getragener Rute, die so kurz kupiert ist, daß man gar nicht mehr feststellen kann, ob der Hund nicht etwa eine unerlaubt überzogene Hasenrute hat. Ferner betonen die Amerikaner die deutlich nach hinten abfallende Oberlinie und züchten daher auf überwinkelte Hinterläufe, präsentieren zudem die Zwerge im Ausstellungsring mit weit nach hinten gezogenen Läufen, um somit die deutlich fallende Oberlinie zu erzielen. Zusätzlich zu diesen Unterschieden in Bezug auf Typ, besteht auch eine größere Abweichung im Hinblick auf das Haar und seine Farbe. Seit vielen Jahrzehnten ist es das beharrliche Zuchtziel der Deutschen, eine intensiv pigmentierte Pfeffer- und Salzfarbe zu erreichen die, die Läufe einbeziehend, möglichst gleichmäßig über den ganzen Körper verteilt sein soll. Sie wünschen eine dunklere Gesichtsmaske, aber verpönen alle weißen Verblassungen, wie sie im amerikanischen Standard ausdrücklich beschrieben sind. Noch viel wichtiger, die Textur aller Farben steht auf dem Spiel. Nach deutscher Auffassung besitzt der Schnauzer Drahthaar vom Kopf bis zum Fuß. Die Haarpflege hat sich vornehmlich an der Hygiene und Funktionalität zu orientieren und dient weniger der Eitelkeit des Schnauzerbesitzers, der es sich zur Lebensaufgabe gemacht hat, sein modisch hochgestyltes Ausstellungsobjekt vorzuführen. Der amerikanische Ausstellungs-Zwergschnauzer wird nur zu Schauzwecken gezüchtet, großgezogen und zurechtgemacht. Der AKC-Standard gestattet extrem üppiges Beinhaar, das jede Textur besitzen kann, es darf nur nicht seidig sein.

Darauf vertrat der schweizer Kynologe und Schnauzerfachmann, Dr. H. Räber, den Standpunkt, daß die Unterschiede zwischen dem amerikanischen und kontinentalen Zwergschnauzer so extrem geworden seien, daß man von zwei verschiedenen Rassen sprechen müsse. Während der anschließenden Diskussion und einer praktischen Demonstration durch Frau Jordal (Dänemark) an einem Pfeffersalzzwerg, der nicht nur amerikanischer Champion war, sondern auch viele europäische Siegertitel errungen hatte, trat folgendes zu Tage:

- In Amerika stellt der Zwergschnauzer die populärste Rasse innerhalb der »Terrier Gruppe« dar.

- Während der vergangenen fünfzehn Jahre wurden amerikanische Zwergschnauzer oft erfolgreich mit kontinentalen Linien gekreuzt.

- Die europäische Öffentlichkeit hat Interesse an dem eleganteren, »amerikanisierten« Zwergschnauzer gezeigt.

- Den Zwergschnauzer in zwei Rassen aufzuteilen würde enorme administrative Probleme - die Gründung neuer Klubs usw. - mit sich bringen.

Am Ende kamen die Delegierten überein, den Mittelweg zu beschreiten:

- Der kontinentale Zwergschnauzer mag, wo es angebracht ist, durch den Import guter Amerikaner verbessert werden.

- Wo die Drahthaarqualität oder die korrekte Pigmentierung der Pfeffersalzfarbe, die gleichmäßig über den Körper und die Läufe verteilt sein muß, betroffen sind, gibt es keine Toleranzen.

- Es wird gewährt, daß die Beinhaare des Zwergschnauzers die Länge des Körperhaares haben dürfen, die Haarqualität müsse sich jedoch an der Struktur des Körperhaares orientieren.

All diesen Punkten stimmten die Delegierten zu und Herr Spiecker versicherte, daß die deutschen Richter dahingehend angewiesen werden würden, daß das länger tolerierte Beinhaar des Zwergschnauzers nicht auch beim Schnauzer und Riesenschnauzer akzeptiert werde, zumal sich dies nachteilig auf deren Funktionen als Arbeits- und Gebrauchshunde auswirke.

Der Vorsitzende des dänischen Zwergschnauzerklubs, Herr Jordal, berichtete, daß seine Organisation sich bemüht habe, soviel Informationen wie möglich über Congenital Juvenile Cataract (CJC) und Progressive Retinal Atrophie (PRA) zu sammeln. Alle Informationen wurden in eine Datenbank eingegeben und er bat die Anwesenden, alle ermittelten Ergebnisse an den dänischen Klub weiterzuleiten, um somit ein zuverlässiges und umfassendes Bild zu erhalten.

Als Herr Spiecker die Diskussion über das Rutenkupieren eröffnete, nahm die Spannung in der Versammlung deutlich zu. Die Regierungen Norwegens, Finnlands und Schwedens haben das Rutenkupieren mit dem 1. Januar 1991 per Gesetz verboten. Dänemark und die Niederlande wollen das gesetzliche Rutenkupierverbot im Jahre 1992 in Kraft treten lassen. Seit 1987 wird die Angelegenheit im Parlament der Europäischen Gemeinschaft diskutiert und es ist wahrscheinlich, daß andere Mitgliedsstaaten dem Rutenkupierverbot folgen werden.

Die Delegierten drückten ihre allgemeine Besorgnis wegen der beabsichtigten Gesetze aus und Dr. Räber hob hervor, daß unsere Rassehunde als »kulturelles Erbe« behandelt werden müßten. Durch Gesetze erwirkte Änderungen und Eingriffe könnten erst nach

*Zwergschnauzer Ch. Rayma Fausto*

*Standardschnauzer Ch. Domino Manso Pelegri at Kanix.*
*Züchter M. und A. Gil de Biedma, Besitzer K. und S. Wilberg.*

*Kojak de Ludolphi.*

*Zwergschnauzer Gipsy van't Wareheim.*
*Züchter J. u. E. Gallant, Besitzer Roger u. Yo Coucke.*

*Kelly de Ludolphi.*

*Schnauzer Rüde Pfeffer Salz Quito Chaprio.*
*Züchter Degroot, Besitzer Degroot u. Gendebien.*

*Kojak de Ludolphi und Legende de Ludolphi.*

*Negus de Ludolphi.*

*Quenty v. Bergherbos.*

*Tarcas v. Bergherbos.*

*Ch. Hweeko Rivale Wakefield. Züchter Dr. T. L. Tan, Besitzer Neil P. Kelly.*

*Zwergschnauzer Tara v. d. Spihke.*

*Whisper v. Bergherbos.*

*Kelly v. Bergherbos.*

*Schnauzer Hündin First Love de Illyria.*

*Schnauzer Rüde Borna de Illyria.*

Zustimmung aller mit der Angelegenheit betroffener Parteien erfolgen. Dr. Räber kritisierte deutlich, daß das Kupieren der Ruten bei Hunden verboten werde, während es aber gleichzeitig unwidersprochen erlaubt bleibt, die Schwänze von Schafen zu kürzen und den Kälbern die Hörner zu entfernen. Lämmer und Kälber sind Nestflieher, d. h., sie sind von Geburt an, anders als der Hund, mit einem vollentwickelten Nervensystem ausgestattet und erleiden daher auch durch diese oben geschilderten frühen Eingriffe tatsächlich Schmerzen.

**Die Delegierten beschlossen:**

- Die ISPU möge einen argumentativ wohlüberlegten Schriftsatz, der deutlich auf diesen Widerspruch hinweist, über die richtigen Kanäle an die Europäische Gemeinschaft senden.

- Der deutsche Rassestandard für Schnauzer und Pinscher sollte gegenwärtig nicht in Bezug auf die Beschreibung der unkupierten Rute ergänzt werden, dennoch könne niemand sagen wie die unkupierte Rute denn eigentlich aussehen werde und solle, wenn uns vielleicht auch die skandinavischen Hunde innerhalb der nächsten Jahre mehr Einsicht im Hinblick auf die zukünftig, typischen Pinscher- und Schnauzerruten vermitteln könne.

- Es ist auch sehr wahrscheinlich, daß die unkupierte Rute des Zwergschnauzers anders getragen werden wird als die des Riesenschnauzers und Schnauzers. Rassespezifische, unterschiedliche Rutenbeschreibungen würden wohl unumgänglich sein. So kam man überein, eine Wartehaltung einzunehmen. Züchtern aus Ländern, in denen das gesetzliche Kupierverbot bereits besteht, wurde empfohlen, sich wegen der Funktionalität an der Säbelrute zu orientieren.

Herr Mauerhofer aus der Schweiz regte an, daß vergleichbar zur jährlichen ISPU-Ausstellung, auch einen Prüfungswettkampf für Riesenschnauzer nach der »Internationalen Prüfungsordnung (IPO)« von der ISPU organisiert werden solle.

Am Ende wurde noch festgelegt, daß die ISPU-Zusammenkünfte im zweijährigen Turnus stattfinden mögen.

Am 25. September 1993 wurde turnusgemäß ein neuer PSK-Vorstand gewählt und neben vielen anderen Maßnahmen von den Delegierten beauftragt, alle Vorbereitungen für die Hundertjahrfeier des PSK im Jahre 1995 zu treffen.

Unter der Leitung des neugewählten 1. Vorsitzenden Arnold Dierkes wurde anläßlich der ISPU-Versammlung vom 23. und 24. Oktober 1993 Frau A. Thomassen aus Schweden als Sprachrohr für die skandinavischen Länder in den ISPU-Vorstand gewählt.

Klubs aus Rußland und der Tschechoslowakischen Republik bewarben sich um Mitgliedschaft in der ISPU. Die russische Bewerbung konnte nicht berücksichtigt werden, da die so zahlreichen russischen Rassehundeklubs bislang noch nicht in einem der FCI angeschlossenen nationalen Dachverband vereinigt seien.

Auch die »American Working Schnauzer Federation (AWSF)« hatte um Aufnahme in die ISPU gebeten und in diesem Zusammenhang wurde angemerkt, daß die AWSF Mitglied der »American Working Dog Federation« sei, die ihrerseits erste Schritte unternommen und sich um die Mitgliedschaft in der FCI beworben habe.

Die FCI-Zugehörigkeit würde automatisch die Aufnahme der AWSF in die ISPU bewirken. Zwischenzeitlich sollten sie Gastrecht genießen und an der ISPU-Weltmeisterschaft für Riesenschnauzer nach den Bestimmungen der Internationalen Prüfungsordnung (IPO) teilnehmen können.

Die Ausrichtung der nächsten ISPU-Schauen wurde folgenden Ländern übertragen: 1994 - Österreich, 1995 - Deutschland (100 Jahrfeier), 1996 - die Schweiz, 1997 Belgien.

Länger wurde auch über die nicht mehr hinzunehmende Unerträglichkeit des betrügerischen Manipulierens und Haarefärbens besonders der Zwergschnauzer debattiert. Einstimmigkeit herrschte darin, daß dieses Übel mit allen zur Verfügung stehenden Mitteln bekämpft werden müsse.

Der PSK reagierte folgerichtig und auf Ausstellungen in Deutschland kann der Richter, falls er vermutet, daß Manipulationen - wie etwa Färben - am Hund vorgenommen wurden, eine Haarprobe entnehmen und sich gleichzeitig weigern, den Hund zu plazieren. Den Vertretern der anderen ISPU-Länder empfahl man dringend, sich an ihre nationalen Organisationen zu wenden und sich für die Einführung ähnlicher Maßnahmen starkzumachen.

Auf absolutes Unverständnis und totale Inakzeptanz bei allen Delegierten traf die Information, daß die »Société Centrale Canine (SCC)« in den offiziellen französischen Stammbäumen die Farbbezeichnung für »pfeffer und salz« mit »sable charbonné marqué de sable« (Sandfarben verrußt mit sandfarbigen Abzeichen) eigenwillig und eigenmächtig übertragen hat. Der PSK wurde von den Delegierten einstimmig beauftragt, alles zu unternehmen, damit die Franzosen zu der im offiziellen FCI-Standard festgelegte Farbbezeichnung »Pfeffer und Salz« (= poivre et sel) zurückkehren.

## Der » Verband für das Deutsche Hundewesen, e.V. (VDH)«

Der »Verband für das Deutsche Hundewesen (VDH)« ist der nationale Dachverband aller deutschen Rassehundverbände und FCI-anerkannten Hundeorganisationen. Die Geschichte des VDH reicht zurück bis in das Jahr 1863 als in Hamburg die erste deutsche Hundeausstellung sehr erfolgreich organisiert und durchgeführt wurde. Dennoch dauerte es bis 1878, ehe der »Verein zur Veredlung der Rassehunde« sich als offiziell anerkannte Organisation etablierte, obwohl bereits schon vorher verschiedene Vereinigungen für unterschiedliche Rassen existierten.

Baron von Gingins drängte 1906 darauf, das Deutsche Hundewesen umzustrukturieren und es in »Kartell der stammbuchführenden Spezialklubs für Jagd- und Nutzhunde« umzubenennen. Auf diese Art und Weise bündelte und koordinierte man die aktiven Kräfte der bis dahin bedeutendsten Vereinigungen. Wenn auch die Spezialklubs weiterhin ihre eigenen Stammbäume erstellten und ihre Zuchtbücher herausgaben, geschah dies alles unter der Aufsicht und Gewährleistung der nationalen Organisation, die ihrerseits sehr erfolgreich auch die Verantwortung für die Planung und Durchführung überregionaler Ausstellungen übernahm.

Es muß erwähnt werden, daß anläßlich der ISPU Zusammenkunft im Spätsommer 1996 die Satzung grundlegend überarbeitet und veränderte Organisationsstrukturen verabschiedet wurden. Um noch mehr Effektivität und internationale Koordination zu erzielen, wurde den einzelnen Präsidiumsmitgliedern detaillierte Aufgabenbereiche zugewiesen:

Piet Van Melis (Holland) - Vizepräsident und Finanzen, Anne Ma Stavseth (Norwegen) - Ausstellungswesen, Nils Jordal (Dänemark) - erbliche Krankheiten, Johan Gallant (Südafrika) - Sportbeauftragter.

Kontakte zu Österreich, der Schweiz und Belgien pflegte man bereits seit 1910 und es ist kein Wunder, daß Deutschland an der Gründungsversammlung der FCI im Jahre 1911 teilnahm. Mit dem Ersten Weltkrieg erfolgte kynologisch ein allgemeiner Rückschlag, aber dennoch, die Organisation erholte sich schnell und ein paar Jahre später kontrollierte sie die ihr angeschlossenen Spezialverbände, Gebrauchshundeorganisationen und das allgemeine Ausstellungswesen schlechthin.

Mit der Machtergreifung der Nazis erfolgte - so wie in allen Bereichen des öffentlichen Lebens - 1933 die »Gleichschaltung« auch des deutschen Hundewesens. Der am 1. Oktober 1933 von den Nazis installierte »Reichsverband für das Deutsche Hundewesen«, wurde von Leuten kontrolliert und geführt, die dazu ausschließlich von der Partei bestimmt worden waren. Umso erstaunlicher mutet es an, daß die FCI anläßlich ihrer Generalversammlung 1934 in Monte Carlo den Vertreter des deutschen Verbandes, Herrn H. Glöckner, zum Vorsitzenden der FCI wählte. Gleichzeitig erhielt Deutschland den Auftrag, den bevorstehenden kynologischen Weltkongreß und die Welthundeausstellung, zwei Ereignisse, die vom 26. bis 28. April 1935 stattfanden, zu organisieren. Mehr als 3300 Hunde aus vierzehn Nationen wurden vorgeführt und über 60.000 Zuschauer und Interessenten waren nach Frankfurt/Main gekommen, ohne Zweifel, ein großer, internationaler Erfolg für Deutschland.

Im Laufe der folgenden Monate setzte die nationalsozialistische Regierung die Organisation des deutschen Hundewesens noch massiver unter Druck, so daß es vielen Verantwortlichen äußerst schwerfiel, sich unabhängig von der alles beherrschenden faschistischen Ideologie weiterhin für die Belange der Kynologie zu engagieren.

Mit Beginn des Zweiten Weltkrieges wurden leider 16.000 Gebrauchs- und Diensthunde beschlagnahmt und wiederum 20 % davon verrichteten ihre Arbeit als Diensthunde bei der Truppe.

Zusätzlich dazu verließ Deutschland nun auch noch die FCI und SS-Reichsführer Himmler berief einen Mann aus seinen Reihen an die Spitze des deutschen Hundewesens. Der »totale« Krieg und die Partei machten mit dem unabhängigen Hundesport und der individuell verantwortlichen, liberalen Hundezucht aus Liebhaberei endgültig Schluß. Übrigens, in diesem Zusammenhang muß es geradezu symbolisch gesehen werden, daß jenes Hauptverwaltungsgebäude der »Reichsorganisation für das Hundewesen« durch Bomben dem Erdboden gleichgemacht wurde.

Am Ende des Zweiten Weltkrieges besetzten die Alliierten Deutschland und die Siegermächte schufen vier Besatzungszonen. Mit Hilfe von Hundeliebhabern aus den Reihen der jeweiligen Besatzungsmächte gab es erste bescheidene Versuche, das Hundewesen in Deutschland von unten nach oben wiederzubeleben. Dem zähen Verhandlungsgeschick und der Autorität Otto Borners ist es zu verdanken, daß er 1948 als Sekretär der von den westlichen Alliierten zugelassenen westdeutschen Hundeorganisation die erste Ausgabe der neuen Zeitschrift »Unser Rassehund« veröffentlichte.

Das Komitee, das 1949 anläßlich der Generalversammlung 60.000 Mitglieder repräsentierte, entschied einstimmig, die Nachkriegsorganisation mit dem Namen »Verband für das Deutsche Hundewesen, e.V. (VDH)« zu belegen und, ganz wichtig, gleichzeitig beschloß man den Wiederbeitritt zur FCI. Die volle Integration Deutschlands in die FCI erhielt 1955 ihren deutlichen Ausdruck in Luxemburg, als die Jahreshauptversammlung den westdeutschen Repräsentanten, W. Dewitz, zum FCI-Vorsitzenden wählte. Erstmalig nach dem Zweiten Weltkrieg organisierten nun die Deutschen den nächsten kynologischen Weltkongreß und die Welt-Hundeausstellung, zwei Ereignisse, die 1956 in Dortmund äußerst erfolgreich über die Bühne gingen.

1958 war die VDH-Zugehörigkeit bereits auf 150.000 angewachsen und sechs Jahre später zählte man bereits 210.000 Mitglieder. Mehr und mehr deutsche Formwert- und Leistungsrichter erhielten Einladungen aus dem Ausland und 1973 war Dortmund erneut der Austragungsort des FCI-Weltkongresses und der Welthundeausstellung. 37 Länder nahmen daran teil und mehr als 5.000 Hunde waren gemeldet.

Der VDH feierte sein 75jähriges Bestehen 1981, Dr. Bandel war zum Vorsitzenden der FCI gewählt worden und wieder traf man sich zum Weltkongreß und der Welthundeausstellung in Dortmund. 9000 eingeschriebene Hunde bedeutete einen neuen FCI-Weltrekord.

Mit Beginn des Jahres 1990, fungierte der VDH als Dachorganisation für über 150 Spezialklubs und repräsentierte nun nicht viel weniger als 700.000 Mitglieder.

Dann geschah etwas, was niemand für möglich gehalten hätte - die Berliner Mauer fiel und Ost- und Westdeutschland wurden wiedervereinigt. Spontan öffneten die westdeutschen Spezialklubs und die Gebrauchs- und Jagdhundeverbände ihre Türen für die ostdeutschen Hundeliebhaber, die Verschmelzung zwischen Ost und West erfolgte und von nun an repräsentiert der VDH das gesamte deutsche Hundewesen.

Der ausländische Hundeliebhaber, der beabsichtigt, einen Hund aus Deutschland zu importieren, sollte wissen, daß die Stammbäume von den jeweiligen Spezialklubs ausgestellt werden (vgl. PSK) und um dem Stammbaum internationalen Status zu verleihen, muß z. B. der deutsche Schnauzerzüchter den Abstammungsnachweis dem PSK einsenden und gleichzeitig Name und Anschrift des Empfängers angeben. Der PSK bestätigt daraufhin die Richtigkeit der Ahnentafel im Zusammenhang mit der Adresse des neuen Besitzers und anschließend legt der VDH ein Zertifikat bei, das dokumentiert, daß der PSK der zuchtbuchführende Verein für alle Pinscher- und Schnauzerrassen ist und daß es sich dabei um einen international anerkannten Abstammungsnachweis handelt.

Die meisten deutschen Stammbäume sind sehr detailliert und liefern ausführliche Abstammungsinformationen, die Leistungs- und Formwertqualifikationen, HD Ergebnisse usw. einschließen, wobei die im Dokument gebrauchten Abkürzungen und Symbole auf der Rückseite der Ahnentafel erklärt werden.

Unter der Präsidentschaft des Herrn U. Fischer organisierte 1991 der VDH erneut das FCI-Weltereignis in der deutschen Hunde-Metropole Dortmund. Heute ist der VDH zweifelsohne das stärkste FCI-Mitglied und hat weltweit enormen kynologischen Einfluß, nicht zuletzt auch wegen der internationalen Popularität vieler seiner nationalen Rassen.

## Die »Fédération Cynologique Internationale (FCI)«

Am 22. Oktober 1911 trafen sich Repräsentanten der nationalen Hundeorganisationen Belgiens, Deutschlands, Frankreichs, Hollands und Österreichs, um eine internationale Föderation ins Leben zu rufen, mit dem besonderen Ziel der Koordination gemeinsamer Bemühungen im Hinblick auf die Fortentwicklung von Rassehunden. Der Erste Weltkrieg setzte diesem international orientierten Unternehmen ein jähes Ende, aber 1921 wurde der Gedanke der internationalen Zusammenarbeit durch gemeinsame Aktionen der Belgischen »Société Royale Saint Hubert (SRSH)« und der französischen »Société Canine Centrale (SCC)« wiederbelebt. Immer mehr Länder stießen hinzu und seit 1932 werden anspruchsvolle internationale kynologische Kongresse organisiert. Erwähnenswert ist, daß man sich zur ersten Veranstaltung in der kunsthistorisch faszinierenden Stadt Florenz traf.

Die FCI, deren Hauptsitz gegenwärtig in Thuin (Belgien) ist, erhielt legalen Status durch ein belgisches Gesetz vom 25 Oktober 1919, indem sie internationalen Vereinigungen mit philanthropischen, religiösen, wissenschaftlichen, künstlerischen und erzieherischen Zielen gleichgesetzt wurde.

Folgende Hauptziele verfolgt die FCI: Die Förderung der Zucht unter Verwendung von gesunden Rassehunden, deren körperliche Beschaffenheiten sich strikt nach dem betreffenden Standard zu richten haben und die entsprechend den besonderen Eigenschaften der Rasse fähig sein sollen, ihre Verwendungszwecke (z. B. als Gebrauchs- oder Jagdhund) zu erfüllen. Ferner unterstützt sie in den ihr angeschlossenen Ländern den Gebrauch, die Haltung und die Zucht der Rassehunde und fördert den freien Austausch von Hunden und von kynologisch wissenschaftlichen Informationen innerhalb der nationalen Organisationen, wie auch die überregionalen Durchführungen von Ausstellungen und Prüfungen. Durch den Erlaß von Spezialvorschriften sorgt sie insbesondere für:

1. Die gegenseitige Anerkennung der nationalen Zuchtbücher und Abstammungsurkunden.
2. Die gegenseitige Anerkennung der Zwingernamen und die Führung von internationalen Zwinger- und Richterverzeichnissen.

Standardschnauzer Rüde Casso's Grev Sixten Sparre.
Züchter u. Besitzer Turi Ferslöv-Jensen.

Standardschnauzer Rüde Mohner's Incasso Bastian.
Züchter u. Besitzer Helle M. Jörgensen u. A. Mohner.

Riesenschnauzer Rüde Barbudos Duke.
Züchter Else M. Andersen, Besitzer G. u. Ch. Johansen.

Casso's Erika. Züchter Turi Ferslöv-Jensen,
Besitzer Harald u. Lotte Pedersen.

## Dänemark

*Standardschnauzer Rüde Casso's Baldur. Züchter und Besitzer Turi Fersløv-Jensen.*

## Norwegen

*Nuch Stablemaster's Wise Guy »Jatka«.*
*Züchter Frances Faberge,*
*Besitzer Kjersti Kuitflo.*

*Zwergschnauzer Tju Prwpyntens Emma.*

## Finnland

*Zwergschnauzer Gebories Å Solo Mio.*
*Züchter Eva Göran Borg, Besitzer Monika Eriksson.*

*Stablemaster's Superman.*

*Standardschnauzer Rademec-Pride-Concorde.*
*Züchter Lebeclewa L., Besitzer Monica Eriksson.*

*Zwergschnauzer Radacon Have A Dream.*
*Züchter u. Besitzer M. Eriksson u. L. u. L. Leino.*

## Schweden

*Motown's You Ain't See Nothing Yet.*

*Züchter u. Besitzer P. Björklund.*

*Motown's Rock'n Roll.*
*Züchter P. Björklund, Besitzer K. Wikström.*

*Motown's Rock Olga. Züchter u. Besitzer P. Björklund.*

*Motown's Kiss Me Kate. Züchter P. Björklund, Besitzer U. Odenilsson.*

3. Die Förderung der wissenschaftlichen Forschung, welche für die Kynologie grundsätzliche Bedeutung hat und den freien Austausch von wissenschaftlichen Erkenntnissen zwischen den Mitgliedsländern. Zudem stellt sie sicher, daß die Rassestandards nach den Vorschriften der Ursprungs- oder der die Rassen vertretenden Länder eingehalten werden, sofern diese Vorschriften nicht im Widerspruch zu den nationalen Gesetzen stehen.
4. Die größtmögliche Vereinheitlichung der nationalen Vorschriften durch Herausgabe internationaler Reglemente über das Ausstellungs- und Prüfungswesen (Championate), sowie die Führung von Verzeichnissen jener Hunde, die sich für diese Championate qualifiziert haben; Maßnahmen zur Erhaltung eines gehobenen Niveaus der Richter für internationale Ausstellungen und Arbeitsprüfungen; sofern notwendig, die Unterstützung der Mitgliedsländer in Zusammenarbeit mit anderen internationalen Organisationen durch die Beschaffung von fachlichen Informationen und die notwendigen kynologischen Sachverständigen.
5. Die Beschreibung der Rassen, nach vorangegangener Einholung der Zustimmung des Ursprungslandes oder des die Rasse vertretenden Landes, und Verbreitung der charakteristischen Merkmale jeder Hunderasse. Vor der Anerkennung einer neuen Rasse oder vor der Änderung eines bestehenden Standards ist die Meinung der Standardkommission und - sofern notwendig - auch der wissenschaftlichen Kommission einzuholen.
6. Die gegenseitige Anerkennung von Sanktionen und gerichtlichen Verfahren durch die Mitgliedsländer.

Jedes Land kann nur durch eine Organisation in der FCI vertreten sein. Es gibt Vollmitglieder und Assoziierte Mitglieder. Assoziierte Mitglieder können weder im Vorstand noch in den Kommissionen der FCI vertreten sein. Sie dürfen an der Generalversammlung teilnehmen, haben jedoch kein Stimmrecht. Im Frühjahr 1996 standen folgende Länder auf der Mitgliederliste der FCI:

**Europa:**
Vollmitglieder: Belgien, Dänemark, die Schweiz. Deutschland, die Niederlande, Finnland, Frankreich, Israel, Italien, Kroatien, Luxemburg, Marokko, Monaco, Norwegen, Österreich, Polen, Portugal, Schweden, Slovenien, Spanien, Ungarn.
Assoziierte Mitglieder: Bulgarien, Estland, Gibraltar, Griechenland, Irland, Island, Rumänien, San Marino, Slovakien, Tschechien, Zypern.

**Lateinamerika:**
Vollmitglieder: Argentinien, Brasilien, Chile, Kolumbien, Costa Rica, Equador, Mexiko, Panama, Paraguay, Peru, Porto Rico, Dominikanische Republik, Uruquay, Venezuela.
Assoziierte Mitglieder: die Bermudas, Bolivien, Cuba, Guatemala, El Salvador, Honduras.

**Asien:**
Vollmitglieder: Korea, Indien, Japan, die Philippinen, Taiwan, Thailand.
Assoziierte Mitglieder: Bahrain, Hong Kong, Indonesien, Malaysia, Singapur, Sri Lanka

**Afrika:**
Vollmitglieder: Südafrika.
Assoziierte Mitglieder: Madagaskar, Zimbabwe.

**Australien:**
Vollmitglieder: Australien.
Assoziierte Mittglieder: Neuseeland.

Seit den politischen Veränderungen im Ostblock haben sich Länder wie Rußland auch um die Mitgliedschaft beworben. Hier muß darauf verwiesen werden, daß laut FCI-Reglement nur eine nationale Hundeorganisation pro Land Mitglied sein kann. Einige dieser Länder werden zuerst einmal ihre internen Angelegenheiten ordnen und ihre Klubs unter eine Dachorganisation vereinigen müssen, ehe sie FCI-Mitgliedschaft erlangen können.

Im Rahmen der Welthundeausstellung in Brüssel wurde auch die FCI-Generalversammlung 1995 durchgeführt und die Schaffung einer neuen Mitgliederkategorie der FCI, die als Vertragspartnerschaft definiert wird, muß als herausragende Neuerung gewichtet werden. Zahlreiche Länder aus der ehemaligen Sowjetunion bewerben sich um diese neue »Mitgliedschaft«, die als eine Art Vorstufe zur assoziierten Mitgliedschaft zu betrachten ist. Die jüngst gegründete Russische Kynologische Föderation (RKF) als neue FCI-Vertragspartnerin vertritt ungefähr 5 Millionen Mitglieder, die in ca. 6000 Vereinen organisiert sind.

Die Organe der FCI sind die Generalversammlung, der Vorstand, das Exekutivkomitee, ergänzend dazu existieren folgende Kommissionen: die Juristische Kommission, die Wissenschaftliche Kommission und die Standard-Kommission. Es versteht sich von selbst, daß es Aufgabe der Wissenschaftlichen Kommission ist, die sich aus Akademikern, Wissenschaftlern und Praktikern zusammensetzt, die kynologisch-wissenschaftlichen Erkenntnisse zusammenfaßt, auswertet und den Mitgliedsländern zur Verfügung stellt. Die Standard-Kommission wird ebenso von hochqualifizierten Kynologen gebildet und jede Änderung oder Ergänzung der bestehenden Rassestandards und auch jeder neue Standard muß diesem Prüfungskomitee vorgelegt werden, ehe die Dokumente bindende Gültigkeit in den Mitgliedsländern erhalten können.

Neben diesen obligatorischen Kommissionen gibt es noch weitere Gremien, wie z. B. die Kommission für Gebrauchshunde, welche die Regeln und Bestimmungen für den Internationalen Gebrauchshundsport (Internationale Prüfungsordnung IPO) ausarbeitet. Andere beschäftigen sich mit Aktivitäten, die sich auf bestimmte Gruppen von Hunden beziehen: Vorstehhunde, Spaniels, Apportierhunde, Terrier, Schlittenhunde und Schäferhunde. Es gibt auch Fachkommissionen für »Agility« und »Obedience« und ebenso auch ein FCI-Gremium, das für die Aufgabenbereiche »Ausstellungen« und »Richter« zuständig ist.

Die FCI ermuntert die Organisationen der ihr angeschlossenen Länder ihren Ausstellungen und Sportaktivitäten internationalen Status zu verleihen. Sind die Voraussetzungen erfüllt, können die Klubs - mit Einverständnis der FCI - besondere Zertifikate wie »CACIB« für Formwert oder »CACIT« für Leistung vergeben. Wurde die geforderte Anzahl von CACIBs oder CACITs von verschiedenen Richtern in verschiedenen Ländern innerhalb einer bestimmten Zeitspanne an den Hund vergeben, dann kann die FCI den Titel »Internationaler Schönheitschampion« oder »Internationaler Leistungschampion« verleihen.

## Der »Kennel Club (London)«

Die Gründung des Kennel Club (KC) in London 1873, der ersten nationalen Hundeorganisation schlechthin, läutete eine neue Ära im Bereich des Hundewesens ein und die Briten gelten unbestritten als die Begründer des modernen Hunde- und Ausstellungswesens. Schon geraume Zeit vor der Schaffung der Organisation existierten auf der Insel viele Rassehunde, deretwegen man nun ein System der Registratur und eine umfassende Verwaltung schuf. Das Britische Empire war dabei, sich mächtig auszudehnen, und britische Untertanen errichteten, dem englischen Vorbild nacheifernd, in den folgenden Jahrzehnten Hundeorganisationen in den entferntesten Regionen der Welt (Südafrika, Kenia, Australien, Neuseeland, Indien usw.).

Angesichts dieser Umstände nimmt es nicht Wunder, daß der KC es nicht für notwendig erachtete, einer Länder und Kontinente umspannenden Dachorganisation wie der FCI beizutreten - einer Vereinigung, die sie weder selbst ins Leben gerufen hatten noch für notwendig erachteten. Gestärkt durch die geographische Situation der Insellage und die Einführung der Quarantäne, entwickelte sich die britische Kynologie zu einer eigenständigen, mächtigen, weltumspannenden Kraft. Die eher unerfreuliche Folge davon war, daß sich die Kynologie der westlichen Welt in voneinander zwei unabhängige Richtungen entwickelte. Auf der einen Seite agiert der KC mit seinem enormen Einfluß in den meisten englisch sprechenden Regionen der Welt, und andererseits nimmt der Einfluß, der von der FCI als kontinental-europäischer kynologischer Bewegung ausgeht, weltweit kontinuierlich zu.

Von Anbeginn an müssen die britischen Anstrengungen im Zusammenhang mit »Geschäft« gesehen werden. Sie erfanden das professionelle Züchten, Hundepensionen, bezahltes Zwingerpersonal, Hundesalons, Kleintier-Veterinäre usw. Im folgenden Jahrhundert exportierte das United Kingdom im Verhältnis zur Menge der Importe eine überproportional große Anzahl an Hunden in praktisch alle Teile der Welt.

Während die FCI von Anfang an größten Wert darauf legte, die ursprünglichen Gebrauchsfähigkeiten und Einsatzmöglichkeiten der einzelnen Rassen zu erhalten, indem sich alle traditionellen Gebrauchshunderassen speziellen, artgerechten Arbeitsprüfungen unterziehen müssen, ehe ihnen überhaupt der »Champion International de Beauté (Internationaler Schönheitschampion der FCI)« verliehen werden kann, wurde und wird dies in England gar nicht praktiziert. Die Anglo-Amerikaner verfolgten niemals ernsthaft das Ziel, eine züchterische Synthese zu erzielen, deren Ergebnis Hunde sein sollten, die sowohl im Ausstellungsring als auch in den Sport- und Prüfungsbereichen erfolgreich sein könnten.

Die Aktivitäten auf dem Gebiet der Gehorsams- und Unterordnungsübungen und des Jagdhundesporttrainings im Einflußbereich des KC einerseits und im kontinental-europäischen Zusammenhang andererseits basieren auf unterschiedlichen Prinzipien und zielen zudem auch auf andere Schwerpunkte ab. Im United Kingdom werden derartige hundesportliche Aktivitäten prinzipiell nicht nur reinrassigen Hunden vorbehalten, mehr noch, sie fungieren als eine Art Ausweichs- oder Kompensationsmöglichkeit für reinrassige Hunde, die im Schauring nicht gerade gut abschneiden. Anders ausgedrückt, es sind nur wenige erfolgreiche Ausstellungshunde, die an diesen hundesportlichen Aktivitäten teilnehmen, weil die mentalen und körperlichen Qualitäten, die dafür Voraussetzung sind, vom Ausstellungsliebhaber als nicht von besonderer Bedeutung geachtet werden.

Die Tradition, moderne, reinrassige Gebrauchshunde zu erzüchten und auszubilden muß als kontinentales Erbe und Verdienst gesehen werden. Was ich herausstellen möchte, ist, daß der anspruchsvolle Züchter im Ursprungsland des Schnauzers seit langem ernsthaft bemüht ist, nicht nur nach äußeren Formwertkriterien auszulesen, sondern mit seinen zur Zucht eingesetzten Tieren gleichzeitig auch Wesenstests und Leistungsprüfungen ablegt. Nur dann erhält er Ahnentafeln für seine Welpen mit dem Aufdruck »Kör- und Leistungszucht«, einem züchterischen Gütesiegel für Gesundheit, Gebrauchstüchtigkeit und Formwert. Übrigens, es gibt nicht wenige Mittelschnauzer, die auch problemlos ihre Schutzhundprüfungen meistern. In den Augen des KC ist eine Anerkennung von sportlichen Leistungsnachweisen - wie etwa die SchH oder IPO Prüfung - nicht notwendig und für solche Tests bestehen innerhalb des Kennel Clubs offiziell noch nicht einmal Regularien.

Nach den KC-Bestimmungen werden die Hunderassen in sechs Gruppen eingeteilt:
**Hound Group** (alle Laufhunde, Windhunde und Dachshunde)
**Gundog Group** (Spaniels, Vorstehhunde und Retriever)
**Terrier Group** (die meisten Terrier)
**Herding & Working Group** (Schäferhunde, Gebrauchshunde, Hirtenhunde, Molosser usw.)
**Toy Group** (kleinere Gesellschaftshunde)
**Utility Group** (Begleithunderassen)

Die sogenannte »Utility«-Gruppe hat traditionell die Funktion, alle jene Rassen aufzunehmen, die man keiner der fünf anderen Gruppen zuordnen möchte.

Viele Jahre lang kümmerte sich der »Schnauzer Club of Great Britain« erfolgreich um das Wohlergehen der Schnauzer, die durchweg alle dieser »Verlegenheitsgruppe« (Utility) zugeordnet waren. Der Klub pflegte enge Kontakte zum Kontinent und trotz der strikten Quarantänebestimmungen wurden mehrere gute Schnauzer importiert. Unbestritten, die britischen Züchter leisteten einen erfolgreichen Zuchtbeitrag im Hinblick auf die Entwicklung des korrekt getragenen, unkupierten Ohres und sie waren und sind Meister des Zurechtmachens.

1980 schließlich bewirkten Clifford Derwent und andere Riesenschnauzerliebhaber die Übertragung ihrer Rasse von der »Utility-« zur »Working-« Gruppe und gründeten damit einen eigenen Riesenschnauzerklub. Es scheint so, daß dies eine glückliche Entscheidung war, denn sowohl die Gebrauchstüchtigkeit als auch die Popularität der Rasse haben im United Kingdom zugenommen.

Als Außenstehender kann ich nur wage vermuten, was durch den Einfluß der Europäischen Gemeinschaft und der Eröffnung des Tunnels unter dem Ärmelkanal passieren wird: Britische Quarantänebestimmungen werden gelockert werden und Schnauzer von beiden Seiten des Kanals werden in ein und demselben Ring zu sehen sein. Ich sehe ein, daß viele Konservative angesichts solcher Vermutungen unangenehm berührt sein werden oder gar schockiert sind. Dennoch ist es meine feste Meinung, daß um das Jahr Zweitausend herum »Picadilly's Dreamer« und »Baldur vom Strohblumental« (möglicherweise beide mit naturbelassener Rute) in Birmingham oder Dortmund im Ausstellungsring gegeneinander konkurrieren werden.

## Die Nordamerikanische Szene

Die Zucht von Rassehunden in Nordamerika begann mit der Gründung des »American Kennel Club (AKC)« im Jahre 1885. In vielem vergleichbar mit dem, was ich über den KC geschrieben habe, verhält sich der AKC sogar noch etwas ausgeprägter als die Engländer nach dem Motto »There is no business like showdog business«. Die Amerikaner haben das System und die Techniken des professionellen Vorführens geradezu perfektioniert. In keinem anderen Land der Welt haben Ausstellungshunde und die Leute, die sie besitzen oder vorführen, einen ähnlichen Status erreicht. Das gesamte amerikanische Ausstellungswesen hat ein Ausmaß erreicht, das die Mehrheit der Liebhaber glauben macht, der Rest der Welt hinke ihnen um Meilen nach und sei zudem sowieso für sie unwichtig. Hundeschauen haben sich verselbständigt und inhaltlich bestimmen leider oft Modeerscheinungen das Bild im Ring. Der Ausstellungshund ist zu einem Vorzeigeobjekt degradiert worden, eine Auffassung, die meist auf Kosten der Individualität des Hundes geht. Solche Hunde werden ausschließlich für den Ausstellungsring gezüchtet, großgezogen und konditioniert. Bedauerlicherweise werden dann Rassestandards einfach angepaßt und umgeschrieben, indem man einfach bestimmten Trends, die von erfolgreichen Ausstellungshunden gesetzt wurden, folgt. Ganz deutlich zeigt sich dieser Sachverhalt an der Revision des amerikanischen Zwergschnauzer-Standards aus dem Jahre 1991.

Diese einseitige Bevorzugung und Betonung des Ausstellungswesens ist sicherlich der Grund dafür, daß außerhalb des AKC so viele andere Hundeorganisationen in den Vereinigten Staaten bestehen, und alle haben sie etwas mit dem Hundesport der Arbeits- und Gebrauchstüchtigkeit von Jagd-, Schutz-, Wachhunden usw. zu tun. Sowohl der KC als auch der AKC und der »Canadian Kennel Club« (CKC) pflegen eher lose Kontakte zur FCI oder anderen Organisationen - weitreichendere, gegenseitige Abkommen bestehen nicht, man hat sich lediglich darauf geeinigt, daß die Ahnentafeln gegenseitig anerkannt und Richter ausgetauscht werden können.

Die Dominanz des nordamerikanischen Ausstellungswesens ist so allgegenwärtig und mächtig, daß sie unwidersprochen ihren eigenen unabhängigen Stil entwickeln konnte. Spezialklubs für ausländische Ras-

*Skansen's HZS Sacha v. Diamond.*
*Züchter Bill Shelton, Besitzer Sylvia Hammarstrom*

*Ch. Penlan Peter Gunn, Besitzer C. u. C. Beuls.*

*Ch. Skansen's I Have a Dream. Züchter Sylvia Hammarstrom, Besitzer Marcia Nanci.*

# USA

*Riesenschnauzer Ch. Skansens Q.M.G. v. Commando. Züchter Sylvia Hammarstrom, Besitzer B. u. B. Bender.*

*Ch. Feldmar Night Reveler.*

# Israel

*Zwergschnauzer schwarz-silber, Barluz Kennel.*

sen erfahren oder wissen oft gar nicht, was sich im Ursprungsland der Rasse tut, und oft wird argumentiert, daß der Geschmack und die Nachfrage der amerikanischen Öffentlichkeit den Status der jeweiligen Rasse nicht unerheblich mitbestimmen. Zudem folgt noch, daß sich die Nachfrage der amerikanischen Interessenten an jenen Schnauzern orientiert, die in den Ausstellungsringen gewinnen, denn diese Hunde und ihre Titel entsprechen wiederum der Vorstellung der möglichen Käufer. Umsomehr obläge es der Verantwortlichkeit der Schnauzerspezialklubs, Hunde zu befürworten und zu fördern, die hauptsächlich praktisch und nützlich für die Öffentlichkeit sind, auch wenn dies sicher nicht im Einklang mit dem Schaugehabe sein mag, wie es von vielen amerikanischen Richtern, die selbst ihren eigenen Standard in sehr eigenwilliger Art und Weise interpretieren, zu häufig bevorzugt wird.

1992 sah sich der »Giant Schnauzer Club of America« gezwungen, den Rassestandard in Bezug auf Größe, Haarkleid und Farbe zu präzisieren. Es war unübersehbar geworden, daß sich in wenigen Jahrzehnten ein separater »American Type« entwickelt hatte und es ist eigentlich allen Verantwortlichen bewußt, daß man inzwischen erheblich vom deutschen Ideal abgewichen ist. Solange wie amerikanische Züchter, professionelle Handler, Formwertrichter und alle anderen Verantwortlichen nicht bereit sind, sich am klassischen Schnauzerstandard zu orientieren, wird diese unerfreuliche Entwicklung anhalten. Nur wenn die Amerikaner sich konsequent an dem orientieren, was sie für die Riesen- und Mittelschnauzer in ihren eigenen Standards fordern, kann vermieden werden, daß sich die amerikanischen Schnauzer immer mehr von ihren europäischen Geschwistern entfernen. In Bezug auf die Zwergschnauzer ist die Situation leider noch viel extremer, denn hier haben wir es nicht nur mit Hunden von deutlich unterschiedlichen Typen zu tun, sondern der amerikanische Rassestandard beschreibt und fordert im Vergleich zum FCI-Standard geradezu einen anderen Hund.

*Riesenschnauzer Ch. Daisy Bar Hod.*
*Besitzer A. Trafikant.*

## Neuseeland

## Australien

Bild oben: *Ch. Remporter Revel in Glory. Züchter A. u. M. Kidd, Besitzer J. Lee.*

Bild links: *Brickmark Willie.*

## Neuseeland

*Zwergschnauzer Brickmark Black Jack. Züchter und Besitzer M. Brick.*

## Südafrika

Bild links:
*Enak van't Wareheim.*

Bild Mitte links:
*Zwergschnauzer Ch. Feldmar-Lovejoy Trigger Happy at Tamarack.*
*Züchter N. Banas, Besitzer M. und B. Gale.*

Bild Mitte rechts:
*Riesenschnauzer Ch. Bastian van't Wareheim.*
*Züchter und Besitzer J. und E. Gallant.*

Bild unten:
*Ch. Jago van't Wareheim.*
*Züchter und Besitzer J. und E. Gallant.*

# Kapitel 14

# VERGLEICHENDE UNTERSUCHUNGEN DREIER RASSESTANDARDS FÜR SCHNAUZER

**Pinscher-Schnauzer Klub 1895 e.V. (PSK) FCI Standard**
**The Kennel Club London (KC)**
**American Kennel Club (AKC)**

## Allgemeine Vorbemerkungen

Im folgenden Kapitel soll eine illustrierte, vergleichende und kritische Analyse der drei Rassestandards - PSK, KC und AKC - vorgenommen werden. Der weniger kundige Schnauzerliebhaber könnte nun sehr wohl etwas verwirrt sein und sich fragen: »Sind die Schnauzer denn nicht in allen Ländern gleich? Warum müssen eigentlich verschiedene Länder, obwohl sie alle vom ›Schnauzer‹ reden, voneinander abweichende Rassebeschreibungen haben?«

Unumstritten steht fest, daß der Schnauzer eine deutsche Rasse ist und daß sein Originalstandard von Anfang an von deutschen Rassespezialisten behutsam und verantwortungsvoll erarbeitet wurde. Lange bevor die ersten Schnauzer in andere Länder und Kontinente exportiert wurden, hatten die Deutschen den Standard in schriftlicher Form vorliegen. Wenn durch das standardgebende Land auch verschiedene Ergänzungen, Korrekturen und Aktualisierungen erfolgten, so geschah dies immer nur unter Einbeziehung moderner züchterischer und verhaltensbiologischer Erkenntnisse, ohne daß die Rasse in ihrer Grundsubstanz angetastet wurde.

Die letzte umfassende Überarbeitung des Schnauzerstandards erfolgte 1973. Derzeitig werden zum Zweck der internationalen Einheitlichkeit und Vergleichbarkeit aller FCI-Standards auch die PSK-Standards nach verbindlichen Vorgaben der FCI neu formatiert und damit gleichzeitig aktualisiert. Nach eingehenden, viele Experten einbeziehenden Erörterungen durch den Pinscher-Schnauzer Klub (PSK), wird das jeweilige Dokument dann weitergereicht an die nationale deutsche Organisation, den »Verband für das Deutsche Hundewesen (VDH)«.

Nach kritischer Durchsicht und anschließender Zustimmung leitet der VDH das Schriftstück wiederum weiter an die Standardkommission der »Fédération Cynologique Internationale (FCI)«, die als letzte Prüfungs- und Genehmigungsinstanz zu betrachten ist. Hat dann der Standard all seine Hürden genommen, wird er in der Sprache des Ursprungslandes veröffentlicht und anschließend ins Französische, Spanische und Englische übersetzt.

Mit seiner Veröffentlichung ist einzig und allein dieser Standard für alle der FCI voll angeschlossenen Länder bindend. Automatisch folgt daraus, daß die von der FCI autorisierten Formwertrichter, wann immer und wo immer sie auch tätig sind, sich strikt und ausnahmslos an diesen einen FCI-Standard halten müssen.

Ich nehme sehr wohl an, daß zu Zeiten, als die ersten Schnauzer aus Deutschland exportiert wurden, noch keine offiziellen fremdsprachigen Versionen der damaligen deutschen Rassestandards existierten. Somit mußten die Rasseklubs - etwa in England und Nordamerika - ihre eigenen Übersetzungen erstellen. Solche Übersetzungen können verbal und grammatikalisch korrekt sein, aber wenn man keine ständigen direkten Verbindungen zu den Spezialisten des Ursprungslandes unterhält, ist es sicher schwierig, den wirklichen Geist, die Feinheiten und die funktionalen Absichten, die hinter den einzelnen Formulierungen stehen, richtig und vollständig zu erfassen.

Versucht man zusätzlich noch importierte Rassen - wenn auch nur in wenigen Einzelheiten - eigenen Vorstellungen, Gegebenheiten und Neigungen anzugleichen, ist es logisch, daß diese variierten Rassebeschreibungen allmählich dazu führen, daß sich vom Ursprungsland abweichende Schnauzertypen entwickeln.

Örtliche Modetrends, einflußreiche Züchter, professionelle Aussteller und Mangel an sich im Ursprungsland der Rasse orientierenden Formwertrichtern begünstigen dieses bedauerliche Auseinanderdriften nur noch zusätzlich.

Nach diesen kurzen Ausführungen leuchtet jedem ein, daß ausnahmslos der FCI-Rassestandard in den der FCI angeschlossenen Ländern die Basis aller die Schnauzerrassen betreffenden züchterischen und sportlichen Aktivitäten darstellen kann.

Die unabhängig davon formulierte amerikanische Version hat natürlich nur ihre Gültigkeit in den Vereinigten Staaten von Amerika, aber darüber hinaus haben die Kanadier jenen amerikanischen Standard in leicht abgewandelter Form übernommen. Analog zu Amerika, existiert leider auch eine separate europäische Version des englischen »Kennel Club«, die ihrerseits wiederum die einzig anerkannte Grundlage im »Vereinigten Königreich« von Großbritannien ist. Erwähnenswert in diesem Zusammenhang ist noch, daß die amerikanischen Rassestandards für Schnauzer erst 1992 überarbeitet wurden, wobei der Zwergschnauzerstandard die weitgehendsten Veränderungen erfuhr.

Nachdem nun häufig genug die Rede von »Standards« war, ist es an der Zeit, daß dem interessierten Leser die 01.02.1997 eingereichten FCI-Rassestandards geboten werden.

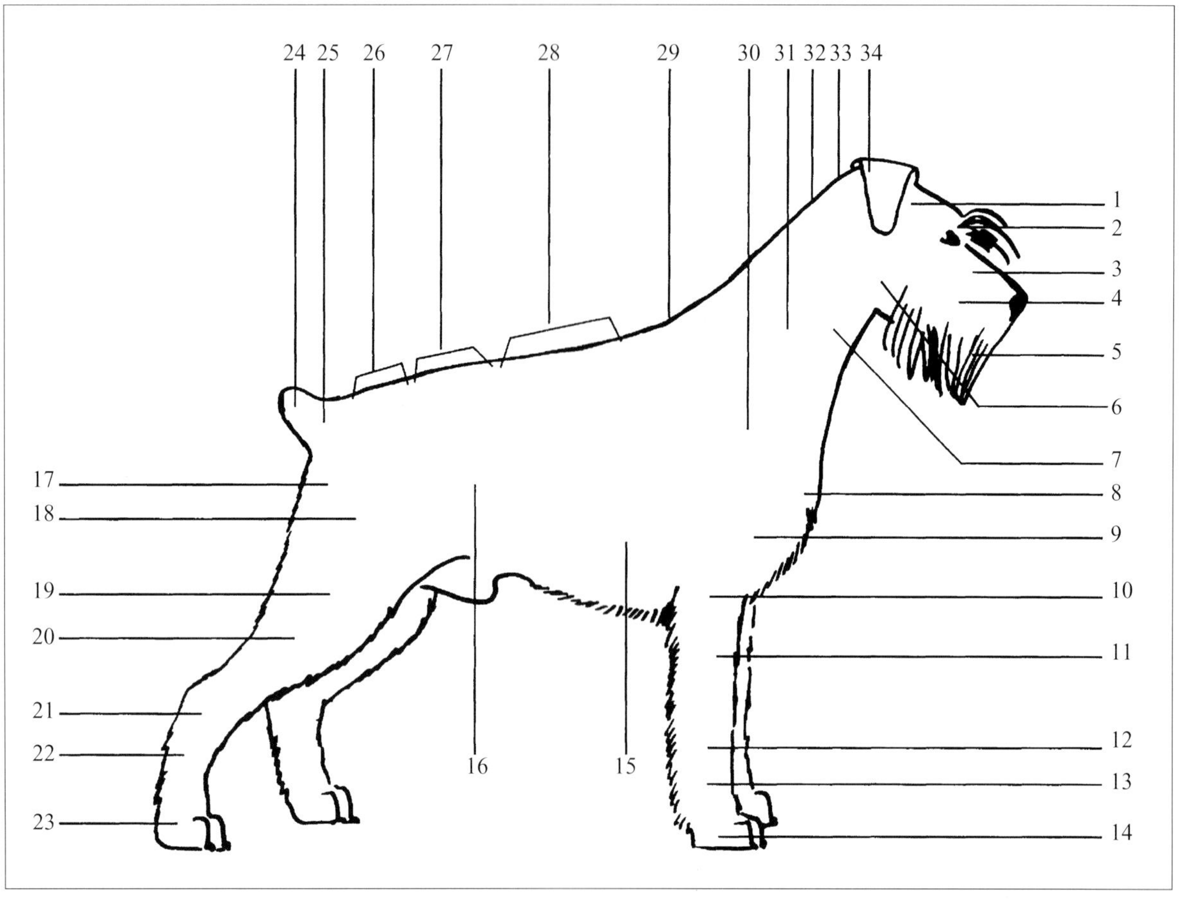


Abbildung 14-1: Topographische Anatomie

| | | | | | |
|---|---|---|---|---|---|
| 1. | Stirn | 13. | Vordermittelfuß | 24. | Rute |
| 2. | Stirnabsatz | 14. | Vorderpfote | 25. | Rutenansatz |
| 3. | Nasenrücken | 15. | Brust | 26. | Kruppe |
| 4. | Fang | 16. | Flanke | 27. | Lendenpartie |
| 5. | Kinn | 17. | Schenkel | 28. | Rücken |
| 6. | Backe | 18. | Oberschenkel | 29. | Widerrist |
| 7. | Kehle | 19. | Kniegelenk | 30. | Schulter |
| 8. | Vorbrust | 20. | Unterschenkel | 31. | Hals |
| 9. | Oberarm | 21. | Sprunggelenk | 32. | Nackenlinie |
| 10. | Ellenbogen | 22. | Hintermittelfuß | 33. | Nacken |
| 11. | Unterarm | 23. | Hinterfuß | 34. | Ohr |
| 12. | Vorderfußwurzelgelenk | | | | |

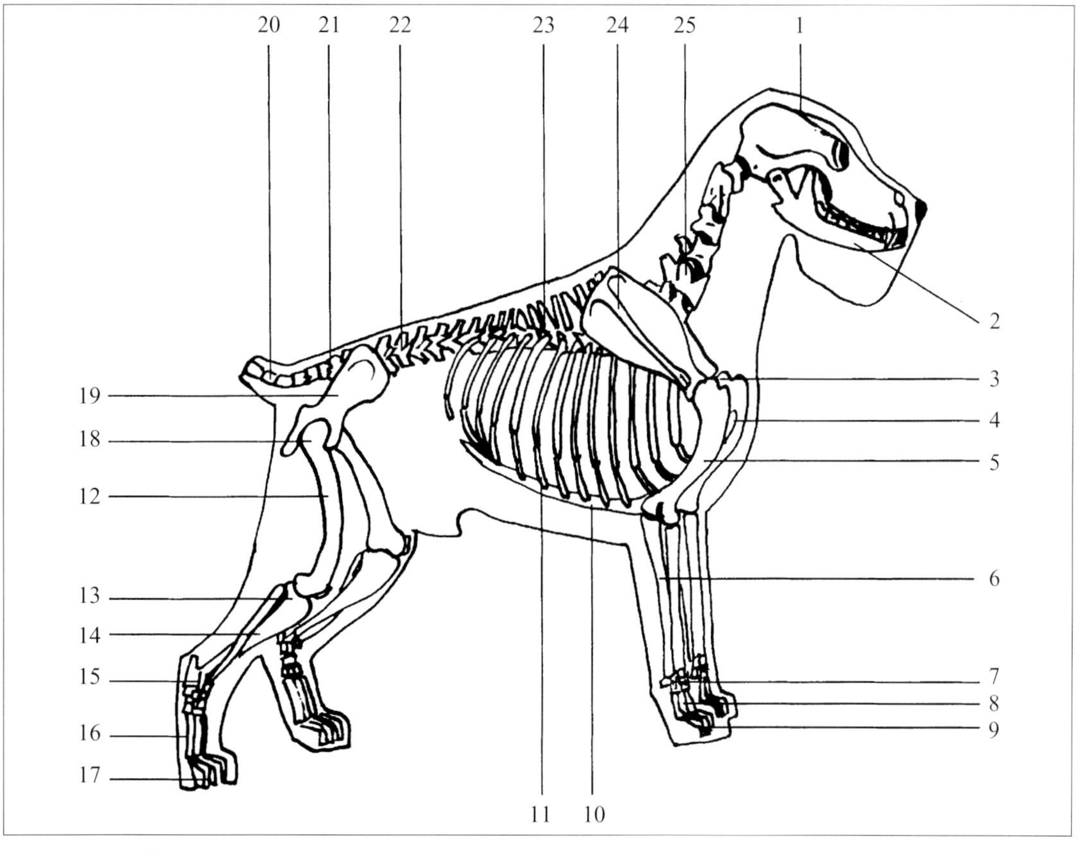


Abbildung 14-2: Skelett Anatomie (S. 139)

1. Schädel
2. Unterkiefer
3. Schultergelenk
4. Brustbeinspitze
5. Oberarmknochen
6. Speiche u. Elle
7. Vorderfußwurzel
8. Vordermittelfuß
9. Vorderfuß
10. Brustbein
11. Brustkorb
12. Oberschenkelknochen
13. Kniegelenk
14. Schien- u. Wadenbein
15. Sprunggelenk
16. Hintermittelfuß
17. Hinterfuß
18. Hüftgelenk
19. Becken
20. Rutenwirbel
21. Kreuzbein
22. Lendenwirbel
23. Rückenwirbel
24. Schulterblatt
25. Halswirbel

## DIE OFFIZIELLEN EINLEITUNGEN ZU DEN DREI EINGEREICHTEN FCI-RASSESTANDARDS FÜR SCHNAUZER

FCI-Standard: N° 183

### Zwergschnauzer

**Ursprung:** Deutschland
**Datum der Publikation des gültigen Originalstandards:** Eingereicht 01.02.1997
**Verwendung:** Haushund
**Klassifikation FCI:**
Gruppe 2: Pinscher und Schnauzer - Molosser und Schweizer Sennenhunde
Sektion 1: Pinscher und Schnauzer ohne Arbeitsprüfung
**Kurzer geschichtlicher Abriß:** Um die Jahrhundertwende machte ein Schnauzerzwerg aus dem Raume Frankfurt/M. seinen Weg, damals noch als rauhhaariger Zwergpinscher bezeichnet. Es war keine leichte Aufgabe, aus den verschiedenen Formen, Größen und Typen und dem Wirrwarr der hart-, weich-, und seidenhaarigen Haarstrukturen einen Kleinhund zu schaffen, der dem Exterieur und den Wesensqualitäten seines größeren Bruders, dem Schnauzer, voll entsprach.

FCI-Standard: N° 182

## Schnauzer

**Ursprung:** Deutschland
**Datum der Publikation des gültigen Originalstandards:** Eingereicht 01.02.1997
**Verwendung:** Wach- und Begleithund.
**Klassifikation FCI:**
Gruppe 2: Pinscher und Schnauzer - Molosser und Schweizer Sennenhunde
Sektion 1: Pinscher und Schnauzer ohne Arbeitsprüfung
**Kurzer geschichtlicher Abriß:** Ursprünglich benutzte man ihn im süddeutschen Raum als Stallhund, denn er fühlte sich in der Gesellschaft von Pferden besonders wohl. Mit Eifer lauerte er allen Nagetieren auf, um sie im Handumdrehen zu töten, was ihm sehr früh im Volksmund den Namen »Rattler« einbrachte. Bei der Gründung des Pinscher-Schnauzer- Klubs, im Jahre 1895, wurde er noch als »rauhhaariger Pinscher« geführt.

FCI-Standard: N° 181

## Riesenschnauzer

**Ursprung:** Deutschland
**Datum der Publikation des gültigen Originalstandards:** Eingereicht 01.02.1997
**Verwendung:** Gebrauchs- und Begleithund
**Klassifikation FCI:**
Gruppe 2: Pinscher und Schnauzer - Molosser und Schweizer Sennenhunde
Sektion 1: Pinscher und Schnauzer mit Arbeitsprüfung
**Kurzer geschichtlicher Abriß:** Ursprünglich benutzte man ihn im süddeutschen Raum als Treiber der Viehherden. Um die Jahrhundertwende erkannten zielbewußte Züchter, daß er zu hervorragenden Leistungen befähigt ist und überaus wertvolle Charaktereigenschaften besitzt. Seit 1913 wird er zuchtbuchmäßig geführt und 1925 wurde er bereits als Diensthund anerkannt.

# VERGLEICHENDE ANALYSE DER DREI RASSESTANDARDS

**Pinscher-Schnauzer-Klub (PSK)**

**Kennel Club London (KC)**

**American Kennel Club (AKC)**

Die beabsichtigte Gegenüberstellung der PSK, KC und AKC Standards geschieht nicht zum Zweck der jeweiligen Abwertung der einzelnen Standardversionen, sondern stellt den Versuch dar, die deutschen Ausführungen mit den Vorstellungen und Formulierungen in den anderen Regionen der Welt zu vergleichen.

Mein persönlicher Standpunkt ist, daß der vom jeweiligen Mutterland der Rasse gewissenhaft und mühsam ausgearbeitete Standard in jeder Hinsicht als strikte Richtschnur zu gelten hat.

Zunächst einmal soll der Versuch unternommen werden, die grundlegenden Elemente des PSK-Standards hervorzuheben und zu illustrieren und gleichzeitig auch Abweichungen und Abänderungen im Vergleich zu den KC und AKC Ausführungen deutlich zu machen. Es wird auch auf Bereiche hingewiesen, in denen sich Abweichungen als Folge von Modetendenzen oder örtlichen Neigungen ergaben.

Bei der gewissenhaften Durchsicht der Standards drängte sich mir der Eindruck auf, daß die deutsche Version den idealen Alltags- und Gebrauchsschnauzer verfolgt, während sich der AKC-Standard in seinen Exterieurbeschreibungen des Zwergschnauzers ausschließlich an Ausstellungserfordernissen orientiert.

## Zwergschnauzer

### ALLGEMEINES ERSCHEINUNGSBILD

PSK

***Allgemeines Erscheinungsbild:*** *Klein, kräftig, eher gedrungen als schlank, rauhhaarig, elegant, das verkleinerte Abbild des Schnauzers, ohne die Mängel zwerghafter Erscheinungen.*
***Wichtige Proportionen:*** *Quadratischer Bau, wobei die Widerristhöhe etwa der Rumpflänge entspricht. Die Länge des Kopfes (Nasenspitze bis Hinterhauptbein) verhält sich zur Rückenlänge (Widerrist bis Rutenansatz) ungefähr wie 1:2.*

KC

***Allgemeinerscheinung:*** *Kräftig gebaut, robust, stark, fast quadratisch (Körperlänge gleich der Schulterhöhe). Scharfsinniger Ausdruck, wachsame Haltung. Korrekter Körperbau ist wichtiger als Farbe oder andere reine Schönheitspunkte.*

AKC

***Allgemeinerscheinung:*** *Der Zwergschnauzer ist ein robuster, aktiver Hund des Terriertyps, in seiner Allgemeinerscheinung gleicht er seinem größeren Vetter, dem Mittelschnauzer. Er ist wachsam und aktiv.*
***Fehler:*** *Typ - verzwergt, hochläufig, grob.*

**Kommentar:** Klar ist, daß die Deutschen nicht damit einverstanden sein können, daß der Zwergschnauzer den Terriertyp verkörpert. Meiner Meinung nach gehen all die Abweichungen des amerikanischen Typs vom FCI-Typ auf diese unrichtige Klassifizierung, nämlich der Zuordnung zu den Terriern, zurück. Nach Rutimeyers Erkenntnissen aus den Untersuchungen des »Canis Familiaris Palustris« wird allgemein angenommen, daß die Divergenz zwischen dem Terriertypschädel und dem Pinschertypschädel sich bereits vor 4000 Jahren manifestierte.

### VERHALTEN UND CHARAKTER

PSK

***Verhalten und Charakter (Wesen):*** *Seine Wesenszüge entsprechen denen des Schnauzers und werden durch Temperament und Gebaren eines Kleinhundes geprägt. Klugheit, Unerschrockenheit, Ausdauer und Wachsamkeit machen den Zwergschnauzer zum angenehmen Haushund wie auch zum Wach- und Begleithund, der auch in einer kleinen Wohnung problemlos gehalten werden kann.*

*Zwergschnauzer Rüde Onyx von den kleinen Strolchen. Züchter Hans Lange, Besitzer Eva Serwas.*

KC

***Wesenseigenschaften:*** *Ausgeglichen, aufgeweckt, flott, anpassungsfähig.*
***Temperament:*** *Aufmerksam, zuverlässig und intelligent, hauptsächlich ein Begleithund.*

AKC

***Temperament:*** *Der typische Zwergschnauzer ist aufmerksam und lebhaft, dennoch folgsam. Er ist freundlich, intelligent und gefällig. Er sollte niemals überaggressiv oder ängstlich sein.*
***Fehler:*** *Temperament - Scheue, Bösartigkeit.*

**Kommentar:** Grob betrachtet, vertreten alle Standards eine ähnliche Auffassung, dennoch ist es wichtig, daß ich einige Anmerkungen zu dem Begriff »Ausdauer und körperliche Fitneß« - so wie im FCI-Standard hervorgehoben - mir erlaube. Im FCI-Dokument werden vom Zwergschnauzer, auch wenn er ein kleinerer Hund ist, große physische Fähigkeiten verlangt. Er ist für jede kleine Wohnung geeignet, und gleichzeitig kann

*Riesenschnauzer »Malya Togo« - Jsg, und Zwergschnauzer »Malya Poptor« - Int.Ch. u. Ch. in Italien. Züchter u. Besitzer Milia Pozzi. Unabhängig von ihrer Größe besitzen alle Schnauzer die gleichen grundlegenden Proportionen.*

er stundenlang unter allen Witterungsbedingungen herumtollen. In vielen FCI-Ländern beteiligen sich Zwergschnauzer an den verschiedensten Hundesportarten und problemlos meistern die kleinen Athleten ihre Ausdauerprüfung von 10 Km. Oberflächliche, modebedingte Veränderungen, etwa des harschen Beinhaares zu weichem, toupierbarem Haar, begünstigen keineswegs ein uneingeschränkt aktives Leben unter allen Bedingungen. »Furnishings« mögen dem ein oder anderen gefallen, praktisch sind sie ganz sicher nicht!

## KOPF

PSK

***Oberkopf:*** *Der Schädel ist kräftig und langgestreckt, ohne stark hervortretendes Hinterhauptbein. Der Kopf soll zur Wucht des Hundes passen. Die Stirn ist flach und verläuft faltenlos und parallel zum Nasenrücken.*
***Stop:*** *Der Stirnabsatz erscheint durch die Brauen deutlich ausgeprägt.*

KC

***Kopf und Schädel:*** *Kräftiger Kopf von guter Länge, schmaler werdend von den Ohren zu den Augen und dann so allmählich weiterverlaufend bis zum Nasenende. Oberkopf (Hinterhauptbein bis Stirn) mäßig breit zwischen den Ohren. Flache, faltenlose Stirn, gut bemuskelte aber nicht stark ausgeprägte Backen. Mittlerer Stop, um die auffallenden Augenbrauen noch zu betonen. Kräftiger Fang in mäßig stumpfer Linie endend, mit borstigem, stoppeligem Bart. Nasenrücken gerade und fast parallel zur Stirn verlaufend. Schwarze Nase mit weiten Öffnungen. Lippen straff anliegend und nicht überhängend.*

AKC

***Kopf:*** *Kräftig und rechtwinklig, in der Breite leicht abnehmend von den Ohren zu den Augen und erneut bis zur Nasenspitze; faltenlose Stirn; der Oberkopf ist flach und ziemlich lang, der Nasenrücken verläuft parallel zum Oberkopf mit einem leichten Stop, und muß mindestens so lang wie der Oberkopf sein; der Fang ist kräftig im Verhältnis zum Schädel und endet mäßig stumpf mit einem üppigen Bart, der die rechteckige Form des Kopfes betont.*
***Fehler:*** *Kopf - grob, ausgeprägte Backen.*

**PSK**

*Ch. Ygel Maskottchen - Int. Ch., Klubsieger PSK, Bundessieger, VDH-Sieger, Jahressieger, ISPU-Sieger und Champion in Deutschland, Luxemburg, Belgien und in den Niederlanden.*

*Züchter L. Bergmeyer. Besitzer W. Testorf (Deutschland).*

**KC**

*Ch. Malenda Masterblend of Risepark.*

*Züchter und Besitzer Newman u. Day (England).*

**AKC**

*Ch. Feldmar Nightshade.*

*Züchter und Besitzer Marcia Feld (United States).*

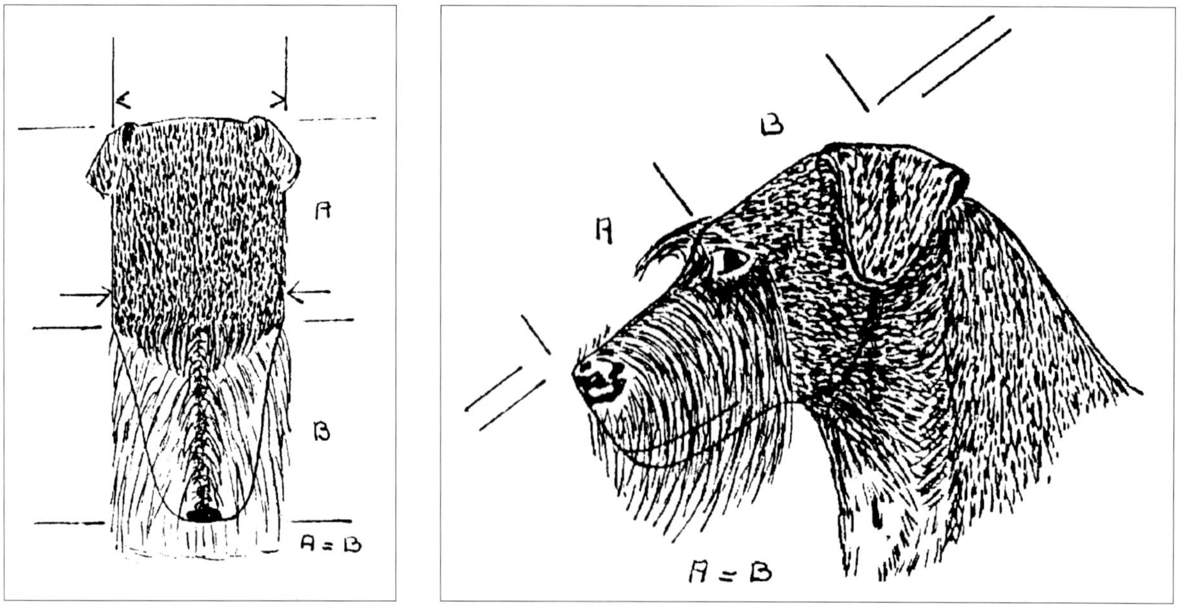


*Von der Augenhöhe ausgehend, wird der Kopf in Richtung des stumpfen Nasenschwamms allmählich schmäler. Die Länge des Oberkopfes entspricht der Fanglänge. Die Innenseiten der V-förmigen Ohren sollten die Schläfen berühren. (a) Oberansicht. (b) Seitenansicht.*

**GESICHTSSCHÄDEL**

PSK

***Nase:*** *Die Nasenkuppe ist gut ausgebildet, mit großen Öffnungen und stets schwarz. Der Nasenrücken ist gerade.*

***Fang:*** *Der Fang endet in einem stumpfen Keil.*

***Lefzen:*** *Schwarz, fest und glatt an den Kiefern anliegend, Lefzenwinkel geschlossen.*

***Kiefer/Zähne:*** *Kräftiger Ober- und Unterkiefer. Das vollständige Scherengebiß (42 Zähne) ist kräftig, gut schließend und rein weiß.*

***Backen:*** *Die Kaumuskulatur ist kräftig entwickelt, doch darf keine stark ausgebildete Backenbildung die rechteckige Kopfform (mit Bart) stören.*

***Augen:*** *Mittelgroß, oval, nach vorn gerichtet, dunkel, mit lebhaftem Ausdruck; Lider gut anliegend.*

***Ohren:*** *Klappohren, hoch angesetzt, V-förmig, die Ohrinnenkanten am Kopf anliegend und gleichmäßig getragen, nach vorn in Richtung Schläfe gedreht, wobei die parallele Faltung den Oberkopf nicht überragen soll. (In Ländern, in denen noch kein Kupierverbot besteht, gleichmäßig aufrecht getragen).*

KC

***Gebiß:*** *Starker Kiefer mit perfektem, regelmäßigem und vollständigem Scherengebiß, d. h., die oberen Schneidezähne greifen eng anliegend über die unteren Schneidezähne, sie stehen vertikal im Kiefer.*

***Augen:*** *Mittelgroß, dunkel, oval, nach vorn gerichtet, mit gebogenen buschigen Augenbrauen.*

***Ohren:*** *gefällig, V-förmig, hoch angesetzt, vorwärtsfallend, an den Schläfen anliegend.*

AKC

***Gebiß:*** *Schere, d. h., die oberen Schneidezähne gehen über die unteren Schneidezähne, so daß die Innenseiten der oberen Schneidezähne leicht die Außenseiten der unteren Schneidezähne berühren, wenn der Fang geschlossen ist.*

***Fehler:*** *Gebiß - Unterbiß, Vorbiß, Aufbiß.*

***Augen:*** *Klein, dunkelbraun und tief eingesetzt, oval mit lebhaftem Ausdruck.*

***Fehler:*** *Augen - hell und/oder zu groß hervorstehend.*

***Ohren:*** *Kupiert sind sie identisch in Form und Länge, mit spitzen Enden. Sie passen zum Kopf und sind nicht übertrieben lang. Sie sind hoch angesetzt und werden am Innenrand vertikal getragen, am Außenrand sind sie so wenig geflammt wie möglich. Unkupiert sind die Ohren klein und V-förmig, sie liegen eng am Kopf an.*

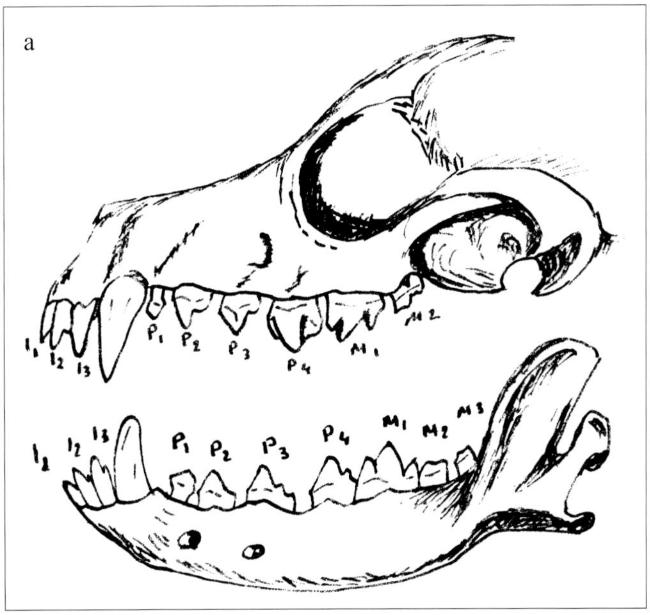


(a) ***korrektes Schnauzergebiß***
*mit 42 Zähnen.*

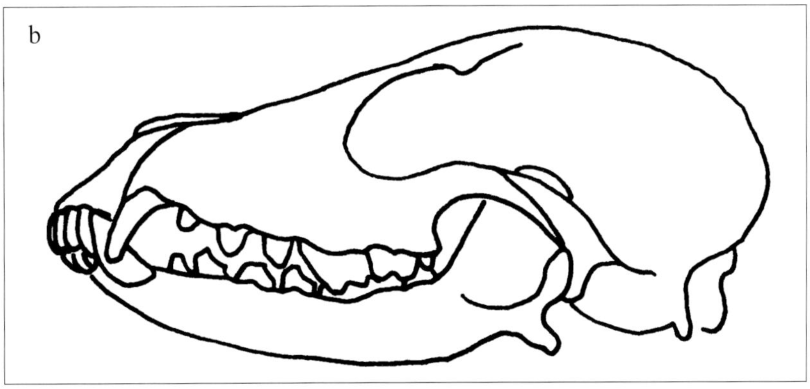


(b) ***Scherengebiß:***
*die Schneidezahnreihen liegen hintereinander, die obere Reihe vor der unteren.*

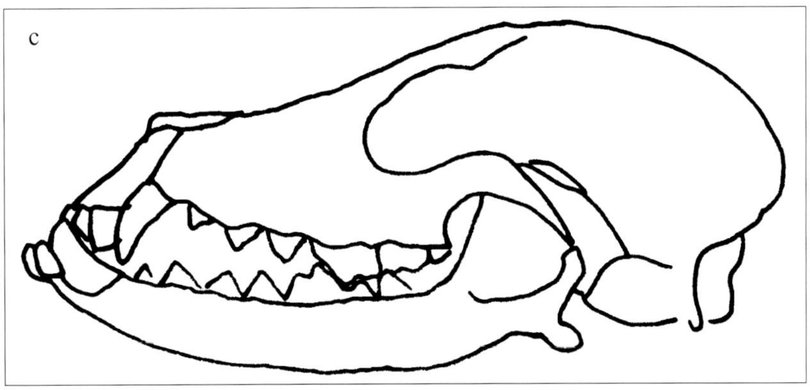


(c) ***Vorbiß:***
*der Unterkiefer ist länger als der Oberkiefer. Schwerer Fehler.*

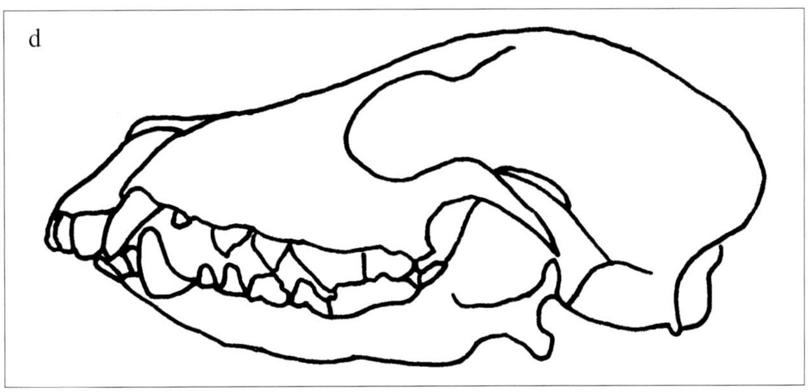


(d) ***Rückbiß:***
*der Unterkiefer ist kürzer als der Oberkiefer. Grober Fehler.*

**Kommentar:** Der PSK-Standard beschreibt den Schädel als gestreckt, d. h. nicht quadratisch, sondern leicht rechteckig, ganz sicher nicht trapezförmig! Der Fang jedoch endet in einem mäßig stumpfen Keil. Das bedeutet, daß der Kopf von der Augenhöhe beginnend in Richtung der stumpfen Nase allmählich schmäler wird und sich nicht von den Ohren bis zu den Augen und dann wiederum bis zur Nase verschmälert, was genau den Terrierkopf beschreibt.

Ferner besteht der PSK-Standard auf einem korrekten Scherengebiß mit 42 Zähnen. Fehlerhafte Gebißstellungen und fehlende Zähne sind erblich, und nur allergeringste Abweichungen dürfen toleriert werden.

Die richtigen Proportionen zwischen Schädel und Fang betragen 1 : 1. Aufzuführen, daß der Fang mindestens so lang wie der Schädel ist, beschreibt z. B. ein Verhältnis von 1,2 : 1. Dies mag typisch für einen Terrierkopf sein, den Schnauzerkopf allerdings trifft es nicht!

## Beurteilung der Augenfarbe der Schnauzerrassen:

| **Wünschenswerte Augenfarben** | **noch tolerierbar** | **kaum tolerierbar** | **unerwünscht** | **absolut unerwünscht** | **verwerfliche Farben** |
|---|---|---|---|---|---|
| schwarzbraun<br>rauchbraun, dunkel<br>rauchbraun, mittel<br>rauchbraun, hell | kastanienbraun<br>haselnußbraun | goldbraun<br>hellgoldbraun | dunkelbraun<br>orange | gelb<br>braungelb | blaßgelb<br>fahlgelb<br>blaßblau<br>glasfarbe |

**HALS**

PSK

***Profillinie:*** *Der starke muskulöse Nacken ist nach oben erhaben gewölbt. Der Hals geht harmonisch in den Widerrist über.*

***Form:*** *Kräftig aufgesetzt, schlank, edel geschwungen und zur Wucht des Hundes passend.*

***Haut:*** *Die Kehlhaut liegt straff und faltenlos an.*

KC

***Hals:*** *Mäßig lang, kräftig, leicht geschwungen, keine lose Kehlhaut; sauber in die Schulter übergehend.*

AKC

***Hals:*** *Kräftig, schön geschwungen, fließend in die Schulter übergehend. Haut eng anliegend.*

*Ch. Felix van't Wareheim. Züchter J. und E. Gallant. Besitzer P. Briggs.*

*Brickmark Sacha.*
*Züchter und Besitzer M. Brick.*

*Ch. Sonshea Scarlett Streamers of Risepark.*
*Besitzer Messrs. Newman und Day Brookside.*

**Kommentar:** Eines der wichtigsten Elemente, das dem Zwergschnauzer Adel und Eleganz verleiht, ist sein kräftiger, gut bemuskelter, aber zugleich auch gestreckter und elegant geschwungener Hals, der harmonisch und fließend in den Widerrist übergeht und der keineswegs einen deutlich wahrnehmbaren Winkel mit der Rückenlinie bilden darf (Hirschhals). Der selbstsichere Zwergschnauzer trägt seinen Kopf stolz und erhaben auf natürliche Weise. Dementsprechend muß es widernatürlich wirken, wenn bei der Standmusterung im Schauring Hals und Kopf mit Hilfe von Halsband und Leine hochgezogen werden, um so eine künstliche Pose zu erreichen, die den Richter beeindrucken soll.

**KÖRPER**

PSK

**Obere Profillinie:** *Vom Widerrist ausgehend, nach hinten leicht abfallend.*
***Widerrist:*** *Der Widerrist bildet die höchste Stelle des kräftigen Rückens.*
***Rücken:*** *Kurz und stramm.*
***Lenden:*** *Kurz, kräftig und tief. Der Abstand vom letzten Rippenbogen bis zur Hüfte ist kurz, damit der Hund gedrungen wirkt.*
***Kruppe:*** *In leichter Rundung verlaufend, unmerklich in den Rutenansatz übergehend.*
***Brust:*** *Mäßig breit, im Querschnitt oval, bis zu den Ellenbogen reichend. Die Vorbrust ist durch die Brustbeinspitze markant ausgebildet.*
***Bauch:*** *Flanken nicht übermäßig aufgezogen, mit der Unterseite des Brustkorbes eine schön geschwungene Linie bildend.*
***Rute:*** *Auf ca. drei Wirbel gekürzt, fließend die Neigung der Kruppe fortsetzend und leicht aufwärts getragen. In Ländern, in denen gesetzliches Kupierverbot besteht, ist eine Säbelrute anzustreben, die entweder aufwärts oder hängend in leicht gebogener Form getragen wird.*

KC

***Körper:*** *Brust mäßig breit, tief, mit sichtbarem, kräftigem Brustbein, das mindestens bis zu den Ellenbogen reicht, zu den Lenden hin steigt die Brust leicht an.*
*Rücken stark und gerade, leicht abfallend von der Schulter bis zu den Hinterläufen, mit kurzen, gut entwickelten Lenden; flach gerippt. Körperlänge entspricht der Wideeristhöhe.*
***Rute:*** *Hoch angesetzt und hoch getragen; gewöhnlich auf drei Glieder kupiert.*

*Timmy van de Drie Harten« - Int. Ch. u. Ch. in Deutschland, Luxemburg und Holland, Kbsg PSK. Besitzer M. Rulkens (Holland).*

AKC

***Körper:*** *Kurz und tief, wobei die Brust mindestens bis zu den Ellenbogen reicht. Rippen flach und tief, deutlich in Richtung auf die kurze Lendenpartie verlaufend. Die Unterlinie ist an den Flanken nicht deutlich aufgezogen.*

*Die Rückenlinie ist gerade, sie fällt leicht ab vom Widerrist zum Rutenansatz. Der Widerrist ist der höchste Punkt des Körpers.*

*Die Gesamtlänge von der Vorbrust bis zum After entspricht der Widerristhöhe.*

***Fehler:*** *Zu breite oder nicht tief genug reichende Brust; Senk- oder Karpfenrücken.*

***Rute:*** *Hoch angesetzt und aufrecht getragen. Nur so lang kupiert, daß sie, wenn der Hund in richtiger Haarlänge ist, deutlich über die Rückenlinie hinausgehend wahrnehmbar ist.*

***Fehler:*** *Rute zu tief angesetzt.*

**Kommentar:** Drei sehr wichtige Einzelheiten sollen nun an dieser Stelle erörtert werden:

1. Es reicht nicht aus, daß der Schnauzer eine bis zu den Ellenbogen reichende, tiefe Brust hat. Grundlegend ist, daß er eine mäßig geräumige Brust mit deutlicher Vorbrust besitzt. Das klar hervortretende Brustbein ragt über die Linie hinaus, die von den Schulterblättern und den Oberarmen gebildet wird. Eine derart konstruierte Vorbrust, in Verbindung mit den richtigen Winkelungen der Vorhand, stellt eine unverzichtbare Forderung für den korrekt aufgebauten Schnauzer dar. Das unterscheidet den Schnauzer vom Terrier, und daher muß der Schnauzer-Standard auch unbedingt diese Forderung enthalten.

2. Der PSK-Standard verlangt eine leicht abgerundete Kruppe. Anatomisch und physiologisch ist es äußerst wichtig, daß die Wirbelsäule ihre normalen anatomischen Wölbungen beibehält, um somit ihrer Funktion als beweglicher Stoßdämpfer und Feder gerecht werden zu können. Außer daß die Wirbelsäule das Rückenmark enthält, funktioniert sie wie ein flexibles Chassis, an dem das ganze Bewegungssystem hängt. Der Winkel der Kruppe wird durch die Lage des Kreuzbeins definiert, mit dem die Rutenwirbel verbunden sind. Die Kruppenlage hängt auch von der Stimmung des Hundes ab, indem er seine Rute - je nach Gemütsverfassung - in unterschiedlicher Weise trägt oder bewegt. Ein lebhafter Schnauzer wird, wenn er erregt und aufmerksam ist, automatisch die Muskeln anspannen, die über das Kreuzbein zur Rute hin verlaufen, die Rute anheben und die Kruppe damit ebener erscheinen lassen.

3. Der FCI-Standard fordert, daß die kupierte Rute hoch angesetzt ist und leicht aufwärts getragen wird. Eine zu steil getragene oder gar Hasenrute ist fehlerhaft. Das heißt, daß die Rute mit dem Ende des Kreuzbeins beginnt und sie wird in einer »Ein- oder Zweiuhrmanier« getragen. Diese Forderung hängt mit den normalen anatomischen Wirbelsäulenwölbungen zusammen. Ferner müssen wir an die nicht kupierte Rute denken, die bei den Schnauzern säbelrutenartig - entweder aufwärts oder hängend in leicht gebogener Form getragen werden soll. Schnauzer mit absolut flacher Kruppe und zu steil getragener Rute werden Nachzucht mit Ringelruten bringen. Die Säbelrute ist erheblich funktionaler als eine Ringelrute, denn sie kann durch verschiedenste Positionen, abhängig von der jeweiligen inneren Verfassung des Tieres, den momentanen Gemütszustand des Schnauzers deutlich anzeigen.

## GLIEDMASSEN

PSK

***Vorhand:*** *Die Vorderläufe sind, von vorn gesehen, stämmig, gerade und nicht eng gestellt. Die Unterarme stehen, seitlich gesehen, gerade.*

***Schultern:*** *Das Schulterblatt liegt fest dem Brustkorb an, ist beiderseits der Schulterblattgräte gut bemuskelt und überragt oben die Dornfortsätze der Brustwirbel. Möglichst schräg und gut zurückgelagert, beträgt der Winkel zur Waagerechten ca. 50°.*

***Oberarm:*** *Gut am Rumpf anliegend, kräftig und muskulös, Winkel zum Schulterblatt etwa 95 - 105°.*

***Ellenbogen:*** *Gut anliegend, weder aus- noch einwärts drehend.*

***Unterarm:*** *Der Unterarm ist von allen Seiten gesehen völlig gerade, kräftig entwickelt und gut bemuskelt.*
***Vorderfußwurzelgelenk:*** *Kräftig, stabil, sich nur unwesentlich von der Struktur des Unterarms abhebend.*
***Vordermittelfuß:*** *Von vorn gesehen senkrecht, von der Seite betrachtet leicht schräg zum Boden stehend, kräftig und leicht federnd.*
***Pfoten:*** *Kurz und rund, Zehen eng aneinanderliegend und gewölbt (Katzenpfoten), mit kurzen, dunklen Nägeln und derben Ballen.*

KC
***Vorhand:*** *Flache gut gewinkelte Schulter. Vorderläufe immer geradestehend. Muskeln eben und geschmeidig, nicht sehr hervortretend; starke Knochen gerade bis zu den Füßen; Ellenbogen anliegend und direkt nach hinten gerichtet.*

AKC
***Vorhand:*** *Vorderläufe von allen Seiten gerade und parallel stehend. Sie haben starke Vordermittelfüße und gute Knochen. Sie werden durch einen ziemlich tiefen Brustkorb, der eine zu schmale Front ausschließt, getrennt. Die Ellenbogen sind anliegend und die Rippen dehnen sich allmählich vom ersten Rippenbogen aus, so daß genügend Raum vorhanden ist und die Ellenbogen sich eng am Körper bewegen können.*
***Fehler:*** *Lose Ellenbogen.*
*Die abfallenden Schultern sind bemuskelt, aber dennoch flach und glatt. Sie sind deutlich schräg gestellt, so daß von der Seite betrachtet, man eine beinahe vertikale Linie von Schulterblattspitze zum Ellenbogen ziehen kann. Die Schulterblattspitzen liegen eng beieinander. Die Schulterblätter neigen sich vor- und runterwärts in einem Winkel, der den maximalsten Vortritt ohne Hemmung und viel Anstrengung ermöglicht. Schulterblätter und Oberarme sind lang und gestatten somit eine tiefe Brust.*

**Die Vorhand**

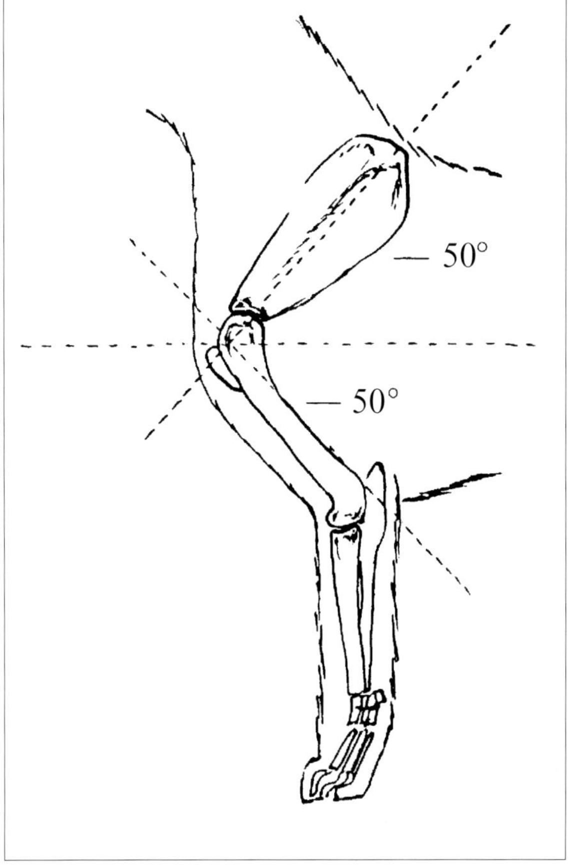


*Zu einer horizontal angenommenen Linie liegen Schulterblatt und Oberarm idealer Weise in einem Winkel von 45° bis 50° zueinander. Der Vordermittelfuß steht in einem Winkel von etwa 10°.*

**Kommentar:** Die Vor- und Hinterhandwinkelungen sind ausschlaggebend für das gesamte Gangwerk und müssen aufeinander abgestimmt sein, um dem Schnauzer einen freien und mühelosen Bewegungsablauf zu gewähren. Für einen kompakt und quadratisch gebauten Hund wie den Schnauzer ist es wichtig, daß sein Bewegungsapparat so funktioniert, daß, wenn der Hund trabt, die linke Hinterpfote etwa auf der Höhe der rechten Vorderpfote fußt. Daher besteht die ideale Winkelung der Vorhand aus Schulterblättern, die sich gegen eine gedachte, horizontale Linie in einem Winkel von fast 45° vorwärts senken und den Oberarmen, die sich im gleichen Winkel rückwärts senken. Solch koordinierte Winkelungen führen dann zum gewünschten Vortritt. Um den notwendigen Vorwärtsstoß zu erreichen, ist auch der Vordermittelfuß am Karpalgelenk mit etwa 10° leicht gewinkelt.

**HINTERHAND**
PSK
***Allgemeines:*** *Von der Seite gesehen schräg gestellt, von hinten gesehen parallel verlaufend, nicht eng gestellt.*
***Oberschenkel:*** *Mäßig lang, breit und kräftig bemuskelt.*
***Knie:*** *Weder ein- noch auswärts gedreht.*
***Unterschenkel:*** *Lang und kräftig, sehnig, in ein kraftvolles Sprunggelenk übergehend.*
***Sprunggelenk:*** *Ausgeprägt gewinkelt, kräftig, stabil, weder nach innen noch nach außen gerichtet.*
***Hintermittelfuß:*** *Er ist kurz und steht senkrecht zum Boden.*
***Pfoten:*** *Zehen kurz, gewölbt und eng aneinanderliegend; Nägel kurz, schwarz.*

**Die Hinterhand**

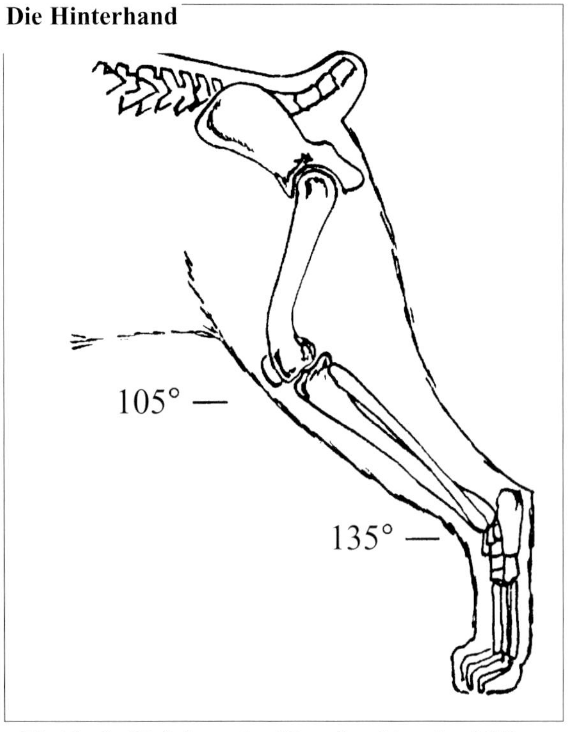


*Die ideale Winkelung der Hinterhand beträgt 105° am Kniegelenk und 135° am Sprunggelenk.*

KC
*Oberschenkel etwas schräg gestellt, flach, aber stark bemuskelt. Hinterläufe (Ober- und Unterschenkel) zunächst vertikal zum Knie verlaufend; vom Knie zum Sprunggelenk parallel zur Oberhalslinie verlaufend; vom Sprunggelenk vertikal bis zum Boden.*
***Pfoten:** Kurze, runde Katzenpfoten, geschlossen, mit aufgewölbten Zehen, dunklen Nägeln, festen schwarzen Ballen, Füße vorwärts gerichtet.*

AKC
*Die Hinterhand besteht aus schräg gestellten Oberschenkeln, die am Kniegelenk gut gewinkelt sind; die Winkelung ist so ausgeprägt, daß die Sprunggelenke im Stand hinter die Rute reichen.*
*Die Hinterhand erscheint niemals überbaut oder höher als die Schulter.*
*Der Hintermittelfuß ist kurz und im Stand senkrecht zum Boden. Von hinten betrachtet stehen die Hintermittelfüße parallel zueinander.*
***Fehler:** Sälbelbeinigkeit, Kuhhessigkeit, Faßbeinigkeit.*
***Pfoten:** Kurz und rund (Katzenpfoten) mit dicken, schwarzen Ballen. Die Zehen sind aufgewölbt und kompakt.*

**Kommentar:** Nach den Ausführungen zu den Vorhandwinkelungen muß ergänzt werden, daß, um funktional und harmonisch zur Front zu passen, der Oberschenkel im rechten Winkel zum leicht abfallenden Becken stehen muß. Das schließt ein, daß der Oberschenkel im normalen Stand leicht nach vorn geneigt steht und nicht vertikal zum Boden oder gar nach hinten gestreckt ist. Ideal haben wir eine Winkelung von etwa 120° am Kniegelenk und von etwa 150° am Sprunggelenk, was die Hintermittelfüße in eine vertikale Position zum Boden bringt.

**GANGWERK**
PSK
***Gangwerk:** Der Gang ist elastisch, elegant, wendig, frei und raumgreifend. Die Vorderläufe schwingen möglichst weit vor, die Hinterhand gibt - weit ausgreifend und federnd - die erforderliche Schubkraft. Der Vorderlauf der einen und der Hinterlauf der anderen Seite werden zugleich nach vorne geführt. Rücken, Bänder und Gelenke fest.*

KC
***Gangwerk:** Frei, ausgewogen und kraftvoll mit gutem Vortritt und gutem Schub.*
*In der Bewegung bleibt die Oberlinie gerade.*

AKC
***Gangwerk:** Die Bewegung wird im Trab beurteilt. Von vorne betrachtet, bewegen sie die Vorderläufe weder zu eng noch zu weit voneinander gerade voraus, wobei die Ellenbogen anliegen. Von hinten beurteilt, sind die Hinterläufe gerade und bewegen sich parallel zu den Vorderläufen. **Wichtig:** Allgemein wird angenommen, daß die Hinterläufe im vollen Trab parallel zu den Vorderläufen sich bewegen, aber es zeigt sich eine ganz leichte Einwärtsneigung. Sie beginnt vorne an der Schulter und hinten am Hüftgelenk. Von vorn oder hinten betrachtet, sind die Läufe gerade bis zu den Ballen. Die Einwärtsneigung ist beim Zwergschnauzer, der sich korrekt bewegt, kaum wahrnehmbar. Es rechtfertigt keineswegs engen Bewegungsablauf, nach innen gedrehte Vorderpfoten, strickenden Gang, oder ausdrehende Ellenbogen. Von der Seite gesehen, zeigen die Vorderläufe guten Vortritt, während viel Schub von hinten kommt. Die Pfoten sind weder einwärts noch auswärts gedreht.*
***Fehler:** Bodenenge Gänge, schwankender, mähender oder steppender Gang, zu wenig Schub.*

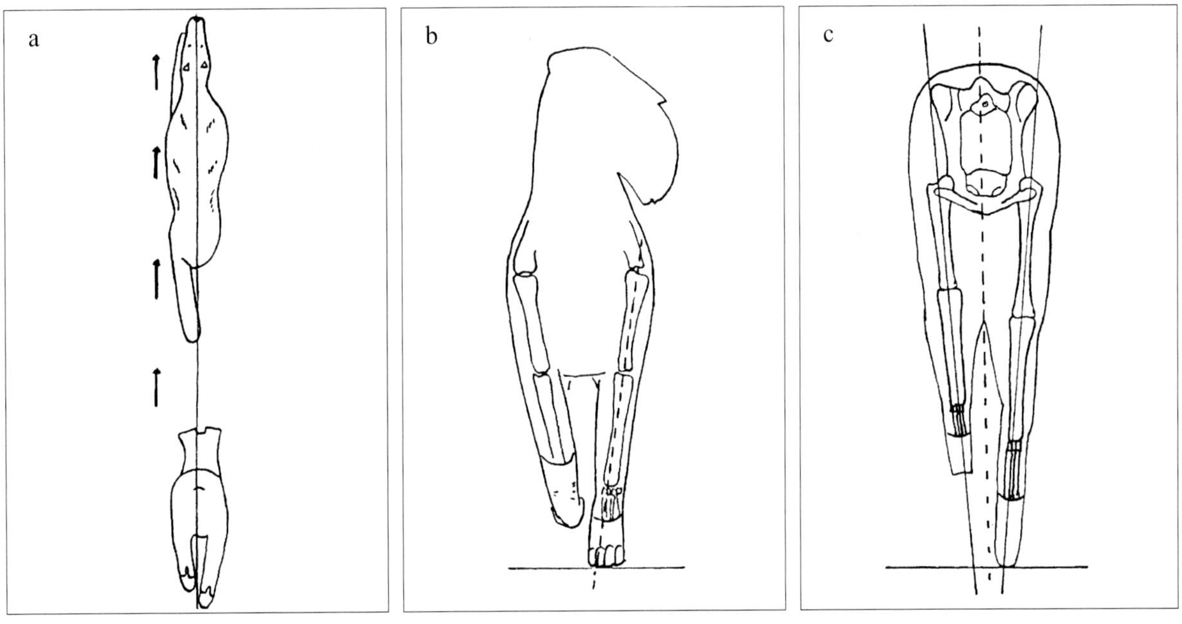


(a) *Bewegung - bei zunehmender Geschwindigkeit bewegen sich die Pfoten zu einer Mittellinie hin.*
(b) *Wenn auf den Betrachter zukommend, bewegen sich die Vorderläufe gerade von den Schultern, wobei die Ellenbogen am Körper anliegen.*
(c) *Von hinten betrachtet, bewegen sich die Hinterläufe gerade von der Hüfte.*

**Kommentar:** Der AKC-Standard gibt eine gute, vollständige Beschreibung des Trabes. Deutlich wird, daß die PSK-Definition nicht nur für den Ausstellungsring konzipiert ist. Im Einklang mit den Ausführungen zu den Winkelungen der Vor- und Hinterhand, kann der Trab folgendermaßen definiert werden:
* Der Bewegungsablauf im Trab erfolgt diagonal - kein Paßgang.
* Die Hinterhandpfote erreicht die Stelle, wo die Vorderhandpfote fußte.
Idealerweise sollte Folgendes hinzugefügt werden: Von vorne betrachtet, bewegen sich die Vorderläufe weder zu eng noch zu weit voneinanderstehend, gerade voraus, wobei die Ellenbogen anliegen. Von hinten beurteilt, sind die Hinterläufe gerade und bewegen sich parallel zu den Vorderläufen. Beim Trab und bei zunehmender Geschwindigkeit neigen sich die Vorder- und Hinterläufe, die sonst im Stand parallel angeordnet sind, immer mehr auf eine gedachte Mittellinie zu, ohne volle »Einspurigkeit« zu erreichen. Diese Einwärtsneigung beginnt jeweils am Schulter- und Hüftgelenk und obwohl die Trittsiegel näher zueinanderrücken, bleiben die Läufe insgesamt gerade.

**HAARKLEID**
PSK
***Haut:*** *Eng anliegend am ganzen Körper.*
***Haarkleid:*** *Beschaffenheit - Das Haar soll drahtig hart und dicht sein. Es besteht aus einer dichten Unterwolle und dem keineswegs zu kurzen, harten, dem Körper gut anliegenden Deckhaar. Das Deckhaar ist rauh, lang genug, um seine Textur überprüfen zu können, weder struppig noch gewellt. Das Haar an den Läufen neigt dazu, nicht ganz so hart zu sein. An der Stirn und den Ohren kurz. Als typisches Kennzeichen bildet es am Fang den nicht zu weichen Bart und die buschigen Brauen, die die Augen leicht überschatten.*
***Farbe:*** *a. rein schwarz mit schwarzer Unterwolle;*
*b. pfeffersalz;*
*c. schwarzsilber;*
*d. rein weiß mit weißer Unterwolle.*
*Für pfeffersalzfarbig gilt als Zuchtziel eine mittlere Tönung mit gleichmäßig verteilter gut pigmentierter Pfefferung und grauer Unterwolle. Zugelassen sind die Farbnuancen vom dunklen Eisengrau bis zum Silbergrau. Alle Farbenspiele müssen eine den Ausdruck unterstreichende dunkle Maske aufweisen, die sich harmonisch dem jeweiligen Farbenschlag anpassen soll. Deutlich helle Abzeichen am Kopf, auf der Brust und an den Läufen sind unerwünscht. Für die schwarzsilberne Farbe gilt als Zuchtziel schwarzes Deckhaar mit schwarze Unterwolle, weißen Abzeichen über den Augen, an den Backen, am Bart, an der Kehle, an der Vorderseite der Brust zwei ge-*

Remi v. d. Gehrder Pumpe - Int. Ch. u. Ch. in Deutschland, Luxemburg und Holland, VDHsg, Bsjsg, Bsg, Eursg, PSK-Klubsieger.
Züchter A. Dierkes, Besitzer H. Gortemaker (Holland).

AKC

***Haarkleid:*** *Doppelt, mit hartem, drahtigem Deckhaar und dichter Unterwolle. Kopf-, Hals-, Ohren-, Brust-, Ruten- und Körperhaar müssen per Hand getrimmt werden. In Ausstellungskondition sollte das Körperhaar genügend lang sein, um die Textur bestimmen zu können. Eng anliegende Behaarung am Hals, den Ohren und dem Oberkopf; viel Haar an den Läufen, aber nicht seidig.*

***Fehler:*** *Haar zu weich oder zu kurz und glatt schimmernd.*

***Farbe:*** *Die anerkannten Farben sind pfeffersalz, schwarzsilber und rein schwarz. Alle Farben haben einheitliches Hautpigment, d. h., weder weiße noch rosarote Hautflecken sind erlaubt.*

*Pfeffersalz: Die typische pfeffersalz Farbe des Deckhaares ergibt sich aus der Kombination von schwarz-weiß gebänderten Haaren und rein schwarzen und weißen ungebänderten Haaren, wobei die gebänderten Haare überwiegen. Annehmbar sind alle Schattierungen von pfeffersalz, von hellen bis dunklen Mischungen, wobei rostfarbener Anflug im gebänderten oder ungebänderten Deckhaar erlaubt ist. Bei pfeffersalz Hunden hellt die Pfeffersalzmischung zu hellgrau oder silberweiß auf, an den Augenbrauen, dem Bart, den Backen, dem Unterhals, den Innenseiten der Ohren, über die Brust, unter der Rute, den Vorderfüßen und den Innenseiten der Hinterfüße. Sie kann auch am Unterkörper aufhellen, wenn dem so ist, dann soll das hellere Unterkörperhaar nicht höher als bis zu den Ellenbogen reichen.*

*teilte Dreiecke, am Mittelfuß der Vorderläufe, an den Pfoten, an der Innenseite der Hinterläufe und am After. Stirn, Nacken und Außenseiten der Ohren sollen, wie das Deckhaar, schwarz sein.*

KC

***Haarkleid:*** *Harsch, drahtig und kurz genug, um gut auszusehen, dichte Unterwolle. Sauber am Hals, der Schulter, den Ohren, und dem Oberkopf; harsche Behaarung an den Läufen; viel Haar an den Läufen, aber nicht seidig.*

***Farbe:*** *Alle pfeffersalz Farben in gleichmäßiger Tönung, oder rein schwarz, oder schwarzsilber. Das heißt, tief schwarz mit silbernen Abzeichen an den Augenbrauen, dem Fang, an der Brust und an den Vorderläufen unterhalb der Ellenbogen, an den Innenseiten der Hinterläufe unterhalb der Sprunggelenke, am After und unter der Rute.*

Ch. Rhapsodie de Bacara im Alter von acht Monaten.
Züchter J. Tonossi, Besitzer F. Meneghello (Italien).

*Henry v. Bommerholz.*
*Züchter Margrit Roloff, Besitzer Familie Heppke.*

*Schwarzsilber: Schwarzsilber entspricht allgemein demselben Muster wie pfeffersalz. Der gesamte Pfeffersalzbereich muß schwarz sein. Die schwarze Farbe des Deckhaares ist tiefschwarz mit schwarzer Unterwolle. Die getrimmten Regionen sind frei von jeder Verblassung oder rotem Anflug und der Unterkörper sollte dunkel sein.*
*Schwarz: Schwarz ist die einzig erlaubte Farbe. Idealerweise ist die schwarze Farbe des Deckhaars wirklich lackschwarz, wobei die Unterwolle mit einem weich mattierten schwarzen Schimmer etwas weniger intensiv ist. Das ist natürlich und sollte keinesfalls bestraft werden. Der getrimmte Teil ist frei von jeder Verblassung oder braunem Anflug. Die mit Schere und Maschine behandelten Regionen haben ein etwas heller schimmerndes Schwarz. Ein kleiner weißer Brustfleck ist erlaubt, sowie gelegentlich ein einzelnes weißes Haar sonstwo am Körper.*
***Disqualifikationen:** Rein weiße Farbe oder weiß gestreift, große oder kleine Flecken an den farbigen Regionen des Hundes, ausgenommen ein kleiner weißer Fleck an der Brust des Schwarzen. Das Körperhaar bei pfeffersalz und schwarzsilber hellt auf zu hellgrau oder weißsilber unter dem Hals und über die Brust. Dazwischen besteht eine natürliche Körperhaarfarbe. Jede unregelmäßige oder verbundene Blesse oder jedes weiße Abzeichen in dieser Region wird als weiße Platte betrachtet, was auch eine Disqualifikation darstellt.*

**Kommentar:** Was Haarkleid und Farbe betrifft, so haben wir es nun mit einem echten Konflikt zu tun. Tatsache ist, daß der PSK-Standard von Kynologen, Tierärzten und Spezialzuchtrichtern, die die Rasse in allen Einzelheiten kennen, gemacht wurde. Sie haben eine Beschreibung erarbeitet, die nicht nur eindeutig funktional ist, sondern sie will auch den praktischen Hund mit seinen grundlegenden Qualitäten vor Manipulationen und Modeerscheinungen schützen.

Die im AKC-Standard vorhandenen Abweichungen belegen, daß die Veränderungen alle auf das amerikanische Ausstellungssystem und die sich daraus ergebende Zuchtpraxis zurückgehen. Qualität, Textur und Farbenreinheit des Haares müssen Schaden nehmen, wenn es außerhalb der FCI gebräuchlich ist, die verschiedenen Farbschläge nach Belieben miteinander zu verpaaren.

Zur Information für den Zwergschnauzerliebhaber möchte ich hervorheben, daß nach deutscher Auffassung das richtige und praktische Haarkleid drahthaarig von oben bis unten ist, ohne flauschiges, weiches Beinhaar. Zweimal jährlich wird der Hund getrimmt. Der pfeffersalz Zwerg ist ganz durchgepfeffert, wenn nicht, so werden die hellen Läufe weichhaarig sein und verlangen besondere Pflege. Wenn Sie einen praktischen Zwergschnauzer haben wollen, dann vergessen Sie das niemals!

## GRÖSSE UND GEWICHT

PSK

***Widerristhöhe:*** *Bei Rüden und Hündinnen zwischen 30 und 35 cm.*

***Gewicht:*** *Bei Rüden und Hündinnen zwischen 4,5 bis 7 Kg.*

***Fehler:*** *Jede Abweichung von den vorgenannten Punkten muß als Fehler gesehen werden, dessen Bewertung im genauen Verhältnis zum Grad der Abweichung stehen sollte. Plumper oder leichter, niedriger oder hochläufiger Bau, schwerer oder runder Oberkopf, insgesamt zu kleiner oder zu kurzer Kopf, Stirnfalten, tief angesetzte oder zu lange, unterschiedlich getragene Ohren; helle, zu große oder zu kleine Augen; stark hervortretende Backen oder Backenknochen; lose Kehlhaut, Wamme; Hirschhals; Zangengebiß; kurzer, spitzer oder schmaler Fang; zu langer, aufgezogener oder weicher Rücken, Karpfenrücken; abfallende Kruppe, zu steil getragene Rute oder Hasenrute; nach außen gedrehte Ellenbogen; nach innen gedrehte Sprunggelenke; steile oder faßbeinige Hinterhand; lange Pfoten; zu kurzes, zu langes, weiches, gewelltes, zottiges, seidiges, weißes oder fleckiges Haar bei den Farbschlägen schwarz und pfeffersalz, fleckiges Haar bei den Farbschlägen schwarzsilber und weiß, braune Unterwolle; Aalstrich oder schwarzer Sattel; nicht sauber voneinander getrennte Brustdreiecke bei schwarzsilber, Über- oder Untergröße; umgekehrtes Geschlechtsgepräge z. B. rüdenhafte Hündin; Paßgang; schwaches Wesen.*

***Ausschließende Fehler:***

*Mißbildungen jeglicher Art; mangelhafter Typ; Gebißfehler wie Vorbiß, Rückbiß, Kreuzbiß, Fehlen von zwei Prämolaren oder Schneidezähnen - in welcher Position auch immer, Fehlen von zwei der übrigen großen Zähne, Fehlen eines Fangzahnes. Grobe Fehler in den einzelnen Regionen wie Gebäudefehler, Haar- und Farbfehler. Scheues, aggressives, bösartiges, übertrieben mißtrauisches, nervöses Verhalten.*

***N.B.*** *Rüden müssen zwei offensichtlich normal entwickelte Hoden aufweisen, die sich vollständig im Hodensack befinden.*

KC

***Größe:*** *Ideale Größe für Rüden 14 Inches (35,6 cm) und für Hündinnen 13 Inches (33 cm). Zu kleine, verzwergt wirkende Hunde sind untypisch und nicht wünschenswert.*

***Fehler:*** *Jede Abweichung von den vorgenannten Punkten ist als Fehler anzusehen, dessen Bewertung im genauen Verhältnis zum Grad der Abweichung stehen sollte.*

***Wichtig:*** *Rüden müssen zwei offensichtlich normal entwickelte Hoden aufweisen, die sich vollständig im Skrotum befinden.*

AKC

***Größe:*** *Von 12 bis 14 Inches (30,5 bis 35,6 cm)*

*Hunde, die kleiner oder größer als die angegebenen Maße sind, werden disqualifiziert.*

***Fehler:*** *Wichtig - monorchide und cryptorchide Rüden werden disqualifiziert.*

**Kommentar:** Um den klaren Größenunterschied zwischen Zwerg-, Mittel- und Riesenschnauzer nicht zu verwaschen, ist es absolut notwendig, daß die Größengrenzen peinlich genau eingehalten werden. Die Deutschen legen keine unterschiedlichen Größen für Rüden und Hündinnen fest. Sie gehen davon aus, daß der richtige Typ und der perfekt proportionierte Gesamteindruck wichtiger sind als eine nach Geschlechtern unterschiedlich festgeschriebene Größe. Natürlich muß eine Hündin feminin wirken und der Rüde wird deutlich und auf Anhieb sein Geschlecht repräsentieren.

Die Größengrenzen sind im FCI-Standard wie folgt festgelegt:
Zwergschnauzer zwischen 30 und 35 cm.
Mittelschnauzer zwischen 45 und 50 cm.
Riesenschnauzer zwischen 60 und 70 cm.

Interessant ist, daß sowohl die Amerikaner als auch die Engländer bei der Übertragung der Größen vom Dezimalsystem auf ihre eigenen Maße immer aufgerundet haben.

## Schnauzer

### ALLGEMEINES ERSCHEINUNGSBILD

PSK

***Allgemeines Erscheinungsbild:*** *Mittelgroß, kräftig, eher gedrungen als schlank, rauhhaarig.*
***Wichtige Proportionen:*** *Quadratischer Bau, wobei die Widerristhöhe etwa der Rumpflänge entspricht. Die Länge des Kopfes (Nasenspitze bis Hinterhauptbein) verhält sich zur Rückenlänge (Widerrist bis Rutenansatz) ungefähr wie 1 : 2.*
***Verhalten und Charakter (Wesen):*** *Typische Wesenszüge sind sein lebhaftes Temperament, daß mit bedächtiger Ruhe gepaart ist. Bezeichnend sind sein gutartiger Charakter, seine Spiellust und die sprichwörtliche Anhänglichkeit an seinen Herrn. Er ist sehr kinderlieb, unbestechlich wachsam und dennoch kein Kläffer. Hoch entwickelte Sinnesorgane, Klugheit, Ausbildungsfähigkeit, Unerschrockenheit, Ausdauer und Widerstandsfähigkeit gegen Witterung und Krankheiten geben dem Schnauzer alle Voraussetzungen für einen hervorragenden Familien-, Wach- und Begleithund, der auch Gebrauchshundeeigenschaften besitzt.*

KC

***Allgemeinerscheinung:*** *Kräftig gebaut, robust, muskulös, fast quadratisch (Körperlänge entspricht der Widerristhöhe). Selbstsicher und aufmerksam. Korrekter Körperbau ist wichtiger als Farbe oder andere bloße Schönheitsaspekte.*
***Charakter:*** *Starker, lebhafter Hund, von großer Ausdauer.*
***Temperament:*** *Wachsam, zuverlässig und intelligent, vorwiegend ein Begleithund.*

AKC

***Allgemeinerscheinung:*** *Der Standardschnauzer ist ein robuster, gedrungener Hund, kräftig gebaut mit guter Muskulatur und starken Knochen; Proportionen sind quadratisch in Bezug auf Körperlänge und Widerristhöhe. Sein Wesen verbindet lebhaftes Temperament mit extremer Zuverlässigkeit. Sein dichtes und harsches Haar wird durch das Warenzeichen der Rasse, die gebogenen Augenbrauen und den bürstigen und vollen Bart betont.*

**Kommentar:** Alle Beteiligten stimmen in Bezug auf die allgemeine Erscheinungsform überein. Der PSK-Standard gewichtet besonders die Kopfform im Verhältnis zur Rückenlänge. Dies geschieht wohl auch deswegen, weil die Züchter davor gewarnt werden sollen, überfeinerte und überlange Köpfe, die zwangsläufig den sogenannten »Terrierausdruck« bewirken würden, anzustreben.

Es ist auch wichtig festzuhalten, daß sich das geforderte Drahthaar auf den gesamten Hund bezieht - es also nicht nur aus einer drahtigen Decke mit flusigem, weichem Beinhaar bestehen kann. Dies steht in direkter Verbindung damit, daß der Schnauzer, wenn auch heute vornehmlich ein Begleithund, immer ein Wachhund bleibt, der sich darüber hinaus bestens als Gebrauchshund eignet.

Besonders möchte ich darauf hinweisen, daß der deutsche Züchter gesteigerten Wert darauf legt, Stammbäume mit dem Gütesiegel »Kör- und Leistungszucht« zu erhalten, was bedeutet, daß die von ihm eingesetzten Elterntiere eine Schutzhund- oder IPO-Prüfung abgelegt haben müssen. Dies erklärt unmißverständlich, daß die äußere Erscheinungsform des Schnauzers im Einklang mit derartigen Erfordernissen stehen muß. Persönlich beziehe ich mich auf langjährige Erfahrungen mit Schnauzern, wenn ich behaupte, daß der Mittelschnauzer in jeder Weise ein phantastischer Hund ist. Das wichtigste am Schnauzer sind nicht nur Augenbrauen und Bart, sondern er besticht durch seine liebenswerte und unverwechselbare Individualität und Lebensfreude.

### KOPF

PSK

***Oberkopf:*** *Der Schädel ist kräftig und langgestreckt, ohne stark hervortretendes Hinterhauptbein. Der Kopf soll zur Wucht des Hundes passen. Die Stirn ist flach und verläuft faltenlos und parallel zum Nasenrücken.*
***Stop:*** *Der Stirnabsatz erscheint durch die Brauen deutlich ausgeprägt.*
***Nase:*** *Die Nasenkuppe ist gut ausgebildet, mit großen Öffnungen und stets schwarz. Der Nasenrücken ist gerade.*
***Fang:*** *Der Fang endet in einem stumpfen Keil.*
***Lefzen:*** *Schwarz, fest und glatt an den Kiefern anliegend, Lefzenwinkel geschlossen.*
***Kiefer/Zähne:*** *Kräftiger Ober- und Unterkiefer. Das vollständige Scherengebiß (42 Zähne) ist kräftig, gut schließend und rein weiß.*

**PSK**

*Dedicado de Manso Pelegri at Kanix.*

*Züchter M. Gil de Biedma (Spanien). Besitzer C. Staunskaer (Schweden).*

*Dieser schwarze Schnauzer zeigt beispielhaft ideal aufeinander abgestimmte Winkelungsverhältnisse.*

**KC**

*Ch. Siddley's Dutch Bargemaster.*

*Besitzer S. J. Hattrell-Brown (England).*

*Rassebester (BOB) während sechs aufeinanderfolgenden Jahren (1987 - 1992) auf der Crufts Show in England.*

**AKC**

*Ch. Cara Bella's First Prize. Ch. in USA und Schweden.*

*Züchter C. A. Richie (USA). Besitzer B. Perming (Schweden).*

***Backen:*** *Die Kaumuskulatur ist kräftig entwickelt, doch darf keine stark ausgebildete Backenbildung die rechteckige Kopfform (mit Bart) stören.*
***Augen:*** *Mittelgroß, oval, nach vorn gerichtet, dunkel, mit lebhaftem Ausdruck; Lider gut anliegend.*
***Ohren:*** *Klappohren, hoch angesetzt, V-förmig, die Ohrinnenkanten am Kopf anliegend und gleichmäßig getragen, nach vorn in Richtung Schläfe gedreht, wobei die parallele Faltung den Oberkopf nicht überragen soll. (In Ländern, in denen noch kein Kupierverbot besteht, gleichmäßig aufrecht getragen).*

KC
***Kopf und Schädel:*** *Kopf stark und von guter Länge, schmaler werdend von den Ohren zu den Augen und dann allmählich nach vorn bis zum Nasenende. Oberkopf (Hinterhauptbein bis Stop) mäßig breit zwischen den Ohren, flache, faltenlose Stirn; gut bemuskelte aber nicht zu stark entwickelte Backen. Mittelmäßig ausgeprägter Stop, um die markanten Augenbrauen zu betonen, kräftiger Fang, der in einer mäßig stumpfen Linie endet, mit buschigem, stoppeligem Schurr- und Backenbart, Nasenrücken gerade und beinahe parallel zur Oberkopflinie verlaufend, Nase schwarz mit weiten Nasenlöchern, Lippen straff und nicht überhängend.*
***Maul:*** *Starker Kiefer mit perfektem, regelmäßigem und komplettem Scherengebiß, d. h., die oberen Zähne überlappen dicht die unteren Zähne und sind senkrecht zum Kiefer angebracht.*
***Augen:*** *Mittelgroß, dunkel, oval, nach vorne gerichtet; mit gebogenen, buschigen Augenbrauen.*
***Ohren:*** *Hübsch, V-förmig, hoch angesetzt und vorwärts in Richtung auf die Schläfen fallend.*

AKC
***Kopf:*** *Kräftig, rechtwinklig und langgestreckt; allmählich schmaler werdend von den Ohren zu den Augen und erneut bis zur Nasenspitze. Die Gesamtlänge des Kopfes beträgt ungefähr die Hälfte der Rückenlänge - gemessen vom Widerrist bis zum Rutenansatz. Der Kopf paßt zum Geschlecht und zur Substanz des Hundes. Die Oberlinie der Nase verläuft parallel zum Oberkopf. Die drahtigen Augenbrauen betonen den mäßig ausgeprägten Stop.*
***Schädel:*** *(Hinterhauptbein bis Stop) Mäßig breit zwischen den Ohren, wobei die Kopfbreite 2/3 der Kopflänge nicht überschreiten soll. Der Oberkopf muß flach sein, weder gewölbt noch eingedrückt, Haut faltenlos.*
***Backen:*** *Gut entwickelte Kaumuskulatur, aber nicht so sehr, daß die Backenbildung die rechtwinklige Kopfform stört.*
***Fang:*** *Eine volle Anzahl weißer Zähne, mit einer starken, gesunden Schere. Die Fangzähne sind stark und gut entwickelt; die oberen Schneidezähne überlappen leicht die unteren. Die Ober- und Unterkiefer sind kräftig und weder über- noch unterbeißend.*
***Fehler:*** *Zangengebiß ist unerwünscht, aber ein geringerer Fehler als Über- oder Unterbiß.*
***Augen:*** *Mittelgroß, dunkelbraun, oval geformt und nach vorne gerichtet, weder rund noch hervortretend. Die gebogenen Augenbrauen sind drahtig, aber die Sicht wird nicht behindert noch werden die Augen durch zu lange Augenbrauen verdeckt.*
***Ohren:*** *Gleichförmig, hoch angesetzt, und aufrecht getragen, wenn sie kupiert sind. Unkupiert sind sie kleine V-förmige Knopfohren von mäßiger Dicke, und sie werden ziemlich hoch und dicht am Kopf getragen.*

**Kommentar:** Der PSK-Standard beschreibt den Schädel als gestreckt, d. h. nicht quadratisch, sondern mäßig rechtwinklig, ganz sicher nicht trapezförmig. Der Fang jedoch endet in einem mäßig stumpfen Keil. Das bedeutet, daß der Kopf, beginnend von der Augenhöhe in Richtung auf die stumpfe Nase allmählich schmäler wird und nicht von den Ohren bis zu den Augen und dann wiederum bis zur Nase, was den Terrierkopf genau beschreibt.

Der AKC Standard verstärkt die Tendenz noch, indem er feststellt, daß die Schädelbreite zwei Drittel seiner Länge nicht überschreiten soll, was einen extrem langen und schmalen Kopf bedeutet. Nehmen wir an, daß die Länge des Oberkopfes der Länge des Fanges entspricht, so führt die AKC Beschreibung aus, daß, wenn der Oberkopf 12 cm lang ist, er nicht mehr als 8 cm breit sein sollte. Die Gesamtlänge des Kopfes würde dann 12 + 12 = 24 cm betragen und sich zusätzlich von den Ohren zu den Augen und nochmals von den Augen bis zur Nasenspitze verjüngen. Dies ist zweifellos die Beschreibung eines extrem langen, übertypisierten Kopfes, der kaum harmonisch zum Rest eines kompakten und substanzvollen Schnauzers passen kann.

## HALS

PSK
***Profillinie:*** *Der starke muskulöse Nacken ist nach oben erhaben gewölbt. Der Hals geht harmonisch in den Widerrist über.*

*Ch. Negus-Volker van Hilbelinkhof - Int. Ch. Jahressieger, Europasieger, Weltsieger und Champion in Spanien, Portugal, Frankreich, Monaco und Deutschland.*
*Züchter H. J. Lutjenkossink (Holland), Besitzer M. und A. Gil de Biedma (Spanien).*

*Argenta's Galathea - Int. Ch. Klubsieger in Schweden, Finnland, Norwegen und Dänemark.*

*Domino De Manso Pelegri at Kanix. Züchter M. u. A. Gil de Biedma (Spanien), Besitzer K. Wilberg (Schweden).*

Bild oben links: *Ch. Madame v. d. Ley. Züchter A. Schröder (Deutschland). Besitzer S. Rabjerg (Dänemark).*
Bild oben rechts: *Kopfstudie von Ch. Argenta's Eleonore mit unkupierten Ohren.*
*Züchter u. Besitzer B. und M. Niklasson (Schweden).*

Bild oben: *Ch. Hauke von Grafen zu Moers - Int. Ch. u. Ch. in Deutschland, Kbsg PSK, VDHsg, ISBUsg, AD, BH, FH, WH, SchH III. Züchter M. Welge u. R. Backhaus, Besitzer Familie Longert (Deutschland).*
Bild unten: *Ch. Lisser De Ludolphi, VDH-Sieger, Klubsieger PSK, Europasieger und Ch. in Italien, Frankreich, Deutschland, Österreich, Schweiz und Jugoslawien. Züchter D. Gustin (Belgien), Besitzer F. Meneghello (Italien).*

***Form:*** *Kräftig aufgesetzt, schlank, edel geschwungen und zur Wucht des Hundes passend.*
***Haut:*** *Die Kehlhaut liegt straff und faltenlos an.*

KC
***Hals:*** *Mäßig lang, kräftig und leicht gewölbt. Haut an der Kehle anliegend, Hals sauber in die Schultern übergehend.*

AKC
***Hals:*** *Kräftig, von mäßiger Dicke und Länge, elegant gebogen und sauber in die Schultern übergehend. Die Haut ist straff, liegt eng am trockenen Hals an, ohne Falten oder lose Kehlhaut.*

**RUMPF**
PSK
***Obere Profillinie:*** *Vom Widerrist ausgehend, nach hinten leicht abfallend.*
***Widerrist:*** *Der Widerrist bildet die höchste Stelle des kräftigen Rückens.*
***Rücken:*** *Kurz und stramm.*
***Lenden:*** *Kurz, kräftig und tief. Der Abstand vom letzten Rippenbogen bis zur Hüfte ist kurz, damit der Hund gedrungen wirkt.*
***Kruppe:*** *In leichter Rundung verlaufend, unmerklich in den Rutenansatz übergehend.*
***Brust:*** *Mäßig breit, im Querschnitt oval, bis zu den Ellenbogen reichend. Die Vorbrust ist durch die Brustbeinspitze markant ausgebildet.*
***Bauch:*** *Flanken nicht übermäßig aufgezogen, mit der Unterseite des Brustkorbes eine schön geschwungene Linie bildend.*
***Rute:*** *Auf ca. drei Wirbel gekürzt, fließend die Neigung der Kruppe fortsetzend und leicht aufwärts getragen. In Ländern, in denen gesetzlich Kupierverbot besteht, ist eine Säbelrute anzustreben, die entweder aufwärts oder hängend in leicht gebogener Form getragen wird.*

KC
***Körper:*** *Brust mäßig breit, tief mit sichtbarem, starkem Brustbein, mindestens bis zur Ellenbogenhöhe reichend, in Richtung Lenden leicht ansteigend.*
*Rücken stark und gerade, ein wenig höher an der Schulter als im Bereich der Hinterhand, mit kurzen, gut entwickelten Lenden, Rippen gut gewölbt, Körperlänge entspricht der Widerristhöhe.*
***Rute:*** *Hoch angesetzt und hoch getragen, gewöhnlich auf drei Glieder gekürzt.*

AKC
***Brust:*** *Von mittlerer Breite mit gut gewölbten Rippen, könnte man sie im Querschnitt betrachten, wäre sie oval. Das Brustbein ist deutlich sichtbar. Der Brustkorb muß mindestens bis zu den Ellenbogen reichen und allmählich nach hinten ansteigen, wobei der Bauch leicht aufgezogen ist.*
***Körper:*** *Kompakt, kräftig, geschlossen und substanzvoll, um so große Flexibilität und Wendigkeit zu ermöglichen. Die Widerristhöhe entspricht der Länge von der Brustbeinspitze bis zum Sitzbeinhöcker.*
***Fehler:*** *Zu schlank oder unterentwickelt, zu massig oder grob, extrem aufgezogen.*
***Rücken:*** *Kräftig, stabil, gerade und kurz mit einer gut entwickelten Lendenpartie. Der Abstand von der letzten Rippe zur Hüfte ist so kurz wie möglich. Die Oberlinie sollte nicht absolut horizontal verlaufen, sondern sollte einer leicht abfallenden Neigung folgen, ausgehend vom ersten Widerristwirbel und zur kaum gewölbten Kruppe und dem Rutenansatz verlaufend.*
***Rute:*** *Mäßig hoch angesetzt und aufrecht getragen. Sie wird auf nicht weniger als ein »Inch« (2,54 cm) und nicht mehr als zwei Inches gekürzt.*
***Fehler:*** *Über den Rücken getragene Rute.*

**Kommentar:** Eines der wichtigsten Elemente, das dem Schnauzer Adel und Eleganz verleiht, ist sein kräftiger, gut bemuskelter und gleichzeitig auch gestreckter und elegant geschwungener Hals, der harmonisch und fließend in die Schulter übergeht und nicht etwa einen deutlich wahrnehmbaren Winkel mit der Schulter bildet.

Es reicht nicht aus, daß der Schnauzer eine bis zu den Ellenbogen reichende tiefe Brust hat. Grundlegend ist, daß er eine mäßig geräumige Brust mit deutlicher Vorbrust besitzt. Das deutlich markierte Brustbein ragt über eine gedachte Linie hinaus, die von den Schulterblättern und den Oberarmen gebildet würde. Solch eine Vorbrust stellt in Verbindung mit den richtigen Winkelungen der Vorhand eine unbedingte Forderung im Hinblick auf den korrekt aufgebauten Schnauzer dar. Gerade dies unterscheidet den Schnauzer vom Terrier und daher sollte eben jeder Schnauzerstandard auch diese Forderung unbedingt enthalten.

Der KC Standard beschreibt zwar einen kräftigen und geraden Rücken, ohne jedoch auf Einzelheiten im Zusammenhang mit der Kruppe näher einzugehen und daher vermute ich, daß in Fortführung des geraden Rückens auch eine flache Kruppe gefordert wird.

Funktional und physiologisch ist es äußerst wichtig, daß die Wirbelsäule ihre normalen anatomischen Wölbungen beibehält, um somit ihrer Aufgabe als beweglicher Stoßdämpfer und Feder gerechtwerden zu können. Außer daß die Wirbelsäule das Rückenmark enthält, funktioniert sie wie ein flexibles Chassis, an dem das ganze Bewegungssystem hängt.

Der Winkel der Kruppe wird definiert durch die Lage des Kreuzbeins, mit dem die Rutenwirbel verbunden sind. Die Kruppenlage hängt zusätzlich noch von der Stimmung des Hundes ab, indem er seine Rute je nach Gemütsverfassung in unterschiedlicher Weise trägt oder bewegt. Ein lebhafter Schnauzer wird, wenn er gespannt und aufmerksam ist, instinktiv die Muskeln anspannen, die über das Kreuzbein zur Rute hin verlaufen, somit also die Rute anheben und die Kruppe ebener erscheinen lassen.

## GLIEDMASSEN

PSK

***Vorhand:*** *Allgemeines - Die Vorderläufe sind, von vorn gesehen, stämmig, gerade und nicht eng gestellt. Die Unterarme stehen, seitlich gesehen, gerade.*

***Schultern:*** *Das Schulterblatt liegt fest dem Brustkorb an, ist beiderseits der Schulterblattgräte gut bemuskelt und überragt oben die Dornfortsätze der Brustwirbel. Möglichst schräg und gut zurückgelagert, beträgt der Winkel zur Waagerechten ca. 50°.*

***Oberarm:*** *Gut am Rumpf anliegend, kräftig und muskulös, Winkel zum Schulterblatt etwa 95 - 105°.*

***Ellenbogen:*** *Gut anliegend, weder aus- noch einwärts drehend.*

***Unterarm:*** *Der Unterarm ist von allen Seiten gesehen völlig gerade, kräftig entwickelt und gut bemuskelt.*

***Vorderfußwurzelgelenk:*** *Kräftig, stabil, sich nur unwesentlich von der Struktur des Unterarms abhebend.*

***Vordermittelfuß:*** *Von vorn gesehen senkrecht, von der Seite betrachtet leicht schräg zum Boden stehend, kräftig und leicht federnd.*

***Pfoten:*** *Kurz und rund, Zehen eng aneinanderliegend und gewölbt (Katzenpfoten), mit kurzen, dunklen Nägeln und derben Ballen.*

KC

***Vorhand:*** *Schultern flach und schräg gestellt. Vorderläufe gerade von allen Seiten betrachtet. Muskeln eher glatt und geschmeidig als deutlich hervortretend. Knochen kräftig, gerade bis zu den Pfoten; Ellenbogen am Körper anliegend und direkt nach hinten zeigend.*

AKC

***Schultern:*** *Die schräg gestellten Schulterblätter sind stark bemuskelt, jedoch flach und gut gewinkelt, so daß die runden oberen Enden beinahe eine vertikale Linie über den Ellenbogen bilden. Sie neigen sich deutlich nach vorne bis zum Punkt, wo sie sich mit dem Oberarm verbinden und von der Seite betrachtet möglichst damit einen rechten Winkel bilden. Eine solche Winkelung ermöglicht den größten Vortritt ohne Hemmung oder große Mühe.*

***Vorderläufe:*** *Gerade, vertikal, und von allen Seiten betrachtet ohne jede Verbiegung, mäßig auseinanderstehend; mit schweren Knochen; Ellenbogen am Körper anliegend und direkt nach hinten zeigend.*

**Kommentar:** Die ideale Winkelung der Vorhand besteht aus Schulterblättern, die sich gegen eine gedachte, horizontale Linie in einem Winkel von fast 45° vorwärts neigen und den Oberarmen, die in ähnlichem Winkel nach hinten neigen. Solch aufeinander abgestimmte Winkelungen ermöglichen erst den gewünschten Vortritt. Notwendig ist auch, daß der Vordermittelfuß am Karpalgelenk leicht gewinkelt ist (ungefähr 10°), um den benötigten Stoß zu bewirken.

Vorausgesetzt, daß die eben beschriebenen Verhältnisse mit den korrekt gewinkelten Hinterläufen harmonieren, ist der Schnauzer mit einem Bewegungssystem ausgestattet, das ihm müheloses Gehen, Traben und Galoppieren erlaubt.

**HINTERHAND**

PSK

***Hinterhand:*** *Allgemeines - Von der Seite gesehen schräg gestellt, von hinten gesehen parallel verlaufend, nicht eng gestellt.*

***Oberschenkel:*** *Mäßig lang, breit und kräftig bemuskelt.*

***Knie:*** *Weder ein- noch auswärts gedreht.*

***Unterschenkel:*** *Lang und kräftig, sehnig, in ein kraftvolles Sprunggelenk übergehend.*

***Sprunggelenk:*** *Ausgeprägt gewinkelt, kräftig, stabil, weder nach innen noch nach außen gerichtet.*

***Hintermittelfuß:*** *Er ist kurz und steht senkrecht zum Boden.*

***Pfoten:*** *Zehen kurz, gewölbt und eng aneinanderliegend; Nägel kurz, schwarz.*

***Gangwerk:*** *Der Gang ist elastisch, elegant, wendig, frei und raumgreifend. Die Vorderläufe schwingen möglichst weit vor, die Hinterhand gibt - weit ausgreifend und federnd - die erforderliche Schubkraft. Der Vorderlauf der einen und der Hinterlauf der anderen Seite werden zugleich nach vorne geführt. Rücken, Bänder und Gelenke fest.*

KC

***Hinterläufe:*** *Oberschenkel schräg gestellt und flach, aber dennoch kräftig bemuskelt. Hinterläufe (Ober- und Unterschenkel) zunächst vertikal bis zum Knie, vom Knie bis zum Sprunggelenk parallel zur Oberhalslinie verlaufend, vom Sprunggelenk vertikal bis zum Boden gehend.*

***Pfoten:*** *Kurz, rund, Katzenpfoten, kompakt mit engstehenden gewölbten Zehen, dunklen Nägeln, festen schwarzen Ballen, Pfoten vorwärts zeigend.*

***Gangwerk / Bewegungsablauf:*** *Frei, ausgeglichen und kraftvoll, mit gutem Vortritt und kräftigem Schub aus der Hinterhand. Oberlinie bleibt in der Bewegung gerade.*

AKC

***Hinterhand:*** *Stark bemuskelt, abgestimmt auf die Vorderläufe, die Schultern niemals in Höhe überragend. Die Kruppe voll und leicht gerundet. Oberschenkel breit mit gut gewinkelten Knien. Der Unterschenkel, vom Knie bis zum Sprunggelenk, läuft in etwa parallel zum Verlauf der oberen Halslinie. Die Hintermittelfüße - von den deutlich markierten Sprunggelenken bis zu den Pfoten - sind kurz und stehen senkrecht zum Boden, von hinten betrachtet, stehen sie parallel zueinander.*

***Pfoten:*** *Klein und kompakt, rund mit dicken Ballen und kräftigen, schwarzen Nägeln. Die Zehen stehen geschlossen, sind gewölbt (Katzenpfoten) und zeigen vorwärts. Afterklauen, falls sie an den Hinterläufen auftauchen, werden im allgemeinen entfernt. Wolfsklauen an den Vorderläufen können entfernt werden.*

***Gangwerk:*** *Gesunder, kräftiger, schneller, freier, sauberer und gerader Bewegungsablauf mit kräftigen, gut gewinkelten Hinterläufen die raumgreifend weit ausholen. Der Vortritt ist auf den Schub aus der Hinterhand abgestimmt. Im Trab bleibt der Rücken fest und gerade, ohne zu schwingen, rollen oder daß er aufgeworfen wird. Wenn von hinten betrachtet, dürfen die Pfoten, wenn sie im Trab auch eng erscheinen mögen, weder überkreuzen noch aneinander stoßen. Zunehmende Geschwindigkeit bewirkt, daß die Pfoten sich zum Zentrum der Gravitätslinie neigen.*

**Kommentar:** Die Vorschrift, sowohl des KC als auch des AKC Standards, daß die Linie, die vom Knie bis zum Sprunggelenk verläuft, parallel zur Halslinie sein sollte, kann nur die irrige Folge der typischen anglo-amerikanischen Ausstellungsmanier, den Hund mit weit abgespreizten Hinterläufen im Ausstellungsring zu präsentieren, sein. Wie ich bereits schon einmal hervorgehoben habe, stellt der Bewegungsablauf die integrale Funktion von Vorder- und Hinterläufen dar. Das Hinstellen im Ausstellungsring ist oft künstlich, dazu angetan, dem Auge des Richters zu gefallen. Jeder Beurteiler sollte genauestens abwägen zwischen der Art und Weise wie der Schnauzer hingestellt wird und wie er sich natürlich und ungezwungen bewegt.

Auszuführen, daß der Oberschenkel vertikal stehen sollte, ist etwas irreführend, denn man könnte zum Schluß kommen, daß der Oberschenkel in der Standmusterung senkrecht zum Boden stehen sollte. Darüberhinaus werden die Oberschenkel vieler Schnauzer nach hinten gespreizt um somit den Eindruck einer leicht fallenden Oberlinie vorzutäuschen. Erfahrungsgemäß zieht es der natürlich stehende Schnauzer vor, seine Hinterläufe leicht versetzt zu stellen. Der Oberschenkel des Laufes, der das Gewicht der Hüfte trägt, wird sich leicht nach vorwärts neigen, um dem Hüftgelenk ein normales Funktionieren zu gestatten, d. h., Beugung des Hüftgelenks - um das Gewicht oder den Druck auf die Hüfte zu absorbieren - und gleichzeitiges Ausdehnen im Hüftgelenk, um den Körper vorwärts zu bewegen.

*Pepsy de Ludolphi und Mascar's Morella. Beide 10 Monate alt. Morella mit unkupierter Rute.*

*Pepsy de Ludolphi. Züchter D. Gustin (Belgien), Besitzer M. Gale (Südafrika).*

***Farbe:*** *Rein schwarz (weiße Abzeichen am Kopf, der Brust und den Läufen unerwünscht) oder Pfeffersalz. Pfeffersalzschattierungen reichen vom dunklen Eisengrau bis zum Hellgrau; gute Pigmentierung. Die Haare sind dunkel / hell / dunkel gebändert. Gesichtsmaske harmoniert mit der jeweiligen Haarfarbe.*

AKC

***Haarkleid:*** *Dicht, hart, drahtig und so dick wie möglich, bestehend aus einer weichen, dichten Unterwolle und einem harschen Deckhaar, das, wenn man es gegen den Strich betrachtet, leicht absteht und nicht flach anliegt. Das Deckhaar (Körperhaar) wird durch Rupfen getrimmt, um die äußere Körperlinie zu betonen. Unter Ausstellungsbedingungen ist die richtige Länge des Deckhaares ungefähr 1fi Inches (3,8 cm), außer an den Ohren, am Kopf, am Hals, an der Brust, am Bauch und unter der Rute, wo es kürzer getrimmt wird, um der Rasse die gewünschte typische Erscheinungsform zu verleihen. Am Fang und über den Augen ist das Haar lang, um einen voluminösen Bart und*

**HAARKLEID**

PSK

***Haut:*** *Eng anliegend am ganzen Körper.*

***Beschaffenheit:*** *Das Haar soll drahtig hart und dicht sein. Es besteht aus einer dichten Unterwolle und dem keineswegs zu kurzen, harten, dem Körper gut anliegenden Deckhaar. Das Deckhaar ist rauh, lang genug, um seine Textur überprüfen zu können, weder struppig noch gewellt. Das Haar an den Läufen neigt dazu, nicht ganz so hart zu sein. An der Stirn und den Ohren kurz. Als typisches Kennzeichen bildet es am Fang den nicht zu weichen Bart und die buschigen Brauen, die die Augen leicht überschatten.*

***Farbe des Haares:***

*a) rein schwarz mit schwarzer Unterwolle;*

*b) pfeffersalz.*

*Für pfeffersalzfarbig gilt als Zuchtziel eine mittlere Tönung mit gleichmäßig verteilter gut pigmentierter Pfefferung und grauer Unterwolle. Zugelassen sind die Farbnuancen vom dunklen Eisengrau bis zum Silbergrau. Alle Farbenspiele müssen eine den Ausdruck unterstreichende dunkle Maske aufweisen, die sich harmonisch dem jeweiligen Farbenschlag anpassen soll. Deutlich helle Abzeichen am Kopf, auf der Brust und an den Läufen sind unerwünscht.*

KC

***Haarkleid:*** *Harsch, drahtig, kurz genug um schick auszusehen, enger anliegend am Hals und den Schultern; sauber an der Kehle, dem Oberkopf und den Ohren, harsches Haar an den Läufen, dichte Unterwolle ist unerläßlich.*

*Mascar's Morella. Züchter A. Radberg (Schweden). Besitzer E. Gallant (Südafrika).*

*Augenbrauen zu bilden; das Haar an den Läufen ist länger als am Körper. Diese üppigen Beinhaare (Furnishings) sollten von harter Textur sein und sollten nicht derart üppig sein, um von der sauberen Erscheinung oder den Arbeitsmöglichkeiten des Hundes abzulenken.*
***Farbe:*** *Pfeffersalz oder rein schwarz. Die typische Pfeffersalzfarbe des Deckhaares resultiert aus der Kombination von schwarzen und weißen Haaren und schwarz-weiß gebänderten Haaren. Annehmbar sind alle Pfeffersalzschattierungen vom dunklen Eisengrau bis zum Silbergrau. Idealerweise haben Pfeffersalzschnauzer eine graue Unterwolle, aber eine rötliche oder rehbraune Farbe soll nicht bestraft werden. Wünschenswert ist eine dunklere Gesichtsmaske, die zu der jeweiligen Pfeffersalzschattierung paßt. Ebenso darf bei pfeffersalz Hunden die pfeffer und salz Mischung zu hellgrau oder silberweiß an den Augenbrauen, dem Bart, den Backen, an der Kehle, an der Brust, unter der Rute, am Beinhaar, am Unterkörper und den Innenseiten der Läufe aufhellen.*
***Schwarz:*** *Idealerweise sollte der schwarze Schnauzer tief schwarz sein, frei von jedem Verblassen oder jeder Fehlfärbung, oder jeder Beimischung oder grauen oder rostbraunen Haaren. Die Unterwolle sollte auch tief schwarz sein. Dennoch können zunehmendes Alter oder ständiges der Sonne Ausgesetztsein in einem gewissen Grad eine Verblassung und Verbrennung bewirken. Ein kleiner weißer Fleck ist kein Fehler. Farbverluste als Folge von Narben, Schnitten oder Bissen sind keine Fehler.*

## GRÖSSE UND GEWICHT

PSK
***Widerristhöhe:*** *Bei Rüden und Hündinnen zwischen 45 und 50 cm.*
***Gewicht:*** *Bei Rüden und Hündinnen zwischen 14 bis 20 Kg.*

KC
***Größe:*** *Ideale Widerristhöhe für Rüden 19 Inches (48,3 cm) und für Hündinnen 18 Inches (45,7 cm). Alle Abweichungen von mehr als einem Inch (2,54 cm) von diesen Höhen sind unerwünscht.*
AKC
***Größen:*** *Ideale Höhe - am höchsten Punkt der Schulterblätter gemessen - beträgt 18fi bis 19fi Inches für Rüden und 17fi bis 18fi Inches für Hündinnen. Hunde, die diese Grenzen über- oder unterschreiten, müssen im Verhältnis zum Ausmaß der Abweichung bestraft werden. Hunde, die diese Grenze um mehr als ein halbes Inch über- oder unterschreiten, müssen disqualifiziert werden.*

**Kommentar:** Die Erfahrung lehrt, daß kein Schnauzer mit echtem Drahthaar übermäßig langes und üppiges Beinhaar entwickelt, daß überlanges Beinhaar niemals drahtig ist und der Gebrauchstüchtigkeit des Schnauzers im Wege steht. Ferner steht fest, daß durch die Zulassung von silber-weißen Verblassungen an den Läufen des pfeffersalz Schnauzers versucht wird, toupierfähiges Haar zu erreichen, denn diese weißen Haare sind immer länger und weicher. Daher ist es viel besser, sich um eine pfeffersalz Farbe zu bemühen, die gleichmäßig über den ganzen Körper verteilt ist. Das Gleiche bezieht sich auch auf die Toleranz, rötliche oder rehbraun gefärbte Unterwolle zu gestatten, was ebenso zu unrichtiger und unerwünschter Haarstruktur beiträgt.

## FEHLER

PSK
***Fehler:*** *Jede Abweichung von den vorgenannten Punkten muß als Fehler gesehen werden, dessen Bewertung im genauen Verhältnis zum Grad der Abweichung stehen sollte. Plumper oder leichter, niedriger oder hochläufiger Bau, schwerer oder runder Oberkopf, insgesamt zu kleiner oder zu kurzer Kopf, Stirnfalten, tief angesetzte oder zu lange, unterschiedlich getragene Ohren; helle, zu große oder zu kleine Augen; stark hervortretende Backen oder Backenknochen; lose Kehlhaut, Wamme; Hirschhals; Zangengebiß; kurzer, spitzer oder schmaler Fang; zu langer, aufgezogener oder weicher Rücken, Karpfenrücken; abfallende Kruppe, zu steil getragene Rute oder Hasenrute; nach außen gedrehte Ellenbogen; nach innen gedrehte Sprunggelenke; steile oder faßbeinige Hinterhand; lange Pfoten; zu kurzes, zu langes, weiches, gewelltes, zottiges, seidiges, weißes oder fleckiges Haar oder sonstige Farbbeimischungen, braune Unterwolle; bei pfeffersalzfarbig: Aalstrich oder schwarzer Sattel; Über- oder Untergröße; umgekehrtes Geschlechtsgepräge z. B. rüdenhafte Hündin; Paßgang; schwaches Wesen.*
***Ausschließende Fehler:*** *Mißbildungen jeglicher Art. Mangelhafter Typ.*
*Gebißfehler wie Vorbiß, Rückbiß, Kreuzbiß, Fehlen von zwei Prämolaren oder Schneidezähnen - in welcher Position auch immer, Fehlen von zwei der übrigen großen Zähne, Fehlen eines Fangzahnes.*
*Grobe Fehler in den einzelnen Regionen wie Gebäudefehler, Haar- und Farbfehler.*

*Mascar's Moselle.*
*Züchter und Besitzer A. Radberg (Schweden).*

*Mascar's Murriz.*
*Züchter und Besitzer A. Radberg (Schweden).*

*Scheues, aggressives, bösartiges, übertrieben mißtrauisches, nervöses Verhalten.*
***N.B.*** *Rüden müssen zwei offensichtlich normal entwickelte Hoden aufweisen, die sich vollständig im Hodensack befinden.*

KC
***Fehler:*** *Jede Abweichung von den vorgenannten Punkten muß als Fehler angesehen werden, dessen Bewertung im genauen Verhältnis zum Grad der Abweichung stehen sollte.*

***Merke:*** *Männliche Tiere sollten zwei offensichtlich normal entwickelte Hoden haben, die vollständig in den Hodensack abgestiegen sind.*

AKC
***Fehler:*** *Zangengebiß wird als unerwünscht eingestuft, aber ist ein geringerer Fehler als Über- oder Unterbiß.*
***Körper:*** *Zu leicht, zu plump.*
***Rute:*** *Über den Rücken getragen.*
***Haar:*** *Weich, fein, gedreht, wellig oder struppig; zu lang oder zu kurz, zu dünne oder zu wenig Unterwolle; exzessives Beinhaar, gar kein Beinhaar.*
***Farbe:*** *Alle Farben außer den Angegebenen und alle Verblassungen oder Vermischungen davon im Deckhaar, wie Rost, Braun, Rot, Gelb oder Rotbraun; das Fehlen von Pfefferung; Flecken oder Streifen; ein schwarzer Streifen über den Rücken, oder ein schwarzer Sattel ohne die typische pfeffersalz Färbung; graue Haare im schwarzen Haarkleid; jede andere Farbe der Unterwolle als schwarz beim schwarzen Schnauzer.*
***Gangwerk:*** *Schränken oder Weben, Mähen, Wiegen oder Schwanken; kurze, abgehackte, steife, stelzige Aktion aus der Hinterhand; auswärts oder einwärts gedrehte Pfoten; steppender Gang; überkreuzen und vorn oder hinten gegeneinander stoßend.*
***Weiteres:*** *Jede Abweichung von den vorgenannten Punkten muß als Fehler angesehen werden, dessen Bewertung im genauen Verhältnis zum Grad der Abweichung stehen sollte. Beim Gewichten der Ernsthaftigkeit der Fehler sollte größte Sorgfalt auf die Abweichung vom geforderten, aufmerksamen, hoch intelligenten, frohgestimmten, verläßlichen Wesen des Schnauzers gelegt werden und danach auf jede Abweichung, die sich von der geforderten Allgemeinerscheinung des Schnauzers als einen robusten, aktiven, quadratisch gebauten, drahthaarigen Hund entfernt. Hunde, die scheu sind oder als nervös erscheinen, sollten ernsthaft bestraft und des Ringes verwiesen werden.*
***Disqualifizierende Fehler:*** *Bösartige Hunde sollen disqualifiziert werden.*
*Rüden unter 18 Inches oder über 20 Inches.*
*Hündinnen unter 17 Inches oder über 19 Inches.*
***Merke:*** *Disqualifikation bei allen Rassen - einhodige oder hodenlose Rüden.*

## Riesenschnauzer

Vergleicht man die verschiedenen Versionen der auf Papier beschriebenen Riesenschnauzer, gelangt man zu dem Schluß, daß da eigentlich überhaupt keine grundlegenden Unterschiede bestehen. Dennoch, die Wirklichkeit zeigt, daß trotz solcher vergleichbarer Beschreibungen der amerikanische und der europäische Riesenschnauzer heutzutage zwei total unterschiedliche Hunde sind. Der amerikanische Riesenschnauzer-Champion stimmt in vielen Punkten nicht einmal überein mit dem, was in seinem eigenen AKC-Rassestandard festgelegt ist. Der Grund dafür kann nur in der amerikanischen Vorliebe für Modetrends gefunden werden. Niemand kann verneinen, daß die meisten jener Riesen, die in den 1980er Jahren amerikanische Champions wurden, nicht übereinstimmen mit der folgenden Feststellung: »Das gesunde, zuverlässige Wesen, robuster Bau und dichtes, drahtiges, widerstandsfähiges Haar sind beste Voraussetzungen für eine äußerst tüchtige, kräftige und ausdauernde Gebrauchshunderasse.«

Ich vertrete die Auffassung, daß niemand Riesenschnauzer züchten sollte, wenn er nicht bereit ist, sie auszubilden, so daß er die Gebrauchstüchtigkeit seiner Zuchttiere belegen kann. In Bezug auf den Riesenschnauzer beinhaltet seine Ausbildung Nasenarbeit, Unterordnung und Verteidigungsbereitschaft. Die kombinierten Fähigkeiten dieser drei Disziplinen garantieren einen ausgeglichenen, wohlerzogenen und zuverlässigen modernen Gebrauchshund.

### ALLGEMEINES ERSCHEINUNGSBILD

PSK

***Allgemeines Erscheinungsbild:*** *Groß, kräftig, eher gedrungen als schlank, rauhhaarig; das vergrößerte, kraftvolle Abbild des Schnauzers. Ein trutzig wehrhafter Hund von Respekt einflößendem Aussehen.*
***Wichtige Proportionen:*** *Quadratischer Bau, wobei die Widerristhöhe etwa der Rumpflänge entspricht. Die Länge des Kopfes (Nasenspitze bis Hinterhauptbein) verhält sich zur Rückenlänge (Widerrist bis Rutenansatz) ungefähr wie 1 : 2.*
***Verhalten und Charakter (Wesen):*** *Typische Wesenszüge sind sein gutartiger, ausgeglichener Charakter und seine unbestechliche Treue zum Herrn. Er besitzt hochentwickelte Sinnesorgane, Klugheit, Ausbildungsfähigkeit, Kraft, Ausdauer, Schnelligkeit und Widerstandsfähigkeit gegen Witterung und Krankheiten. Durch seine angeborene Belastbarkeit und Selbstsicherheit eignet er sich bestens zum Begleit-, Sport-, Gebrauchs- und Diensthund.*

KC

***Allgemeinerscheinung:*** *Kräftig gebaut, robust, zäh, fast quadratisch erscheinend. Beeindruckend, mit schneidigem Ausdruck und wachsamer Haltung. Korrekter Körperbau ist von größter Wichtigkeit.*
***Typische Eigenschaften:*** *Vielseitig, kräftig, ausdauernd, intelligent und lebhaft, anpassungsfähig, zu großer Geschwindigkeit und Ausdauer befähigt und jedem Wetter widerstehend.*
***Temperament:*** *Kühn, zuverlässig, gutartig und gelassen.*

AKC

***Allgemeine Beschreibung:*** *Der Riesenschnauzer sollte - so nahe wie möglich - in seiner Allgemeinerscheinung eine größere und kräftigere Version des Schnauzers sein. Im Ganzen ein kühnes und mutiges Exemplar eines Hundes. Robust, kräftig gebaut, fast quadratisch in Bezug auf die Körperlänge und Widerristhöhe, aktiv, standhaft und gut bemuskelt. Das Temperament verbindet Lebhaftigkeit und Wachsamkeit mit Intelligenz und Zuverlässigkeit. Ausgeglichen und wachsam, mutig, leicht ausbildbar, treu der Familie ergeben, verspielt, liebenswert in seiner Gelassenheit, achtungsgebietend, wenn er erregt wird. Das gesunde, zuverlässige Wesen, robuster Bau und dichtes, drahtiges, widerstandsfähiges Haar sind beste Voraussetzungen für eine äußerst tüchtige, kräftige und ausdauernde Gebrauchshundrasse.*

### KOPF

PSK

***Oberkopf:*** *Der Schädel ist kräftig und langgestreckt, ohne stark hervortretendes Hinterhauptbein. Der Kopf soll zur Wucht des Hundes passen. Die Stirn ist flach und verläuft faltenlos und parallel zum Nasenrücken.*
***Stop:*** *Der Stirnabsatz erscheint durch die Brauen deutlich ausgeprägt.*
***Gesichtsschädel:***
***Nase:*** *Die Nasenkuppe ist gut ausgebildet, mit großen Öffnungen und stets schwarz. Der Nasenrücken ist gerade.*

**PSK**

*Ch. Telchines Appolo-n.*

**KC**

*Ch. Sandridge Kirry.*

*Züchter und Besitzer Lynne Steele (Großbritannien).*

**AKC**

*Ch. Scansens Gentleman.*

***Fang:*** *Der Fang endet in einem stumpfen Keil.*
***Lefzen:*** *Schwarz, fest und glatt an den Kiefern anliegend, Lefzenwinkel geschlossen.*
***Kiefer/Zähne:*** *Kräftiger Ober- und Unterkiefer. Das vollständige Scherengebiß (42 Zähne) ist kräftig, gut schließend und rein weiß.*
***Backen:*** *Die Kaumuskulatur ist kräftig entwickelt, doch darf keine stark ausgebildete Backenbildung die rechteckige Kopfform (mit Bart) stören.*
***Augen:*** *Mittelgroß, oval, nach vorn gerichtet, dunkel, mit lebhaftem Ausdruck; Lider gut anliegend.*
***Ohren:*** *Klappohren, hoch angesetzt, V-förmig, die Ohrinnenkanten am Kopf anliegend und gleichmäßig getragen, nach vorn in Richtung Schläfe gedreht, wobei die parallele Faltung den Oberkopf nicht überragen soll. (In Ländern, in denen noch kein Kupierverbot besteht, gleichmäßig aufrecht getragen).*

KC
***Kopf und Schädel:*** *Kräftig und von guter Länge, schmaler werdend von den Ohren zu den Augen und dann erneut allmählich sich verjüngend in Richtung auf die Nasenspitze. Die Gesamtlänge (von der Nase bis zum Hinterhauptbein) verhält sich im Vergleich zum Rücken (vom Widerrist bis zum Rutenansatz) ungefähr wie 1 : 2. Der Oberkopf (Hinterhauptbein bis Stop) mäßig breit zwischen den Ohren mit flacher faltenloser Stirn. Gut bemuskelte, aber nicht überladene Backen. Mittlerer Stop, betont durch buschige Augenbrauen. Kräftiger Fang, der in einem mäßig stumpfen Keil endet, mit borstigem, stoppeligem Bart. Nasenrücken gerade, parallel zur Oberkopflinie verlaufend. Nase schwarz mit weiten Nasenlöchern.*
***Augen:*** *Mittelgroß, dunkel, oval, nach vorn gerichtet, das untere Augenlid liegt eng an.*
***Ohren:*** *Hübsch, V-förmig, hoch angesetzt und vorwärts in Richtung auf die Schläfen fallend.*
***Fang:*** *Starke Kiefer mit perfektem, regelmäßigem und komplettem Scherengebiß, d. h.; die oberen Zähne überragen dicht die unteren Zähne und stehen senkrecht im Kiefer. Lippen schwarz, eng schließend, aber nicht überlappend.*

AKC
***Kopf:*** *Kräftig, von rechteckiger Erscheinung und gestreckt; allmählich schmaler werdend von den Ohren zu den Augen und dann erneut von den Augen zur Nasenspitze. Die Gesamtlänge des Kopfes beträgt etwa die Hälfte der Länge des Rückens (Widerrist bis Rutenansatz). Der Kopf paßt zum Geschlecht und der Substanz des Hundes. Die Oberlinie des Fanges verläuft parallel zur Oberlinie des Schädels. Der leichte Stop wird durch die Augenbrauen betont.*
***Schädel*** *(Hinterhauptbein bis Stop): Mäßig breit zwischen den Ohren, Hinterhauptbein nicht zu sehr ausgeprägt, Oberkopf flach, faltenlose Haut.*
***Backen:*** *Flach, aber mit gut entwickelten Kaumuskeln; keine Backenbildung, um die rechtwinklige Kopfform (mit Bart) nicht zu stören.*
***Fang:*** *Kräftig und gut ausgefüllt unter den Augen; parallel und gleich lang im Verhältnis zum Oberkopf; in einem mäßig stumpfen Keil endend. Die Nase ist groß, schwarz und voll. Die Lippen sind straff und nicht überlappend, von schwarzer Farbe.*
***Gebiß:*** *Die volle Anzahl von gesunden, weißen Zähnen (6/6 Schneidezähne, 2/2 Fangzähne, 8/8 Prämolaren, 4/6 Molaren), Scherengebiß. Die Ober- und Unterkiefer sind kräftig und gut geformt. Disqualifizierende Fehler: Über- oder Unterbiß.*
***Ohren:*** *Kupiert, gleichmäßig in Form und Länge, mit spitzen Enden. Sie passen zum Kopf und sind nicht von übertriebener Länge. Sie sind hoch am Kopf angesetzt und werden an den Innenseiten aufrecht getragen und so wenig wie möglich an den äußeren Rändern überstehend. Unkupiert sind die Ohren V-förmige Knopfohren von mittlerer Länge und Dicke, hoch angesetzt und ziemlich hoch und eng am Kopf getragen.*
***Augen:*** *Mittelgroß, dunkelbraun und tief eingesetzt. Sie sind oval in ihrer Erscheinung und Kühn im Ausdruck, mit dicht anliegenden Lidern. Durch zu lange Augenbrauen darf weder die Sicht behindert noch dürfen die Augen verborgen werden.*

**Kommentar:** Bei der Besprechung des Zwergschnauzers und Schnauzers hab ich bereits erwähnt, daß der Schnauzerschädel mäßig langgestreckt sein sollte und sich nicht von den Ohren zu den Augen hin verjüngt. Der Fang verjüngt sich von den Augen zur mäßig stumpfen Nasenkuppe hin, aber wegen des Bartes wird diese Verjüngung verborgen und der gesamte Kopf erscheint rechtwinkelig.

Obwohl die Mehrheit der amerikanischen Riesen die Ohren kupiert hat, enthält der Standard auch Ausführungen zum unkupierten Ohr. Dies als ein »V-förmiges Knopfohr« zu beschreiben ist nicht ideal. Das natürliche Hängeohr muß hoch angesetzt sein, die Falten sollten die Oberkopflinie nicht überragen, die Ohren fallen vorwärts, wobei der Innenrand des V's die Schläfen berührt.

*Kopfstudie Ch. Otti van't Wareheim.*
*Die Kopfform in Kombination mit Augenbrauen und Bart wirkt rechteckig. Oberkopf und Fang verhalten sich 1:1. Die unkupierten Ohren sind hoch angesetzt, V-förmig, wobei die Innenseiten des V's die Schläfen berühren.*
*Züchter J. und E. Gallant, Besitzer P. Madden (Südafrika).*

**HALS**

PSK

***Hals:*** *Profillinie: Der starke muskulöse Nacken ist nach oben erhaben gewölbt. Der Hals geht harmonisch in den Widerrist über.*
***Form:*** *Kräftig aufgesetzt, schlank, edel geschwungen und zur Wucht des Hundes passend.*
***Haut:*** *Die Kehlhaut liegt straff und faltenlos an.*

KC

***Hals:*** *Mäßig lang, kräftig, und leicht geschwungen; Haut an der Kehle anliegend; Hals sauber in die Schulter übergehend.*

AKC

***Hals:*** *Kräftig und gut geschwungen, von mäßiger Länge, sauber in die Schultern übergehend, die Haut liegt straff an der Kehle an, harmonisch zum Gewicht und dem Gebäude des Hundes passend.*

**KÖRPER**

PSK

***Obere Profillinie:*** *Vom Widerrist ausgehend, nach hinten leicht abfallend.*
***Widerrist:*** *Der Widerrist bildet die höchste Stelle des kräftigen Rückens.*
***Rücken:*** *Kurz und stramm.*
***Lenden:*** *Kurz, kräftig und tief. Der Abstand vom letzten Rippenbogen bis zur Hüfte ist kurz, damit der Hund gedrungen wirkt.*
***Kruppe:*** *In leichter Rundung verlaufend, unmerklich in den Rutenansatz übergehend.*
***Brust:*** *Mäßig breit, im Querschnitt oval, bis zu den Ellenbogen reichend. Die Vorbrust ist durch die Brustbeinspitze markant ausgebildet.*
***Bauch:*** *Flanken nicht übermäßig aufgezogen, mit der Unterseite des Brustkorbes eine schön geschwungene Linie bildend.*
***Rute:*** *Auf ca. drei Wirbel gekürzt, fließend die Neigung der Kruppe fortsetzend und leicht aufwärts getragen. In Ländern, in denen gesetzliches Kupierverbot besteht, ist eine Säbelrute anzustreben, die entweder aufwärts oder hängend in leicht gebogener Form getragen wird.*

KC

***Körper:*** *Brust mäßig breit und tief, mindestens bis zu den Ellenbogen reichend, rückwärts in Richtung Lenden leicht ansteigend. Das Brustbein erstreckt sich deutlich über das Schultergelenk und den Oberarm hinaus, es bildet die deutliche Vorbrust. Der Rücken stark und gerade, ein wenig höher an den Schultern als an der Hinterhand, mit kurzen, gut entwickelten Lenden, leicht abfallende Kruppe, gut gerippt, die Körperlänge entspricht der Widerristhöhe.*
***Rute:*** *Hoch angesetzt und die Oberlinie leicht überragend getragen, üblicherweise auf zwei Glieder gekürzt.*

*Snob v. Bartenwetzer.*
*Geprüfter und erfolgreicher Fährten- und Rettungshund.*
*Züchter G. u. W. Schicker (Deutschland)*

AKC

***Körper:*** *Kompakt, substanzvoll, geschlossen und stark von großer Kraft und Wendigkeit. Die Höhe am höchsten Punkt des Widerristes entspricht der Körperlänge vom Brustbein bis zum Sitzbeinhöcker. Die Lendenpartie ist gut entwickelt, so kurz wie möglich wegen des kompakten Gebäudes.*

***Brust:*** *Von mittlerer Breite, gut gerippt mit keiner Tendenz zur Tonnenbrust, oval im Querschnitt, tiefe Unterbrust. Das Brustbein ist deutlich sichtbar mit kräftiger Vorbrust, die Brust reicht mindestens bis zu den Ellenbogen herab und steigt allmählich nach hinten an, wobei der Bauch mäßig aufgezogen ist. Die Rippen breiten sich allmählich von der ersten Rippe so aus, um genügend Spielraum für die Ellenbogen zu lassen, die sich anliegend am Körper bewegen.*

***Rücken:*** *Kurz, gerade, kräftig und fest.*

***Rute:*** *Die Rute ist ziemlich hoch angesetzt und wird in der Erregung hoch getragen. Sie sollte am zweiten Glied oder nicht mehr als dem dritten Glied gekürzt werden (ungefähr eineinhalb bis etwa drei Inches lang, wenn ausgewachsen).*

**Kommentar:** Auch hier möchte ich zunächst auf das verweisen, was ich zu diesen Punkten bereits im Zusammenhang mit dem Mittelschnauzer ausgeführt habe. Dennoch muß ich einen Aspekt besonders hervorheben. Bevor der Riesenschnauzer in den 80er Jahren im United Kingdom von der »Utility Gruppe« (verschiedenrassige Gruppe) in die »Working Gruppe« (Gebrauchshundgruppe) übertragen wurde, bestand nicht nur eine Vorliebe dafür, das Beinhaar übertrieben darzustellen, sondern es kam auch gleichzeitig der Wunsch auf, sich züchterisch um eine Halsform zu bemühen, die einen deutlichen Winkel zum Rücken bildete, wobei die Halslinie parallel der Linie vom Knie zum Sprunggelenk verlief (vgl. Beschreibung der Hinterhand). Obwohl die übertriebenen Beinhaare weniger geworden sind und der britische Riese sich dem deutschen Typ etwas mehr angenähert hat, besteht da immer noch ein deutlicher Unterschied, den fließenden Übergang des Halses in die Schultern betreffend. Dies geht möglicherweise auf die britische Neigung zurück, sich auf mehr vereinheitlichte Standards zu berufen und die Halsformen der Dobermänner, Boxer, Rottweiler, Schnauzer usw. gleichermaßen in Bezug auf ihre Übergänge in die Schultern zu betrachten. Das Idealbild des Riesenschnauzers, das gleichzeitig den Eindruck von Kraft und Adel vermittelt, zeigt einen gut bemuskelten und elegant gewölbten Hals, der fließend in die Schultern übergeht.

*Ch. Bastian van't Wareheim, IPO III.*
*Flucht und Zufassen während der südafrikanischen Meisterschaft 1991.*
*Züchter und Besitzer J. u. E. Gallant (Südafrika).*

**GLIEDMASSEN**

PSK

***Vorhand:*** *Allgemeines - Die Vorderläufe sind, von vorn gesehen, stämmig, gerade und nicht eng gestellt. Die Unterarme stehen, seitlich gesehen, gerade.*

***Schultern:*** *Das Schulterblatt liegt fest dem Brustkorb an, ist beiderseits der Schulterblattgräte gut bemuskelt und*

*überragt oben die Dornfortsätze der Brustwirbel. Möglichst schräg und gut zurückgelagert, beträgt der Winkel zur Waagerechten ca. 50°.*
***Oberarm:** Gut am Rumpf anliegend, kräftig und muskulös, Winkel zum Schulterblatt etwa 95 - 105°.*
***Ellenbogen:** Gut anliegend, weder aus- noch einwärts drehend.*
***Unterarm:** Der Unterarm ist von allen Seiten gesehen völlig gerade, kräftig entwickelt und gut bemuskelt.*
***Vorderfußwurzelgelenk:** Kräftig, stabil, sich nur unwesentlich von der Struktur des Unterarms abhebend.*
***Vordermittelfuß:** Von vorn gesehen senkrecht, von der Seite betrachtet leicht schräg zum Boden stehend, kräftig und leicht federnd.*
***Pfoten:** Kurz und rund, Zehen eng aneinanderliegend und gewölbt (Katzenpfoten), mit kurzen, dunklen Nägeln und derben Ballen.*

KC
***Vorhand:** Schultern flach, schräg nach hinten gestellt. Vorderläufe von allen Seiten betrachtet gerade, Muskeln eher glatt und geschmeidig als deutlich hervortretend, starke Knochen, bis zu den Pfoten gerade verlaufend, Ellenbogen am Körper anliegend und direkt nach hinten zeigend.*

AKC
***Vorhand:** Die Vorhand hat flache, etwas abfallende Schultern und einen hohen Widerrist. Die Vorderläufe sind gerade und von allen Seiten betrachtet senkrecht, mit starken Vordermittelfüßen und kräftigen Knochen. Sie werden durch einen ziemlich tiefen Brustkasten voneinander getrennt, was eine enge Front ausschließt. Die Ellenbogen liegen nahe am Körper an und zeigen direkt nach hinten.*
***Schultern:** Die abfallenden Schulterblätter (Scapulae) sind kräftig bemuskelt, dennoch flach. Sie sind deutlich schräg gestellt, so daß von der Seite betrachtet, die runden oberen Ränder etwa in einer vertikalen Linie oberhalb der Ellenbogen verlaufen. Sie neigen sich gut vorwärts bis zu dem Punkt, wo sie auf den Oberarm treffen und möglichst mit ihm einen rechten Winkel bilden. Eine solche Winkelung ermöglicht die größte Vorwärtsstreckung der Vorderläufe, ohne Hemmung oder Anstrengung. Beide, Schulterblatt und Oberarm, sind lang und gestatten ein tiefe Brust.*

**HINTERHAND**
PSK
***Allgemeines:** Von der Seite gesehen schräg gestellt, von hinten gesehen parallel verlaufend, nicht eng gestellt.*
***Oberschenkel:** Mäßig lang, breit und kräftig bemuskelt.*
***Knie:** Weder ein- noch auswärts gedreht.*
***Unterschenkel:** Lang und kräftig, sehnig, in ein kraftvolles Sprunggelenk übergehend.*
***Sprunggelenk:** Ausgeprägt gewinkelt, kräftig, stabil, weder nach innen noch nach außen gerichtet.*
***Hintermittelfuß:** Er ist kurz und steht senkrecht zum Boden.*
***Pfoten:** Zehen kurz, gewölbt und eng aneinanderliegend; Nägel kurz, schwarz.*

KC
***Hinterhand:** Kräftig bemuskelt. Die Knie bilden einen deutlichen Winkel. Oberschenkel senkrecht zum Knie, vom Knie bis zum Sprunggelenk in einer Linie parallel zur Oberhalslinie verlaufend, vom Sprunggelenk senkrecht zum Boden stehend. Von hinten betrachtet stehen die Läufe parallel.*
***Pfoten:** Direkt vorwärts zeigend, kurz, rund, kompakt mit eng beieinanderstehenden, gewölbten Zehen. Tiefe, dunkle und feste Ballen, dunkle Nägel.*

AKC
***Hinterläufe:** Die Hinterläufe sind stark bemuskelt, abgestimmt auf die Vorderläufe; die Oberschenkel sind schräg gestellt und deutlich gewinkelt an den Knien, wobei die Unterschenkel etwa parallel zur Oberhalslinie verlaufen. Die Läufe von den Sprunggelenken zu den Pfoten sind kurz und stehen senkrecht zum Boden, während der Hund natürlich steht und von hinten betrachtet, stehen sie parallel zueinander. Die Hinterhand erscheint nicht überbaut oder höher als die Schultern. Die Kruppe ist voll und leicht abgerundet.*
***Pfoten:** Gut aufgewölbt, kompakt und katzenähnlich, weder ein- noch auswärts drehend, mit dicken, derben Sohlen und dunklen Nägeln. Wolfskrallen - falls vorhanden - sollten an den Hinterläufen entfernt werden, an den Vorderläufen können sie entfernt werden.*

**GANGWERK**

PSK

***Gangwerk:*** *Der Gang ist elastisch, elegant, wendig, frei und raumgreifend. Die Vorderläufe schwingen möglichst weit vor, die Hinterhand gibt - weit ausgreifend und federnd - die erforderliche Schubkraft. Der Vorderlauf der einen und der Hinterlauf der anderen Seite werden zugleich nach vorne geführt. Rücken, Bänder und Gelenke fest.*

Telchines Appolon, vier Monate alt.
Der Junghund zeigt einen harmonischen Bewegungsablauf während des Bringens seines Spielzeugs. Züchter M. Ambrosi (Italien).
Besitzer J. und E. Gallant (Südafrika).

KC

***Gangwerk/Bewegung:*** *Frei, ausgeglichen und kraftvoll, mit gutem Vortritt und gutem Schub aus der Hinterhand. Die Oberlinie bleibt gerade in der Bewegung.*

AKC

***Gangwerk:*** *Der Trab ist die Form bei der die Bewegung beurteilt wird. Frei, ausgeglichen, und kraftvoll, mit gutem Vortritt und gutem Schub aus der Hinterhand. Hinter- und Vorderläufe werden weder einwärts noch auswärts geworfen. Im schnellen Trab wird ein richtig aufgebauter Hund »single tracking« zeigen. Der Rücken bleibt stark, fest und gerade.*

**Kommentar:** Was die Beschreibung der Vorder- und Hinterhand und meinen Kommentar dazu angeht, muß ich wieder auf das verweisen, was ich oben zum Schnauzer ausgeführt habe. In direktem Zusammenhang damit steht die Beschreibung des Gangwerks. Der Trab wird in einer diagonalen Abfolge ausgeführt - d. h., kein Paßgang - und die sich vorwärts bewegende Hinterpfote erreicht einen Punkt auf der Höhe auf der die gegenüberliegende Vorderpfote abhob. Bei zunehmender Geschwindigkeit treffen die Pfoten beinahe auf ein und derselben Linie auf (vgl. »single tracking«).

**HAARKLEID**

PSK

***Haut:*** *Eng anliegend am ganzen Körper.*

***Haarkleid:***

***Beschaffenheit:*** *Das Haar soll drahtig hart und dicht sein. Es besteht aus einer dichten Unterwolle und dem keineswegs zu kurzen, harten, dem Körper gut anliegenden Deckhaar. Das Deckhaar ist rauh, lang genug, um seine Textur überprüfen zu können, weder struppig noch gewellt. Das Haar an den Läufen neigt dazu, nicht ganz so hart zu sein. An der Stirn und den Ohren kurz. Als typisches Kennzeichen bildet es am Fang den nicht zu weichen Bart und die buschigen Brauen, die die Augen leicht überschatten.*

***Farbe:*** *a) rein schwarz mit schwarzer Unterwolle; b) pfeffersalz*

*Für pfeffersalzfarbig gilt als Zuchtziel eine mittlere Tönung mit gleichmäßig verteilter gut pigmentierter Pfefferung und grauer Unterwolle. Zugelassen sind die Farbnuancen vom dunklen Eisengrau bis zum Silbergrau. Alle Farbenspiele müssen eine den Ausdruck unterstreichende dunkle Maske aufweisen, die sich harmonisch dem jeweiligen Farbenschlag anpassen soll. Deutlich helle Abzeichen am Kopf, auf der Brust und an den Läufen sind unerwünscht.*

KC

***Haarkleid:*** *Das Deckhaar ist hart und drahtig, kurz genug, um schick am Körper auszusehen, etwas kürzer am Hals und an den Schultern und fließend in das Körperhaar übergehend, sauber an der Kehle, am Oberkopf, den Ohren und unter der Rute, gute Unterwolle, harsches Haar an den Läufen.*

***Farbe:*** *Erstens rein schwarz, zweitens pfeffer und salz; Schattierungen reichen vom dunklen Eisengrau bis zum Hellgrau. Die Haare sind schwarz/hell/ schwarz gebändert. Dunkle Gesichtsmaske ist grundlegend, sie soll zur jeweiligen Körperfarbe passen. Bei beiden Farben sind weiße Markierungen am Kopf, der Brust und den Läufen unerwünscht. Gute Pigmentierung ist Voraussetzung.*

*Titan v. Bartenwetzer. Ein sehr vielversprechender Jungrüde mit einer hervorragend konstruierten Hinterhand. Züchter W. u. G. Schicker. Besitzer M. Felsche (Deutschland).*

*Arlet van't Wareheim. Arlet zeigt, daß die Kruppenwinkelung auch eine Frage der jeweiligen Stimmung sein kann.*

AKC

***Haarkleid:*** *Hart, drahtig, sehr dicht, bestehend aus einer weichen Unterwolle und harschem Deckhaar, das, wenn man es gegen den Strich betrachtet, am Rücken leicht vom Körper absteht, weder glatt noch flach anliegt. Rauhes Haar am Oberkopf, Bart und Augenbrauen harsch, das Kennzeichen des Schnauzers.*

***Farbe:*** *Rein schwarz oder pfeffersalz.*

*Schwarz: Ein reines Schwarz. Ein kleiner weißer Fleck an der Brust ist erlaubt, alle anderen Markierungen sind disqualifizierende Fehler.*

*Pfeffersalz: Das Deckhaar ist eine Kombination von gebänderten Haaren (weiß mit schwarz und schwarz mit weiß) und einigen schwarzen und weißen Haaren, die vom Nahen grau aussehen. Ideal ist eine intensiv pigmentierte mittelgraue Tönung mit über das ganze Haarkleid gleichmäßig verteilter Pfefferung und grauer Unterwolle. Annehmbar sind alle Schattierungen des Pfeffer und Salz vom dunklen Eisengrau bis zum Silbergrau. Jede Schattierung hat eine dunkle Geichtsmaske, um den Ausdruck zu betonen, die Farbe der Maske paßt zur Tönung des Körperhaares. Augenbrauen, Bart, Backen, Kehle, Brust, Läufe und Hose sind heller in der Farbe aber dennoch gepfeffert, Abzeichen sind disqualifizierende Fehler.*

**Kommentar:** In der Einführung zur Diskussion über den Rassestandard des Riesenschnauzers habe ich bereits deutlich gemacht, warum ein richtig dichtes, drahtiges, wetterabweisendes Haarkleid so bedeutend für den Riesen ist. Es ist klar, daß ein Riesenschnauzer mit einem korrekten, drahtigen Haarkleid automatisch mit einer optimal arbeitsorientierten »Kleidung« ausgestattet ist, die lediglich allgemeiner Pflege bedarf. Ein solches Haarkleid eignet sich jedoch nicht besonders für ein modisches Zurechtmachen. Der Ausstellungsring liebt Glanz und auffallende Eleganz und es ist nur allzu menschlich, das anzustreben, was man sehen möchte, auch wenn dieses Erscheinungsbild dann in Konflikt mit den eigentlichen Standardforderungen gerät. Wir dürfen nicht von vornherein nur die Richter dafür verantwortlich machen, wenn sie CACs an lang-, weich- und wellhaarige Riesenschnauzer mit üppig weichem Beinhaar vergeben. Das Problem fängt beim Züchter an, der sich immer um das richtige, standardgerechte Haarkleid bemühen sollte. In Ländern, in denen vornehmlich drahthaarige Riesenschnauzer gezüchtet werden und man daher leicht herausfinden kann, wie praktisch und pflegeleicht ein solches Haarkleid ist, hat der Züchter keine Schwierigkeiten, genügend Interessenten und Liebhaber für seine Hunde mit pflegeleichtem Haar zu finden.

Leider ist es einfach, Riesenschnauzer zu züchten, die größer sind als die im Rassestandard vorgeschriebenen Maße. Erneut sind es die des- und uninformierte Öffentlichkeit oder der macho-orientierte Liebhaber, die einige Züchter angeregt haben, auf noch größere Hunde abzuzielen, wenn jeder immer nur den größten Rüden aus dem Wurf begehrt. In vielen Situationen im Umgang mit meinen Riesenschnauzern ist mir klar geworden, daß, wenn die funktionale Wendigkeit und umfangreiche Ausbildbarkeit erhalten bleiben soll, der ideale Riesenschnauzer die im PSK-Standard fixierten Größen nicht überschreiten darf.

*Brillant Radinie. Klubsieger PSK u. CSFR, Österreich, Deutscher Champion, VDH-Champion, Bundessieger.*

*Ch. Sanio v. d. Lederhecke - ISPU-Sieger, Klubsieger PSK, Bundessieger und deutscher Champion. Beachten Sie die ausgeprägte Vorbrust und die Brusttiefe, die in volle Harmonie mit den Schulter- und Oberarmwinkelungen stehen. Züchter und Besitzer W. Büschel.*

*Ch. Free de Pichera - ISPU-Sieger und Champion in Italien.*
*Züchter D. Vincente Y D Jesus Giner Barat (Spanien).*
*Besitzer Casali Lucillo (San Marino).*

**GRÖSSE UND GEWICHT**

PSK

***Widerristhöhe:*** *Bei Rüden und Hündinnen zwischen 60 und 70 cm.*

***Gewicht:*** *Bei Rüden und Hündinnen zwischen 35 bis 45 Kg.*

KC

***Größe:*** *Rüden: 25 fi bis 27 fi Inches, (65 bis 70 cm).*
*Hündinnen: 23 fi bis 25 fi Inches, (60 bis 65 cm).*
*Abweichungen, über diese Grenzen hinausgehend, sind unerwünscht.*

AKC

***Höhe:*** *Die Widerristhöhe des Rüden beträgt zwischen 25 fi und 27 fi Inches und die der Hündin ist 23 fi bis 25 fi Inches, wobei die Mittelwerte anzustreben sind. Die Größe allein sollte aber nie dem Typ, der Ausgeglichenheit, dem gesunden Körperbau und dem Wesen übergeordnet werden. Es sollte beachtet werden, daß zu kleine Hunde allgemein die Kraft vermissen lassen und zu große Hunde die gewünschte Wendigkeit und Manövrierbarkeit eines Gebrauchshundes nicht aufweisen.*

**FEHLER**

PSK

***Fehler:*** *Jede Abweichung von den vorgenannten Punkten muß als Fehler gesehen werden, dessen Bewertung im genauen Verhältnis zum Grad der Abweichung stehen sollte.*
*Plumper oder leichter, niedriger oder hochläufiger Bau, schwerer oder runder Oberkopf, insgesamt zu kleiner oder zu kurzer Kopf, Stirnfalten, tief angesetzte oder zu lange, unterschiedlich getragene Ohren; helle, zu große oder zu kleine Augen; stark hervortretende Backen oder Backenknochen; lose Kehlhaut, Wamme; Hirschhals; Zangengebiß; kurzer, spitzer oder schmaler Fang; zu langer, aufgezogener oder weicher Rücken, Karpfenrücken; abfallende Kruppe, zu steil getragene Rute oder Hasenrute; nach außen gedrehte Ellenbogen; nach innen gedrehte Sprunggelenke; steile oder faßbeinige Hinterhand; lange Pfoten; zu kurzes, zu langes, weiches, gewelltes, zottiges, seidiges, weißes oder fleckiges Haar oder sonstige Farbbeimischungen, braune Unterwolle; bei pfeffersalzfarbig: Aalstrich oder schwarzer Sattel; Über- oder Untergröße; umgekehrtes Geschlechtsgepräge z. B. rüdenhafte Hündin; Paßgang; schwaches Wesen.*

***Ausschließende Fehler:*** *Mißbildungen jeglicher Art, mangelhafter Typ. Gebißfehler wie Vorbiß, Rückbiß, Kreuzbiß,*

*Ch. Regal Cora at van't Wareheim. CQN, CACIB/IPO - Int. Ch., Klubsieger PSK, Champion in Deutschland, Belgien, Frankreich, Holland. Ein elegant geschwungener Hals, der harmonisch in die Schulter übergeht.*
*Züchter A. Kirsten (Dänemark), Besitzer J. u. E. Gallant (Südafrika).*

*Fehlen von zwei Prämolaren oder Schneidezähnen - in welcher Position auch immer, Fehlen von zwei der übrigen großen Zähne, Fehlen eines Fangzahnes. Grobe Fehler in den einzelnen Regionen wie Gebäudefehler, Haar- und Farbfehler. Scheues, aggressives, bösartiges, übertrieben mißtrauisches, nervöses Verhalten.*

***N.B.*** *Rüden müssen zwei offensichtlich normal entwickelte Hoden aufweisen, die sich vollständig im Hodensack befinden.*

KC

***Fehler:*** *Jede Abweichung von den vorgenannten Punkten muß als Fehler angesehen werden, dessen Bewertung im genauen Verhältnis zum Grad der Abweichung stehen sollte.*

***Ausschließende Fehler:*** *Über- oder Unterbiß.*

***Merke:*** *Rüden sollten zwei offensichtlich normal entwickelte Hoden haben, die vollständig in den Hodensack abgestiegen sind.*

*Ch. Ogar v. Bartenwetzer, AD, IPO III, WMZ-3, Kbsg PSK, VDHsg, Int. Ch., Mitteleuropäischer Sieger u. Champion in Deutschland, Polen, Ungarn, Tschechien.*
*Zusätzlich zu all seinen anderen hervorragenden Qualitäten besitzt dieser Riesenschanuzer von Kopf bis zum Fuß das korrekte Drahthaar.*
*Züchter W. u. G. Schicker (Deutschland).*
*Besitzer H. Glänznerova (Tschechien)*

AKC

***Fehler:*** *Die vorausgehende Beschreibung ist die des idealen Riesenschnauzers. Jede Abweichung vom oben beschriebenen Hund muß im genauen Verhältnis zum Grad der Abweichung bestraft werden.*

*Der Richter soll jeden scheuen oder bösartigen Hund des Ringes verweisen.*

***Scheue:*** *Ein Hund soll als grundlegend scheu beurteilt werden, wenn er sich zum Zweck der Untersuchung weigert, stehen zu bleiben, wiederholt von Richter wegschreckt, wenn er sich unbegründet vor jeder Annäherung von hinten fürchtet, wenn er bis zu einem gewissen Grade vor plötzlichen und ungewöhnlichen Geräuschen zurückscheut.*

***Bösartigkeit:*** *Ein Hund, der entweder den Richter oder seinen Vorführer angreift oder anzugreifen versucht, ist ohne Zweifel bösartig. Eine aggressive oder streitlustige Haltung gegenüber anderen Hunden soll nicht als Bösartigkeit betrachtet werden.*

***Disqualifizierende Fehler:*** *Über- oder Unterbiß.*

*Markierungen, außer den angegebenen.*

# Kapitel 15

# SPORT UND FREIZEIT-GESTALTUNG MIT DEM HUND
## (nach Ludwig Hornsmann)

Sport mit dem Hund ist für viele Hundefreunde zu einer Variante neuzeitlicher Lebensform geworden. Für jeden am Hundesport interessierten Menschen gibt es eine geeignete Sportart für sich und seinen Hund, die gemeinsam betrieben und gegenseitig zu besonderer Lebensfreude beitragen kann. Die Möglichkeiten werden entweder vom Hunderassentyp bestimmt oder durch das menschliche Leistungsvermögen und äußere Umstände begrenzt. Grundsätzlich gilt, daß alle sozialisierten und auf uns Menschen geprägte Hunde als Partner für entsprechende Sportarten in Frage kommen. Sport mit dem Hund beginnt bereits mit gezielter Ausbildung unter fachkundiger Anleitung bis hin zu einem Lernziel, der Teilnahme an einem Wettbewerb oder an einer Prüfung.

Je nach Art der sportlichen Tätigkeit gibt es unterschiedliche Anforderungen an den Hund, die bestimmte Hunderassen besonders geeignet erscheinen lassen. Hundezucht und Verwendung stehen seit jeher in enger Verbindung zueinander. Aufgrund der Anpassungsfähigkeit beider Spezies können sich Mensch-Hund-Beziehungen auch in moderner, technisierter Umgebung zu gemeinsamer sportlicher Aktivität positiv weiterentwickeln.

In Deutschland entstanden in der Zeit um 1910 bis 1920 die ersten sog. Polizei- und Schutzhundvereine, die inzwischen das Wort »Sport« in ihren Namen eingebunden haben und bereits Jubiläumsfeiern zum 75jährigen Bestehen begehen konnten.

Früher waren die Zuchtziele für mittelgroße Hunde stark vom jagdlichen Nutzen bzw. von der Eignung als Hüte- und Treibhunde bei der Viehhaltung abhängig. Anfang 1900 wurden die Schutzhundeigenschaften bei bestimmten Rassen herausgestellt. Seitdem wird bei der Auswahl geeigneter Zuchttiere auf besonders stabile ausgeprägte Wesensmerkmale, wie gute Triebveranlagung, Selbstsicherheit und Belastbarkeit, geachtet.

Zu der sportlichen Betätigung im Rahmen der Ausbildung unserer Hunderassen bis hin zu einer Begleithund-, Wachhund-, Fährtenhund- oder Schutzhundprüfung, sind die neueren Sportarten Turnierhundsport und Agility hinzugekommen, die eindeutig dem menschlichen Partner mehr körperlichen Einsatz abfordern. Damit ist für alle Mitglieder und ihre großen oder kleinen Schnauzer und Pinscher die aktive Teilnahme am Sportgeschehen im Verein möglich.

### Hundesportverein

Vereine stellen sich auf die Ansprüche und Bedürfnisse ihrer Mitglieder ein und schaffen die Trainingsmöglichkeiten. Die Vielseitigkeit der Angebote für den Sport mit dem Hund stellt die Organisatoren häufig vor Personalprobleme und fordert Flexibilität und Weitblick der Verantwortlichen heraus.

Sportliche Motivation ist aber auch abhängig von den Möglichkeiten, die sich in der Umgebung des Hundebesitzers ergeben, z. B. ob ein Hundesportverein in zumutbarer Entfernung besteht. Regionale Übungszentren und geeignete Ausbilder als Voraussetzungen, stehen leider nicht überall und immer in idealer Weise zur Verfügung.

Durch den Erfahrungsaustausch und die ähnlichen Interessen der Mitglieder entsteht oft ein Gruppenerlebnis besonderer Art, insbesondere wenn mehrere Familienmitglieder Interesse am Vereinsleben mit Hundebezug zeigen. Viele unserer aktiven Hundesportler sind bereit, große Anreise- und Rückfahrwege zurückzulegen.

### Prüfungen, Wettbewerbe, Sportabzeichen

Der Hundesport wird den Bedürfnissen der Mitbürger in psychischer, sozialer und körperlicher Hinsicht gerecht. Mit den modernen Programmen eines gut geführten Hundesportvereins sprechen wir einen großen Kreis von Hundehaltern an, denen Gelegenheit zum Mitmachen geboten wird:

Lernziele für Hund und Hundeführer sind das Erreichen eines bestimmten Ausbildungsstandes. Alle Teilnehmer am geregelten Übungsbetrieb sollen das Ziel anstreben, mit ihrem Hund an einem Leistungsvergleich oder Wettbewerb teilzunehmen. Sofern die in Reglements festgelegten Anforderungen erfüllt sind, vergeben eigens dafür geschulte Prüfungsrichter

## Fährtenarbeit

*Edith Gallant mit ihrem Riesenschnauzer Ch. Bastian van't Wareheim. Bastian demonstriert die Übungen während eines IPO III-Übungsabschnitts. Bastian ist genügend Zeit zur Witterungsaufnahme gegeben.*

*Bastian folgt gelassen der Fährte, Nase unten.*

*Der Hundeführer folgt dem Ende der völlig abgerollten Verfolgerleine.*

*Jeder gefundene Gegenstand wird dem Richter gezeigt.*

## Unterordnung

*Frei Folgen - normaler Schritt.*

*Frei Folgen - Laufschritt.*

## Unterordnung

*Sitz!*

*Platz!*

*Steh!*

*Platz aus schnellem Schritt mit Abrufen.*

## Apportieren über 1-Meter-Hürde

*Apportieren eines 650 Gramm schweren Dummies.*

und Bewerter die Prüfungsbestätigung bzw. ein Ausbildungskennzeichen:

Prüfungen für Begleithunde (BH)
Prüfungen für Wachhunde (WH)
Prüfungen für Schutzhunde (SchH / IPO)
Prüfungen für Fährtenhunde (FH)
Die Rettungshund-Tauglichkeitsprüfung (RT) ist dem Sportbereich direkt angegliedert und in der Prüfungsordnung des VDH enthalten. Weitere Spezialprüfungen für Rettungshunde, wie Flächensuche und Trümmersuche, werden unter dem Gesichtspunkt des praktischen Einsatzes im Katastrophenfall von den Hilfsorganisationen nach gründlicher Vorbereitung der Hunde und der Hundeführer durchgeführt.
Turniere für den Turnierhundsport (THS)
Agility-Wettbewerbe

In einigen Vereinen mit genügend Ausbildern, wird künftig ein Kursprogramm angeboten. Die Schulung umfaßt die Anleitung zum richtigen Umgang mit dem Hund und eine Unterrichtung des Hundehalters in vielen Fragen zum Hund. Ziel dieser Kurzausbildung ist der PSK-Hundeführerschein. Das Besondere daran ist, daß die Teilnehmer und Hundeführer, nicht wie sonst bei allen Sportwettbewerben und Prüfungen mit dem Hund, keine Vereinsmitglieder zu sein brauchen. Der Kurs dauert 6 Monate und schließt mit der Prüfung zum PSK-Hundeführerschein ab, die einer normalen Vereinsprüfung angegliedert werden kann.

Weitere Prüfungen, die mit dem Hund möglich sind, aber bei uns keine Rolle spielen:

- Prüfungen für Rennhunde sind ohne besondere menschliche Bewegungsaktivität und deshalb nicht im Sinne dieses Artikels dem Sport mit dem Hund zuzuordnen.
- Jagdhundeprüfungen sind reine Arbeitsprüfungen für Hunde, also im Sinne dieses Artikels keine sportlich geführten Hunde.
- Auch Blindenhunde werden einer Prüfung unterzogen, deren Ausbildung und Aufgabe eine andere ist.

Sogenannte praxisnahe Ausbildung von Hunden für spezielle Wachaufgaben sind längst nicht mehr im Übungsprogramm der Vereine enthalten. Lernziele sind - wie gesagt - Sportprüfungen und die Teilnahme an Wettkämpfen.

## Anreize durch Sportabzeichen

Viele Hundefreunde nehmen mit ihrem Partner Hund mehrmals im Jahr an unseren Veranstaltungen teil und stellen sich wiederholt im Wettbewerb. Für sie ist die wiederholte Teilnahme an öffentlich angekündigten Prüfungen der Freizeitsport, der oft die ganze Familie erfaßt. Als Anreiz dient auch der Erwerb des Hundeführer-Sportabzeichens. Im PSK ist eine große Nachfrage entstanden. Im Jahr 1984 wurden 4 Stufen eingeführt, 1990 haben wir erweitert auf Stufe 8 und seit 1995 gibt es 10 PSK-Sportabzeichenstufen, die auf Antrag an erfolgreiche Prüfungsteilnehmer mit langjähriger Beteiligung vergeben werden.

## Schutzhundsport

Die Frage, welche Sportart mit welchem Hund spielt eine besondere Rolle, wenn das Ziel eine Leistungsprüfung mit Ausbildungskennzeichen ist (Schutzhundprüfung: SchH I, II oder III, bzw. Internationale Prüfung: IPO 1, 2 oder 3). Dann müssen bestimmte Gebrauchshundeigenschaften vorhanden sein, die als Veranlagung im Erbgut angelegt und erklärtes Zuchtziel bei sogenannten Gebrauchshunderassen sind. Durch Prüfungsergebnisse und andere Eignungsnachweise der Elterntiere kann die gewünschte spezielle Veranlagung züchterisch gefestigt werden. Welpen aus solchen Verbindungen erhalten besonders gekennzeichnete Ahnennachweise.

Unsere Riesenschnauzer gelten als entsprechend veranlagt. Sie zählen zu den von der FCI anerkannten Rassen mit »Arbeitsprüfung« (Gebrauchshundprüfung). In Deutschland ist diese Rasse als Dienst- und Gebrauchshund anerkannt, d. h. sie wird bei Polizei, Zoll, Behörden und Bewachungsunternehmen eingesetzt. Leistungsanforderungen, wie sie allgemein an Dienst- und Gebrauchshunde gestellt werden müssen, sind ebenso im sogenannten Schutzhund-/Gebrauchshundsport gefordert.

## Turnierhundsport

Die Unterscheidung der heute möglichen sportlichen Aktionen mit dem Partner Hund kann unter dem Gesichtspunkt der Bewegungsabläufe erfolgen.

Es liegen bereits wissenschaftlich begründete Untersuchungen vor, die den Wert gemeinsamer sportlicher Betätigung mit Hunden belegen.

## Agility, die neueste Sportart mit dem Hund

Anläßlich der Crufts-Hundeausstellung wurde 1978 Agility als Rahmenprogramm angeboten. Inzwischen haben sich FCI und nationale Hundeverbände offiziell damit beschäftigt und Regularien für die Bewertung auf Prüfungen und Turnieren erarbeitet. Turnierhunde werden das ganze Jahr durch tägliches Fitneßtraining auf einem hohen Leistungslevel gehalten. Ein Hund wird ohne Halsband und Leine vom Hundeführer dirigiert und über den Parcours geführt. Beim Gehorsam auf Distanz ist zusammen mit der gemessenen Geschwindigkeit eine präzise Bewältigung der Hin-

## Apportieren über Schrägwand (1,80 Meter)

*Flüchten vor dem Verdächtigen - Angriff auf den Hund.*
*Helfer Raymund Weingartz (Südafrika).*

*Schutzdienst - Rückentransport.*

*Abwehr eines Überfalls auf den Hundeführer.*

*Abwehr eines Überfalls*
*mit Schutz von der Seite.*

**Schutzdienst - Mutprobe** (Helfer Georges Chantrie - Belgien)

## Schutzdienst - Abwehr eines Überfalls

dernisse erforderlich. Unterschieden wird nach Größe der Hunde:

Unter 40 cm Stockmaß = Mini
Über 40 cm Stockmaß = Maxi, sowie Ausbildungsklassen.

A 1 sind Anfänger, nach dreimaligem Ergebnis mit der Bewertung »vorzüglich« erfolgt Aufstieg in Klasse A2. Erst wenn dort drei absolut fehlerfreie Prüfungen bestanden wurden und das Team sich außerdem unter den ersten drei Teilnehmern plaziert hat, erfolgt ein Wechsel in die »Meisterklasse« A3.

## Übungsleiter

Ausbilder, Trainer und Übungsleiter sind der Kreis gewählter Mitglieder, auf die eine besondere Erwartungshaltung gerichtet ist. Der Übungsleiter hat als Vermittler der Kenntnisse »rund um den Hund« eine herausragende Aufgabe.

Voraussetzung für ihre Tätigkeit im PSK ist ein Sachkundennachweis. Die Sportwarte aller im Verband für das Deutsche Hundewesen (VDH) und der Arbeitsgemeinschaft der Rassehund- und Gebrauchshundsportvereine (AZG) sollen künftig eine Ausbilderlizenz vorweisen, den »Sachkundennachweis des VDH für Übungsleiter, Trainer und Sportwarte«. Die Regelung ist Ergebnis eines als musterhaft angesehenen Kooperationsvertrages eines deutschen Bundeslandes mit dem Verband für das Deutsche Hundewesen e.V. Dies war die Lösung für einen von den Medien ausgelösten Konflikt zwischen Hundegegnern und Hundehaltern. Im Zusammenhang mit sogenannten gefährlichen Hunden und den ehemaligen Kampfhunderassen haben die meisten deutschen Bundesländer ihre Hundehaltungsverordnungen geändert. Alle enthalten den Kernsatz:

»Die zuständige Behörde kann das Halten eines gefährlichen Hundes untersagen, wenn Tatsachen die Annahme rechtfertigen, daß durch das Halten eine Gefahr für Leben oder Gesundheit von Menschen oder Tieren besteht«.

Auch unser Hundesport war dabei ins Gerede gekommen. Deshalb werden seit 1996 entsprechende Schulungen für den Sachkundennachweis unserer Übungsleiter durchgeführt. Die Multiplikatorenschulungen wurden zuvor zentral vom VDH ausgerichtet. Ein Ausbilderleitfaden wurde erstellt und dient als Grundlage. Die Schulungen werden als Fortbildungsveranstaltungen in Zeitabständen fortgeführt.

Die besondere Verantwortung der Ausbilder, die unsere Hundehalter anleiten, wird damit herausgehoben. Die in Ausweisform erteilte Bestätigung ist keine Profilizenz, sondern ein Zertifikat für unsere ehrenamtlich tätigen Sportwarte, den Verantwortlichen des Übungsbetriebes beim Sport mit dem Hund.

## Bewerter, Prüfungsrichter

Alle ernsthaft mit ihrem Hund am Übungsbetrieb beteiligten Menschen streben den sportlichen Höhepunkt an, die Teilnahme an einer Prüfung bzw. an einem Wettbewerb. Die Bewertungen werden von besonders geschulten, erfahrenen und qualifizierten Sportfreunden vorgenommen. Die Prüfungsrichter vergeben sogenannte Ausbildungskennzeichen an Prüfungsteilnehmer, Turnierhundsportbewerter und die Agility-Richter dokumentieren Zeitmessungen und erreichte Punktzahlen von Teilnehmern der jeweiligen Wettbewerbe. Sie werden nach ihrer Ausbildung geprüft und vom Vorstand in das jeweilige Amt als Repräsentanten und Funktionsträger berufen.
Grundlage für Richter und Bewerter sind Prüfungsordnungen und Turnierordnung, bzw. das Agility-Reglement.

## Internationale Verbindungen

Die von bestimmten Ausschußmitgliedern der internationalen FCI (Fédération Cynologique Internationale) oder von nationalen Gremien erarbeiteten Grundlagen für die sportliche Betätigung mit dem Hund sollen zur einheitlichen Bewertung auf Prüfungen und Wettbewerben beitragen. Wir kennen bereits die Internationale Prüfungsordnung der FCI, die IPO und das Agility-Reglement.

Alle bedeutenden Rassehundzuchtvereine, die als Ursprungsland eine Gebrauchshunderasse betreuen, haben eine Verbindungsorganisation geschaffen, die den FCI-Bestrebungen jedoch nicht entgegenstehen darf. Der Pinscher-Schnauzer-Klub (PSK) e.V. hat seine »Internationale-Schnauzer-Pinscher-Union« (ISPU). Seit 1990 gibt es innerhalb dieses Zusammenchlusses auch international eine gemeinsame Prüfung für die Freunde der Riesenschnauzer, die jährlich wechselnd in einem Mitgliedsland streng nach dem FCI-Reglement - IPO III - durchgeführt wird.

## Die Zukunft

Durch Änderung im Freizeitverhalten und den Wandel menschlicher Lebensgewohnheiten entwickeln sich ständig neue Aktivitäten in der Partnerschaft zwischen Mensch und Hund.

Ein Beispiel, daß Hundesport sich ständig weiterentwickelt, ist die kürzlich erfolgte Erweiterung vorhandener Prüfungsarten auf dem Sportsektor Fährtenarbeit mit dem Hund. 1995 hat die Gebrauchshundkommission der FCI eine neue Prüfungsstufe für die Spezialisten unter den Fährtenhundfreunden eingeführt. Der FCI-FH-Worldcup wird seitdem in Fachkreisen mit großem Interesse verfolgt und scheint sich

als Frühjahresprüfung mit internationaler Beteiligung durchzusetzen. Sie ist eine Prüfungsart für Spezialisten der Sucharbeit mit dem Hund.

Als deutsche Variante hat die Arbeitsgemeinschaft der Rassehund- und Gebrauchshundsportvereine (AZG), das zuständige Fachgremium im Verband für das Deutsche Hundewesen e.V. (VDH), daraus die Fährtenhundprüfung Stufe 2 entwickelt und als neues Ausbildungskennzeichen »FH 2« eingestuft. Den Hunden mit ihrem Hundeführer werden 2000 Schritt Fährtenlänge, 7 Winkel und 7 Gegenstände zum Auffinden angeboten. 30 Minuten vor dem Suchen muß aus Kreisen mit spitzen Winkeln und rechtwinkligem Verlauf bestehende Fremdfährte zweimal gekreuzt werden.

## Schlußbetrachtung

- Der Spaß an Bewegung, die Betrachtung des Hundes als Partner und eine sportliche Einstellung sind die Grundlagen des Hundesports.
- Der sogenannte Hundesport hat sich durch moderne Erkenntnisse der Verhaltensforschung bereits gewandelt und wird sich ständig durch Anpassung an Lebensgewohnheiten verändern.
- Anpassungen sind ständig, auch aufgrund neuer Tierschutzbestimmungen in den Mitgliedsländern der FCI, erforderlich.
- Der Sport mit dem Hund kann nur erfolgreich in einem Verein durchgeführt werden.
- Prüfungen und Teilnahme an Wettkämpfen mit gut vorbereiteten Teams sind die Höhepunkte der sportlichen Betätigung. Praxisübungen haben im Hundesport nichts zu suchen und sind deshalb auf offiziellen Übungsanlagen der Vereine abzulehnen. Dies hat in erster Linie versicherungsrechtliche Gründe, daneben soll aber auch das Image der Vereine in der Öffentlichkeit keinen Schaden nehmen.
- Tierschutz und artgerechte Haltung sind selbstverständliche Grundsätze beim Sport mit dem Hund. Sportwarte müssen als Übungsleiter einen Sachkundennachweis erbringen. Es darf keine Überforderungen geben, weder beim Hund - noch beim Menschen.
- Hundesport in seiner heute möglichen Form ist eine moderne, zukunftsweisende Sportart, die viele Werte vorzuweisen hat und die auch flexibel auf den Wertewandel jüngerer und älterer Menschen eingehen kann.
- Sport mit dem Hund ist spaß- und freudbetonte Freizeit; ein Stück Lebensgemeinschaft Mensch/Hund; fördert soziale Fähigkeiten; führt Menschen aller Alters- und Gesellschaftsschichten zusammen; schafft Ausgleich vom Streß des Berufsalltags; läßt die Natur erleben; hält fit und gesund.
- Prüfungen sind keine Praxisübungen. Sie sind Lernziel für unsere Hundeführer für den Sport mit dem Hund im PSK.
- Erfolgreich geprüfte Hunde in den Stufen einer Schutzhundprüfung und den Klassen der Internationalen Prüfungsordnung haben zudem einen höheren Zuchtwert, weil sie ihre gewünschten Eigenschaften nachgewiesen haben.
- Aktive Hundeführer können Hundeführer-Sportabzeichen erwerben.

# EPILOG

Der Leser mag sich fragen, warum ich keinen besonderen Wert darauf gelegt habe, die Namen jener Züchter und Aussteller detailliert aufzuführen und hervorzuheben, die im Laufe der Jahre die Liste der Schnauzer-Champions erheblich bereicherten. So wichtig dies auch sein mag, einen Schwerpunkt sollte es in meinem Buch nicht bilden. Züchterlisten und Aufstellungen von Siegerhunden, deren Vorfahren und die Aufzählung ihrer Siegernachzucht, haben sich jene Leute längst besorgt, die besonderes Interesse auf diesem Gebiet haben. Ebenso dienen auch Fotos mit Hunden in gekünstelter, unnatürlicher Ausstellungspose, in Verbindung mit ihren stolzen Zweibeinern in Sonntagskleidung, alle umgeben von sichtbaren Auszeichnungen und riesigen Pokalen, nicht unbedingt dem eigentlichen Anliegen meines Buches. Den Schnauzer selbst wollte ich in den Mittelpunkt rücken und nicht so sehr den Ausstellungsenthusiasten. Obwohl meine Frau und ich von jeher aktive Aussteller sind, darf man nicht vergessen, daß ein nur relativ geringer Teil aller Schnauzerbesitzer überhaupt im Ausstellungsring auftaucht, umso mehr hoffe ich, daß ich mit meinen Ausführungen dem verbleibenden größten Teil der soliden Schnauzergetreuen eine interessante Lektüre bieten konnte.

Ich habe mich bemüht, den wahrhaftigen Schnauzer und seine biedere Abstammungsgeschichte ins Rampenlicht zu rücken und dies habe ich deswegen getan, weil ich fest davon überzeugt bin, daß der Charakter und die einzigartigen physischen Qualitäten den einmaligen Wert der Rasse ausmachen. Was auch immer die Zukunft bringen mag, des Schnauzers unverwechselbare Natürlichkeit und seine Fähigkeiten sind Garanten für den Weiterbestand der Rasse, vorausgesetzt, alle für die Rasse Verantwortlichen sind sich jener unverwechselbaren Qualitäten bewußt und respektieren und erhalten dieses wertvolle Erbe.

Zurecht hat der Schnauzer auch außerhalb seines Ursprungslandes große Popularität erreicht, und nicht selten leistete das Ausland wertvolle züchterische Beiträge. Andererseits bewirkte der Mangel an Rassekenntnissen allgemein und die angemessene Einschätzung fundamental wichtiger Punkte im Besonderen, daß sich besonders überseeische Schnauzerzüchter und Richter auf deutliche Seitenwege begaben.

Neuerliche Gesetzgebung innerhalb der Europäischen Gemeinschaft hat bereits die äußere Erscheinungsform der Rasse dahingehend beeinflußt, daß in vielen Ländern das gesetzliche Ohrenkupierverbot besteht - über das Rutenkupierverbot wird heftig diskutiert, in einigen skandinavischen Ländern besteht es bereits.

Um 1980 herum sagte ich voraus, daß die westliche Welt sich bald weigern würde, das Ohrenkupieren zu reinen Schönheitszwecken weiterhin zu akzeptieren - damals wurde ich belächelt. Allerdings hatte ich nicht vermutet, daß man sich auch ernsthaft für ein Rutenkupierverbot starkmachen würde. Leider werden die Meinungen und Wünsche kynologischer Fachleute und von Rasseliebhabern im Zusammenhang mit solchen gesetzlichen Veränderungen nur wenig berücksichtigt.

Mögen uns auch jene Veränderungen anfänglich schockieren und das Aussehen des Schnauzers sich drastisch verändern, dennoch gibt es immer noch den Trost, daß all dies nicht die Liebenswürdigkeit und natürlichen Qualitäten des Schnauzers berühren kann.

Diese Umstände und die vorhersehbare Einführung des europaweiten ungehinderten Reiseverkehrs für Mensch und Hund - auch jene Länder einschließend, die noch Quarantäneauflagen haben - werden die britischen Schnauzer und ihre übrigen europäischen Vettern zweifellos näher zusammenbringen. Damit bleiben die britischen Zuchtbemühungen nicht mehr länger nur auf ihre einheimische Zuchtbasis und wenige Importe beschränkt, sondern dann kann der Brite mit seiner Hündin zu jedem passenden Rüden überallhin in Europa zum Decken fahren und ohne der Quarantäne unterworfen zu sein, wird er problemlos auf seine Insel zurückkehren. Natürlich, solch ein freizügiges, amtliches Reisedokument werden nur Hunde erhalten, die eindeutig entweder durch Microchip oder Tätowierung zu identifizieren sind und die alle veterinärmedizinischen Auflagen erfüllen.

Ich gehe davon aus, daß das »Vereinte Europa« nicht nur positive politische und wirtschaftliche Konsequenzen haben wird, sondern, parallel dazu, auch zunehmend zur Vereinheitlichung und ständigem züchterischen Austausch führen muß. Meine Sorge gilt umso mehr der nordamerikanischen Schnauzerszene, die sich wahrscheinlich weiterhin unbeeinflußt von der komplexen, europäischen Integrationsbewegung entwickeln wird. Dies bekümmert mich deswegen, weil die Zahl der jährlich allein in den Vereinigten Staaten gezüchteten Zwergschnauzer vermutlich höher ist als jene im Rest der übrigen Welt. Bleibt nur zu hoffen, daß die erdrückende Überzahl der amerikanischen Zwergschnauzertypen und deren Liebhaber, die Schnauzerwelt nicht noch mehr spalten.

Ich würde mich glücklich schätzen, wenn ich dem geneigten Leser dieses Buches meine uneingeschränkte Verpflichtung und Wertschätzung gegenüber dem »Rauhhaarigen Pinscher«, der zum »Schnauzer« wurde, vermitteln konnte - einer Rasse, die - in all ihren verschiedenen Größen - schon immer ein integraler und unersetzbarer Teil meines Lebens war. So unerwünscht das Rutenkupierverbot auch sein mag, dem Schnauzer werde ich niemals meinen Rücken kehren, selbst wenn ich mich nur schwerlich an eine unkupierte, wedelnde Rute werde gewöhnen können. Sicher, damit wird zwar die äußere Erscheinungsform des Schnauzers deutlich verändert, die überzeugende Kraft seiner Seele kann dies niemals berühren.

## Zeichen und Abkürzungen

| | |
|---|---|
| AD | Ausdauerprüfung |
| AKC | American Kennel Club |
| BH | Begleithund |
| Bjsg | Bundesjugendsieger |
| Blsg | Bundesleistungssieger |
| Bsg | Bundessieger |
| CAC | Certificat d'Aptitude au Championat (Nationale Siegeranwartschaft) |
| CACIB | Certificat d'Aptitude au Championat International de Beauté (FCI - Siegeranwartschaft für »Internationaler Schönheitschampion«) |
| CACIT | Certificat d'Aptitude au Championat International de Travail (FCI - Siegeranwartschaft für »Internationaler Arbeitschampion«) |
| Ch | Champion |
| CJC | Congenital Juvenile Cataract (Vererbter Jugendstar) |
| DH | Diensthund |
| Ejsg | Europajugendsieger |
| Esg | Europasieger |
| FCI | Fédération Cynologique Internationale (Internationale kynologische Föderation) |
| FH | Fährtenhund |
| G | Formwertnote »Gut« |
| GB | Großbritannien |
| HD | Hüftgelenksdysplasie |
| HD A | Kein Hinweis für HD / Für die Zucht uneingeschränkt zugelassen. |
| HD B | Fast normal / Für die Zucht zugelassen. |
| HD C | Leichte HD / Nur C1 für die Zucht zugelassen, besondere Bestimmungen gem. ZO beachten. |
| HD D | Mittlere HD / Für die Zucht nicht zugelassen. |
| HD E | Schwere HD / Für die Zucht nicht zugelassen. |
| Int. Ch. | Internationaler Champion |
| In | Inch (1 inch = 2,54 cm) |
| IPO | Internationale Prüfungsordnung (Gebrauchshundewesen der FCI) |
| ISPU | Internationale Schnauzer-Pinscher Union |
| ISPUsg | ISPUsieger |
| Jjsg | Jahresjugendsieger |
| Jsg | Jahressieger |
| Kbsg | Klubsieger |
| KC | The Kennel Club (London) |
| KO | Körordnung |
| KSA | Klubsiegeranwartschaft |
| PH | Polizeihund |
| PRA | Progressive Retinal Atrophie (Fortschreitende Netzhautatrophie) |
| PSK | Pinscher-Schnauzer Klub, 1895 e.V. |
| PZ | Pinscher Zuchtbuch |
| RH | Rettungshund |
| RSpfs | Riesenschnauzer pfeffersalz |
| RSs | Riesenschnauzer schwarz |
| SchH | Schutzhund (Stufe I, II oder III) |
| SG | Formwertnote »Sehr Gut« |
| Spfs | Schnauzer pfeffersalz |
| Ss | Schnauzer schwarz |
| UK | United Kingdom |
| USA | Unites States of America |
| V | Formwertnote »Vorzüglich« |
| VDH | Verband für das deutsche Hundewesen, e.V. |
| VDHsg | Deutscher Champion (VDH) |
| WH | Wachhund |
| WMZ | Wertmeßziffer |
| Wjsg | Weltjugendsieger (FCI Weltausstellung) |
| Wsg | Weltsieger (FCI Weltausstellung) |
| ZO | Zuchtordnung |
| ZSpfs | Zwergschnauzer pfeffersalz |
| ZSs | Zwergschnauzer schwarz |
| ZSss | Zwergschnauzer schwarzsilber |
| ZSw | Zwergschnauzer weiß |

## Literaturverzeichnis


American Kennel Club: »The Complete Dog Book« 18th Ed., Howell 1992.
Baumeister, Johann Wilhelm: »Die Jagd- und andere Hunde in allen ihren Verhältnissen«, Ulm 1832.
Bazille, F.: »Die Kennzeichen unserer Rassehunde«, Grundlach, Bielefeld 1926.
Berta, Josef: »Pinscher Zuchtbuch - Band 1 - Vorwort«, Erfurt 1902.
Brockhaus, H. A.: »Brockhaus' Konversations-Lexikon«, 16 Bde., Brockhaus, Leipzig 1892.
Bürger, Manfred: »Lexikon der Hundehaltung«, 1. Auflage, Leipzig 1988.
Bungartz, Jean: »Handbuch zur Beurteilung der Rassenreinheit des Hundes«, 1884.
Bylandt van, Henri: »Les Races de Chiens«, Van Buggenhout, Brüssel 1897.
Campbell, William E.: »Behavior Problems in Dogs«, American Veterinary Publications, Santa Barbara 1975.
Canadian Kennel Club: »The Canadian Kennel Club Book of Dogs«, Canadian Kennel Club, Toronto 1982.
Chastel, Justin: »Le Bouvier des Flandres Hier et Aujourd'hui«, Londoz-Gilly 1976.
Compton, Herbert: »The Twentieth Century Dog«, 4 Bde., Grant Richards, London 1904.
Corbett, T.M.: »The Dog Owners Guide«, Watmoughs, London.
Ebner, Felix: »Schnauzer und Pinscher«, Otto Meißners Verlag, Hamburg 1937.
Fiorone, Fiorenzo: »Le Schnauzer«, de Vecchi, Paris 1979.
Fitzinger, Leopold: »Der Hund und seine Rassen«, H. Laupp, Tübingen 1876.
Fogle, Bruce: »The Dog's Mind«, Penguin, New York 1990.
Foix de, Gaston (Phoebus): »Le Livre de Chasse«, Manuskript, ca.1387.
Fox, Michael W.: »Understanding Your Dog«, Coward, McCann & Geoghan, New York 1972.
Gallant, Johan: »Schnauzers«, Zuid Boekprodukties, Lisse 1980.
Götz, Theodor: »Monographie des Hundes«, Hennings & Hopf, Gotha 1834.
Götz, Theodor: »Hunde-Gallerie«, Eduard Lobe, Weimar 1838.
Hertz, Hamilton & Hertz, Joan: »How to Raise and Train a Standard Schnauzer«, TFH Publications, Jersey City, N.J. 1965.
Hirschfelder, Herbert: Je ein Beitrag in: »Pinscher und Schnauzer«, Eigenverlag des PSK, Hefte 1 und 5, Jg.1985.
Höhn, Alfred: »Schnauzer und Pinscher«, Kosmos, Stuttgart 1977.
Höller, Heinz: »Schnauzer und Pinscher«, Verlag Ulmer, Stuttgart 1986.
Hubbard, C.H.B.: »The Observer's Book of Dogs«, F. Warne, London 1932.
Humphrey, E. & Warner, L.: »Working Dogs«, National Press, Palo Alto 1974.
Isabell, Jackie: »Genetics: A Handbook for Dogbreeders«, (noch nicht veröffentlicht).
Jahn, Conrad: »Das Werk von Johann Adam Klein«, Montmorillon'sche Kunsthandlung, München 1863.
Jesse, George R.: »Researches into the History of the British Dog«, 2 Bde, R. Hardwicke, London 1866.
Judy, William Lewis: »The Dog Encyclopedia«, Judy Publishing Co., Chicago 1925.
Jung, Werner: »Standard-Buch der Schnauzer- und Pinscherrassen«, Eigenverlag des PSK, Köln 1959.
Kiedrowsky, Dan: »The New Miniature Schnauzer«, Howell, New York 1986.
Lee, Rawdon B.: »A History and Description of the Modern Dogs of Great Britain and Ireland«, Horace Cox, London 1899.
Leighton, Robert: »The New Book of the Dog«, Cassell & Co., London 1907.
Leighton, Robert: »Dogs and All about Them«, Cassell & Co., London 1910.
Lockley, Arthur S.: »How to Raise and Train a Giant Schnauzer«, TFH Publications, Jersey City, N.J. 1964.
Lorenz, Konrad: »Das sogenannte Böse. Zur Naturgeschichte der Aggression«, Borotha-Schoeler, Wien 1965.
MacDonald, Daly: »Odd Dogs«, W.&R. Chambers, London 1955.
Marx, P.: »Der Zwergschnauzer«, Druckhaus Gratzfeld, Butzbach 1982.
Meunier, Theo: Beitrag in »Chasse et Pêche«, 21.01.1922, Seite 720.
Nussbaumer, Marc und Althaus, Thomas: »Vom Torfhund zum heutigen Rassehund«, Eigenverlag des SKG, Bern 1979.
Pfaffenberger, Clarence J.: »The New Knowledge of Dog Behavior«, Howell, New York 1963.
Pinscher-Schnauzer Klub 1895 e.V.: »1895 - 1970 75 Jahre PSK«, Eigenverlag des PSK, Köln 1970.
Pinscher-Schnauzer Klub 1895 e.V.: »1895 - 1985 90 Jahre PSK«, Eigenverlag des PSK, Alsdorf 1985.
Pinscher-Schnauzer Klub 1895 e.V.: »Zuchtbücher Bde. 1 bis 11«, Eigenverlag des PSK, 1902 bis 1933.
Reichenbach, H.G.L.: »Der Hund in seinen Haupt- und Nebenracen«, 1834.
Reul, A.: »Cynotechnie, Les Races de Chiens«, 8 Bde., Brüssel 1891-1894.

Robson, Phyllis: »Popular Dogs«, Popular Dogs Publishing Co., London 1934.
Ryan, Terry: »How to ALPHAbetize yourself?«, Begleitmaterial zu einem von der Autorin, in Izotsha gehaltenen Vortrag, Izotsha 1992.
Schmiedeberg von, R.: »Was ist ein Pinscher?«, Beitrag in Zeitschrift 'Der Hund', 17.07.1879.
Schmiedeberg von, R.: »Rassekenzeichen von Pinschern« 1884.
Scott, John P. & Fuller, John L.: »Genetics and the Social Behavior of the Dog«, University of Chicago Press, Chicago 1965.
Seiferle, Eugen: »Kleine Hundekunde«, Albert Müller, Zurich 1949.
Smith, A. Croxton: »Dogs since 1900«, Andrew Dakers, London 1950.
Smith, A. Croxton: »About our Dogs«, Ward, Lock & Co., London 1931.
Stone, B. & Migliorini, M.: »Clipping and Grooming your Terrier«, John Gifford, London 1968.
Strebel, Richard: »Die Deutschen Hunde und ihre Abstammung«, Jubiläumsausgabe 28.06.1986, 1. Auflage, Kynos Verlag, Mürlenbach/Eifel 1986.
Studer, Theodor: »Beiträge zur Geschichte unserer Hunderassen«, Naturwissenschaftliche Wochenschrift, 11.07.1897, 1.
Tchudy, W.: »Geschichte des Hundes«, Grunau, Bern 1926.
Toman, J.R.: »De Politiehond in Dienst van de Mens«, Helios, Antwerpen 1982.
Trumler, Eberhard: »Mit dem Hund auf Du«, R.Piper & Co., München 1971.
Trumler, Eberhard: »Hunde ernst genommen«, R.Piper & Co., München 1974.
Turner, J.Sidley: »Kennel Encyclopedia«, The Exhibitor's Supply Assoc., London 1910.
Verband für das Deutsche Hundewesen (VDH): »80 Jahre Deutsches Hundewesen«, Dortmund 1986.
Walsh, J.H.: »The Dogs of the British Isles«, H.Cox, London 1862.
Weidt, Heinz: »Der Hund, mit dem wir leben: Verhalten und Wesen«, Paul Parey, Hamburg 1993.

# Zuchtordnung (ZO) des Pinscher-Schnauzer-Klubs 1895 e.V.

**Gültig ab 1. Januar 1996**

## I. Zuchtbestimmungen

### § 1. Allgemeines

**§ 1.1.**
Der Pinscher-Schnauzer-Klub 1895 e.V. (PSK) ist der allein anerkannte Rassezuchtverein für alle Pinscher- und Schnauzer-Rassen im Verband für das Deutsche Hundewesen e.V. (VDH) und Herausgeber und Eigentümer des Zuchtbuches, das von allen führenden kynologischen Organisationen des In- und Auslandes als gültig und maßgebend anerkannt wird. Deutschland ist standardgebendes Land.

**§ 1.2.**
Das internationale Zuchtreglement der FCI, die Zuchtordnung des VDH und die nachstehenden Bestimmungen sind für alle Züchter des PSK verbindlich. Diese Ordnungen dienen der Förderung der planmäßigen Reinzucht der vom PSK vertretenen Rassen hinsichtlich ihres äußeren Erscheinungsbildes und rassetypischen Wesens und ihrer Gesundheit sowie der Erhaltung und Förderung ihrer Gebrauchseigenschaften.

**§ 1.3.**
Die gesetzlichen Bestimmungen und Verordnungen sind zu beachten. Der Züchter ist verpflichtet, aktiven Tierschutz zu leisten, indem er Hundezucht und -haltung ausschließlich im Geiste und im Einvernehmen mit den Tierschutzbestimmungen betreibt (das Kupierverbot der Ohren ist ausdrücklich zu beachten). Insbesondere müssen Aufzuchtbedingungen mit menschlichem Kontakt gewährleistet sein.

**§ 1.4.**
Die Ausübung von Rechten und Pflichten nach diesen Bestimmungen setzt die uneingeschränkte Mitgliedschaft im PSK voraus. Kommerziellen Hundehändlern und -züchtern ist die Zucht im PSK nicht erlaubt. Auf die Bestimmungen des § 11 der Satzung wird ausdrücklich hingewiesen.

### § 2. Zuchtrecht

**§ 2.1. Züchter**
Als Züchter gilt der Eigentümer oder Mieter der Hündin zur Zeit des Belegens. Als Züchter kann ferner nur gelten, wer vom Deckakt an bis zur Abgabe der Welpen den unmittelbaren persönlichen Gewahrsam an Hündin und Welpen hat. Diese Aufgabe kann nicht an Dritte delegiert werden.

**§ 2.1.1. Zuchtmiete**
Das Vermieten oder Mieten einer Hündin zu Zuchtzwecken bedarf in jedem Fall der vorherigen Genehmigung des Vorstandes. Über das Mietverhältnis ist ein schriftlicher Vertrag zu fertigen, der rechtzeitig vor dem Decktag der Zuchtbuchstelle vom Vorstand genehmigt vorliegen muß. Die Ausfertigung der Mietverträge auf Vordrucken des VDH wird empfohlen.

Zuchttiere, die im Eigentum oder Besitz von Personen stehen, die nicht Mitglieder des PSK sind oder denen das Zuchtbuch und/oder das Register gesperrt ist, dürfen nicht zur Zuchtmiete herangezogen werden.

### § 2.2. Zuchtverwendung

Es darf nur mit Hunden gezüchtet werden, die von der FCI anerkannte Ahnentafeln haben. Für eine ausländische Zuchthündin muß spätestens bei der Wurfeintragung neben der Originalahnentafel eine PSK-Ahnentafel ausgestellt werden. Diese werden miteinander verbunden. Spätere Eintragungen dürfen nur auf der PSK-Ahnentafel vorgenommen werden. Für aus dem Ausland importierte Zuchtrüden müssen ebenfalls PSK-Ahnentafeln ausgestellt werden.

### § 2.2.1. Zuchtalter

Das Zuchtalter - maßgebend ist immer der Decktag - wird wie folgt festgelegt:
Das Mindestzuchtalter beträgt für
Riesenschnauzer: 18 Monate
alle anderen Rassen: 15 Monate.
Hündinnen dürfen nach Vollendung des achten Lebensjahres nicht mehr belegt werden. Für Rüden ist kein Höchstzuchtalter festgelegt. Ausnahmen sind in Einzelfällen rechtzeitig vor der erwartenden Hitze und schriftlich, mit ausführlicher Begründung, über den Hauptzuchtwart zu beantragen. Ein Anspruch auf Genehmigung besteht nicht - die Entscheidung des Zuchtausschusses erfolgt schriftlich und ist bindend.

### § 2.2.2. Zuchtausschließende Fehler

Zur Zucht nicht zugelassen sind Hunde, die die formalen Voraussetzungen nicht erfüllen oder folgende zuchtausschließende Fehler haben:

HD in festgesetzter Schwere, Wesensschwäche, angeborene Taub- oder Blindheit, Hasenscharte, Spaltrachen, erhebliche Gebißfehler oder Kieferanomalien, PRA, Epilepsie, Kryptorchismus, Monorchismus, Albinismus, Fehlfarben, Skelettdeformation usw.

An den Ohren kupierte, im Inland gezüchtete Hunde, erhalten besonders kenntlich gemachte Ahnentafeln (»Kupierte Ohren, nicht nach PSK-Bedingungen gezüchtet, Zuchtverbot!«). Solche Hunde werden zur Zucht und Ausstellung nicht zugelassen. Das gilt auch für Importhunde aus einem Land, in dem Kupierverbot besteht. Die Ohren von im Inland gezüchteten Hunden dürfen auch im Ausland nicht kupiert werden.

### § 2.3. Zuchtvoraussetzungen

Vor jedem Deckakt hat sich der Züchter zu überzeugen, daß seine Hündin und der Deckrüde die Zuchtvoraussetzungen des PSK erfüllen.

### § 2.3.1 Zuchtbewertung

Die Hunde müssen im zuchtfähigen Alter auf einer Zuchtschau durch einen anerkannten Zuchtrichter mindestens mit der Formwertnote »sehr gut« bewertet sein. Durch einen Zuchtrichter des PSK außer der Reihe bewertete Hunde werden ebenfalls zur Zucht zugelassen. Eine solche Bewertung gilt einmalig für den beabsichtigten Wurf oder Deckakt. Bleibt die Hündin leer, muß sie vor dem Wiederholungsdeckakt auf einer Zuchtschau bewertet werden. Außer der Reihe bewertete Hunde müssen auf der nächstmöglichen Schau vorgeführt werden. Die Kosten der außerordentlichen Bewertung sind dem Zuchtrichter nach der Gebührenordnung des PSK zu erstatten.

### § 2.3.1.1. Elternschaftsnachweis

Sofern begründete Zweifel an der Elternschaft der angegebenen Zuchttiere bestehen, ist der Hauptzuchtwart berechtigt, Elternschaftsnachweise durch ein von ihm beauftragtes Auswertungsinstitut als Voraussetzung für die Eintragung des Wurfes in das Zuchtbuch/Register zu fordern. Nach Vorliegen des Gutachtens wird über den Eintrag in das Zuchtbuch bindend entschieden. Ein vom Hauptzuchtwart beauftragter Zuchtwart überwacht die Blutabnahme bei den angegebenen Elterntieren. Bei Paarungen, die zum Zeitpunkt des Deckaktes nicht der Zuchtordnung entsprechen, gehen die Kosten zu Lasten des Züchters.

### § 2.3.2. HD-Bewertung

Riesenschnauzer, Schnauzer und Deutsche Pinscher müssen vor dem Deckakt auf HD untersucht und bewertet sein. Es darf nur mit Hunden gezüchtet werden, die mit HD A, HD B oder HD C1 beurteilt worden sind. Bei C1 Hunden muß der Zuchtpartner mit HD A beurteilt sein. Abweichend von § 2.3.1 ist für HD C1 Hunde die Formwertnote »vorzüglich« nachzuweisen.

**§ 2.3.3. Kondition**

Der Züchter ist verpflichtet, alle seine Hunde in bester Kondition/Konstitution und im besten Pflegezustand zu halten. Alle Hunde im Zwinger sind regelmäßig zu impfen und frei von Ungeziefer zu halten. Es darf nur mit gesunden und wesensfesten Hunden gezüchtet werden. Hündinnen dürfen kalenderjährlich nur einen Wurf haben; maßgebend ist der Wurftag. Bei sehr starken Würfen, die die Kondition der Hündin außergewöhnlich belasten, kann auf Vorschlag des Zuchtwartes eine Zuchtpause von mehr als 12 Monaten ab dem letzten Wurftag angeordnet werden. Die Dauer der Zuchtpause wird von der Zuchtbuchstelle auf der Ahnentafel vermerkt.

**§ 2.3.4. Versuchszucht**

Versuchszuchten bedürfen der Genehmigung des PSK-Vorstandes und der Genehmigung des VDH. Entsprechende Anträge sind unter eingehender Schilderung des Zuchtvorhabens mindestens sechs Monate vor dem geplanten Deckakt an den Vorstand des PSK zu richten, der sich mit dem VDH ins Benehmen setzt. Über eine evtl. Genehmigung, Inhalt und Umfang der Versuchszucht wird ein bindender, schriftlicher Bescheid erteilt. Die Bewilligung kann unter Auflagen (z. B. Vorführung der Nachkommen) erteilt werden.

**§ 2.3.5. Farbzucht**

Paarungen von Farbvarianten bei Riesenschnauzern, Schnauzern und Zwergschnauzern bedürfen der vorherigen Genehmigung, die über den Hauptzuchtwart lange vor der zu erwartenden Hitze der Hündin beim PSK-Vorstand zu beantragen ist. Der Antrag ist ausführlich kynologisch unter Darlegung des/der Zuchtziele zu begründen. Alle zur Entscheidung über den Antrag erforderlichen Unterlagen (Ahnentafeln etc.) sind dem Antrag beizufügen bzw. auf Aufforderung vorzulegen. Über eine eventuelle Genehmigung erfolgt ein schriftlicher und bindender Bescheid, der auch unter bestimmten Auflagen erteilt werden kann. Ausgenommen von dieser Regelung: Paarungen bei Deutschen Pinschern und Zwergpinschern sind innerhalb beider Farbschläge erlaubt.

**§ 2.3.6. Inzestzucht**

Inzestzucht ist nicht zulässig. Beabsichtigte Paarungen zwischen Eltern und Kindern sowie zwischen Geschwistern können auf Antrag vom Vorstand genehmigt werden. Der Antrag ist schriftlich, sechs Monate vor dem beabsichtigten Decktag, beim Hauptzuchtwart zu stellen. Er ist ausführlich unter Darlegung des/ der Zuchtziele zu begründen. Alle zur Entscheidung notwendigen Unterlagen sind vorzulegen. Der Bescheid über eine evtl. Genehmigung erfolgt schriftlich und ist bindend. Er kann bestimmte Auflagen (z. B. Vorführen der Nachkommen) enthalten.

**§ 2.4. Decken**

Vor jedem Deckakt hat sich der Deckrüdenbesitzer davon zu überzeugen, daß sein Rüde und die zu belegende Hündin die Zuchtvoraussetzungen des PSK erfüllen.

**§ 2.4.1. Deckrüde**

Rüden, denen das Zuchtbuch oder das Register gesperrt ist, dürfen in der Zucht keine Verwendung finden. Deckrüden dürfen nur für eingetragene und bewertete Hündinnen - deren Eigentümer Mitglieder in einem FCI angeschlossenen Rasseverband sein müssen - nach Maßgabe dieser Bestimmungen freigegeben werden.

Der Deckakt ist vom Rüdenbesitzer im Wurfantrag zu bescheinigen. Dabei hat er den Wurfantrag um die Angaben für den Rüden zu ergänzen. Der Wurfantrag ist dem Eigentümer der Hündin mit einer Ablichtung der Ahnentafel, der Zuchtbewertung und ggf. der HD-Beurteilung sowie den Ausstellungs- und Prüfungsnachweisen des Rüden auszuhändigen. Bei Krankheit des Rüden oder der Hündin ist ein Deckakt nicht gestattet.

**§ 2.4.2. Deckbuch**

Der Deckrüdenbesitzer hat fortlaufend ein Deckbuch zu führen. Die mit der Zuchtkontrolle im PSK befaßten Personen und der Hündinnenbesitzer dürfen darin Einsicht nehmen. Das Deckbuch des VDH wird empfohlen, somit ist gewährleistet, daß alle Angaben einheitlich sind. Nach vollzogenem Deckakt hat der Deckrüdenbesitzer unmittelbar eine Deckmeldung nach vorgeschriebenem Muster an die Zuchtstelle einzusenden.

**§ 2.4.3. Deckentschädigung**

Es wird empfohlen, die Höhe der Deckentschädigung vor dem Deckakt verbindlich festzulegen. Sie ist nach dem vollzogenen Deckakt zu zahlen. Weitere oder abweichende Vereinbarungen sollten schriftlich getroffen werden.

**§ 2.4.4. Deckwiederholung**
Beim einmaligen Leerbleiben der Hündin hat der Hündinnenbesitzer mit derselben Hündin bei demselben Deckrüden (unveränderte Eigentumsverhältnisse vorausgesetzt) einen Anspruch auf einen unentgeldlichen Deckakt.

**§ 2.4.5. Künstliche Besamung**
Künstliche Besamung bedarf der vorherigen Genehmigung durch den engeren Vorstand und darf nur in Übereinstimmung mit dem internationalen Zuchtreglement der FCI erteilt werden. Der Antrag ist mindestens sechs Monate vor Beginn der Hitze der Hündin schriftlich über den Hauptzuchtwart zu stellen.

## § 3. Welpenaufzucht

**§ 3.1. Wurfstärke**
Nach dem Tierschutzgesetz sollen grundsätzlich alle Welpen aufgezogen werden. Welpen, die nicht lebensfähig oder mit sichtbaren Mißbildungen behaftet sind, dürfen nach Rücksprache mit dem Zuchtwart einem Tierarzt vorgestellt werden, der entscheidet, ob die Tiere eingeschläfert werden sollen.

**§ 3.1.1. Wurfanzeige**
Jedes Belegen einer Hündin ist vom Züchter sofort dem Orts- und Landesgruppen-Zuchtwart anzuzeigen. Dabei hat er anzugeben:

a) den Decktag und den voraussichtlichen Wurftag
b) welcher Zuchtwart für den Wurf zuständig ist.

Das Leerbleiben einer Hündin ist dem Landesgruppenzuchtwart innerhalb von zwei Wochen, nach dem errechneten Wurfdatum, mitzuteilen. Als Wurf gilt jede erfolgte Geburt, auch wenn keine Welpen aufgezogen werden.

**§ 3.1.2. Tätowiernummern**
Der Züchter hat frühestens ab der 4. Lebenswoche der Welpen bei der Zuchtbuchstelle die Tätowiernummern zu beantragen. Dabei sind Anzahl, Namen und das Geschlecht der Welpen anzugeben.

**§ 3.2. Rutenkupieren**
Das Kupieren der Ruten erfolgt zwischen dem 1. und 3. Lebenstag der Welpen. Es ist unter Mitwirkung oder Aufsicht eines Tierarztes vorzunehmen.

**§ 3.3. Entwurmen**
Die Welpen sind vor der Grundimmunisierung mehrfach zu entwurmen. In das Entwurmungsprogramm ist auch die Mutterhündin einzubeziehen.

**§ 3.4. Impfen**
Für alle Welpen hat der Züchter durch einen internationalen Impfausweis zum Zeitpunkt der Wurfabnahme den Nachweis der erforderlichen Erstimpfung (mindestens SHLP) zu erbringen (Vergl. auch $ 6). Die Mutterhündin muß ebenfalls vollschutzgeimpft sein.

## § 4. Rufnamen

Die Wahl der Rufnamen trifft der Züchter. Der Rufname muß sich von im selben Zwinger bereits verwendeten Namen deutlich unterscheiden. Ebenso soll er das Geschlecht des Hunden erkennen lassen. Zahlen oder andere Zusätze als Unterscheidungszeichen sind unzulässig. Alle Welpen eines Wurfes erhalten Namen mit dem gleichen Anfangsbuchstaben. Die Würfe sind in der fortlaufenden Reihenfolge des Alphabetes zu benennen, auch wenn mehrere PSK-Rassen gezüchtet werden.

## § 5. Zwingername

### § 5.1. Antrag

Der Antrag auf Schutz eines Zwingernamens ist rechtzeitig, vor Zuchtbeginn, bei der Zuchtbuchstelle zu stellen. Es sind der zuerst gewünschte und zwei Ersatznamen anzugeben. Für den Zwinger sollten deutsche Namen gewählt werden. Ausnahmen können bei ausländischen Mitgliedern gemacht werden. Der Zwingername ist der Zuname des Hundes.

### § 5.1.1. Zwingerabnahme

Vor Erteilung des Zwingerschutzes wird dem künftigen Züchter ein Zwingerabnahmeformular übersandt, das als Selbstauskunft vollständig auszufüllen ist. Ein Formular wird dem Hauptzuchtwart zugeschickt, eine Ablichtung ist jeweils dem Landesgruppenzuchtwart, eine dem Ortsgruppenzuchtwart zu schicken.

Der zuständige Orts- oder Landesgruppen-Zuchtwart besichtigt die Zuchtstätte. Der Züchter verpflichtet sich, die Kontrolle der Anlage vor und nach der Erteilung zu ermöglichen. Zur Vermeidung von Rechtsnachteilen ist der Züchter verpflichtet, sowohl jede Veränderung der Zuchtbedingungen, als auch Namens- und Anschriftenänderungen der Zuchtbuchstelle und dem Landesgruppenzuchtwart mitzuteilen. Auf bestehende Zwinger ist die vorstehende Bestimmung analog anzuwenden.

### § 5.2. Zwingerschutz

Der Zwingerschutz erfolgt nur für Rassen des PSK. Der Zwingername wird dem Züchter nur für von ihm selbst gezüchtete Hunde geschützt. Internationaler Zwingerschutz kann bei der FCI über die Geschäftsstelle des PSK beantragt werden. Mit der Erlangung eines geschützten Zwingernamens verpflichtet sich der Züchter zur gewissenhaften Beachtung der Zuchtordnung des PSK. Jeder Neuzüchter erhält nach Besichtigung seines Zwingernamens die aktuellen Zuchtbestimmungen.

### § 5.3. Zwingergemeinschaft

Für Züchter, die in Hausgemeinschaft mit Personen leben, die dieselben Rassen züchten, kann ein Zwingername geschützt werden, wenn eine Zwingergemeinschaft besteht. Alle Handlungen im Rahmen der Zwingergemeinschaft haben die daran Beteiligten für und gegen sich gelten zu lassen. Ausgesprochene Bewilligungen oder Einschränkungen richten sich an alle Beteiligten. Die Beteiligten einer Zwingergemeinschaft müssen Mitglieder derselben Landesgruppe sein.

### § 5.4. Schutzdauer

Der Zwingerschutz gilt für die Dauer der Mitgliedschaft im PSK. Eine Übertragung eines Zwingernamens durch Verkauf oder Schenkung ist nicht möglich. Zwingernamen dürfen weder bei Aufgabe der Zucht noch beim Tode des Züchters weitergegeben werden. Lediglich für die Erbfolge können Ausnahmen beantragt werden.

Auf die Benutzung des geschützten Namens kann jederzeit verzichtet werden, jedoch darf dem Züchter für die Zucht der gleichen Rasse kein anderer Zwingername geschützt werden. Züchtern, die wegen großer Verstöße belangt worden sind, kann die Benutzung eines Zwingernamens untersagt werden. Dieser Name wird im Zwingerverzeichnis gelöscht. Er darf jedoch nicht für andere Züchter freigegeben werden.

### § 5.5. Veröffentlichung

Neue Zwingernamen werden im PuS veröffentlicht. Die Einspruchsfrist wegen einer möglichen Verwechslung oder Ähnlichkeit mit bereits bestehenden Zwingernamen beträgt vier Wochen. Über den Einspruch entscheidet der Vorstand.

### 5.6. Eintragungsgebühren

Das Ausstellen von Ahnentafeln, Zweitschriften und Zwingerschutzkarten ist gebührenpflichtig.

Die Gebührenordnung des PSK ist anzuwenden.

### 5.7. Zwingergütesiegel

Ein Zwingergütesiegel kann nach einer besonderen Ordnung beantragt und verliehen werden.

## § 6. Abgabe der Welpen

Eine Abgabe der Welpen vor der 8. Lebenswoche (d. h. vollendete 8. Woche) ist verboten. Der Verkauf von Welpen an Hundehändler (dazu zählen auch Zoofachgeschäfte) und die Abgabe ganzer Würfe (3 und mehr Welpen) an eine Person ist verboten und wird, falls es dennoch geschieht, mit einem sofortigen Zuchtverbot ein Ausschlußverfahren für den Züchter nach sich ziehen. Zwischen dem Impftermin (s. § 3.4.) und der Abgabe der Welpen muß mindestens eine Frist von fünf Tagen verstrichen sein. Der Züchter hat dem Welpenkäufer unaufgefordert seine Ausfertigung des Zuchtwartberichtes zur Einsichtnahme vorzulegen.

## § 7. Zuchtgeschehen

Der Züchter ist verpflichtet, das Zuchtgeschehen in seinem Zwinger schriftlich festzuhalten. Das Zwingerbuch des VDH wird empfohlen. Die mit der Zuchtkontrolle befaßten Personen haben das Recht, das Zwingerbuch im Beisein des Züchters einzusehen.

## § 8. Verstöße

Grobe Verstöße gegen die vorstehenden Bestimmungen oder das Tierschutzgesetz werden gemäß § 40 der Satzung geahndet. Bei kleineren Verstößen kann der erste Vorsitzende eine Sondergebühr festsetzen. In allen Fällen erhalten die Welpen Ahnentafeln mit einem entsprechenden Vermerk.

# II. Eintragungsbestimmungen

## § 9. Allgemeines

**§ 9.1.**
Der Züchter ist verpflichtet, alle gezüchteten Welpen der Schnauzer- und Pinscher-Rassen in das Zuchtbuch des PSK eintragen zu lassen. Zwischenwürfe ohne Papiere oder deren Eintragung in Zuchtbücher anderer Vereine sind unzulässig. Werden in demselben Haushalt auch noch andere Hunderassen gezüchtet, so müssen auch diese in vom VDH anerkannte Zuchtbücher eingetragen werden.

**§ 9.2.**
Nur Mitglieder des PSK haben ein Anrecht auf Eintragung der von Ihnen gezüchteten Hunde der Pinscher- und Schnauzer-Rassen.

## § 10. Zuchtbuchstelle

Die Führung des Zuchtbuches obliegt ausschließlich der Zuchtbuchstelle.

### § 10.1. Ausdruck des Zuchtbuches
Die Zuchtbücher werden jährlich gedruckt. Züchter, für die ein Wurf im betreffenden Jahr eingetragen wurde, erhalten das jeweilige Zuchtbuch kostenlos. Das Zuchtbuch ist Züchtern und Mitgliedern des PSK stets zugänglich zu machen.

### § 10.1.1. Eintragung
Als Voraussetzung für die Eintragung in das Zuchtbuch müssen bei den Vorfahren mindestens drei Generationen nachgewiesen werden, die in seitens des VDH oder FCI anerkannten Zuchtbüchern eingetragen sind. Es werden nur Zuchtmaßnahmen eingetragen, die der Wurf- und Zuchtkontrollstelle des PSK unterliegen. Bestehen bei der Wurfabnahme Zweifel an der Rassereinheit eines Welpen wird der gesamte Wurf nicht eingetragen. Die Zuchtbuchstelle ist verpflichtet, vor der Eintragung alle Angaben sorgfältig zu prüfen.

### § 10.1.2. Ausland
Aus dem Ausland eingeführte Hunde werden nur eingetragen, wenn deren Ahnentafeln von der zuständigen Auslandszuchtbuchstelle betätigt sind. Den Anträgen auf Eintragung sind die entsprechenden Nachweise in deutscher Sprache beizufügen. Die Kosten der amtlichen Übersetzung trägt der Antragsteller.

### § 10.1.3. Register
Als Anhang zum Zuchtbuch wird ein Register geführt. In das Register können Hunde eingetragen werden,
a) deren Abstammung in drei FCI-anerkannten Ahnentafeln nicht lückenlos nachweisbar ist, oder
b) solche, mit nicht anerkannten Ahnentafeln, deren Erscheinungsbild und Wesen nach vorhergehender Überprüfung durch mindestens einen Zuchtrichter den festgesetzten Merkmalen der Pinscher- und Schnauzer-Rassen entspricht. Diese Überprüfung erfolgt frühestens im Alter von 12 Monaten.
Auf Antragen können diese Hunde zur Zucht zugelassen werden, wenn sie die folgenden Voraussetzungen erfüllen:
I) Das HD-Ergebnis (bei RS, MS, DP) muß mit HD A ausgewertet sein und
II) auf mindestens drei KSA-Schauen müssen sie von mindestens zwei verschiedenen PSK-Zuchtrichtern die Formwertnote »vorzüglich« erhalten haben.
Die Nachkommen dieser Registerhunde können ab der 4. Generation in das reguläre Zuchtbuch übernommen werden.

### § 10.1.4. Anhang
Der Anhang zum Zuchtbuch des PSK dokumentiert:
Die Siegerhunde, die HD-Auswertung, die Prüfungsergebnisse, die Körungen, die Ergebnisse des Turnierhundesports und der Agilitybewerbe des jeweiligen Jahres.

### § 10.2. Ahnentafeln
Ahnentafeln werden grundsätzlich von der Zuchtbuchstelle ausgefertigt. Sie sind Privaturkunden und gehören zum Hund. Die Ahnentafel bleibt Eigentum des PSK. Der PSK kann jederzeit die Vorlage oder - nach dem Tode des Hundes - die Rückgabe der Ahnentafel verlangen.

### § 10.2.1. Änderungen
Änderungen und Ergänzungen auf der Ahnentafel (außer Eintragung des Eigentümers und dessen Anschrift; s. nachst. § 10.2.2.) sind nur von der Zuchtbuchstelle vorzunehmen.

### § 10.2.2. Eigentumswechsel
Ahnentafel, eventuell Auslandsanerkennung und der Hund sind untrennbar. Beim Verkauf des Hundes ist die Ahnentafel ohne jede besondere Bezahlung dem Käufer auszuhändigen. Der Eigentumswechsel ist sofort vom Verkäufer einzutragen und zu unterschreiben.

### § 10.2.3. Kör- und Leistungszucht
Ahnentafeln für Hunde aus Kör-, Leistungs- oder Kör- und Leistungszucht sind andersfarbig und besonders gekennzeichnet.

### § 10.2.4. Abgabe ins Ausland
Soll ein Hund ins Ausland abgegeben werden, so ist die Ahnentafel zuvor an die Geschäftsstelle des PSK einzusenden, die vom VDH die entsprechende Bestätigung der Ahnentafel vornehmen läßt. Diese Auslandsanerkennung ist gebührenpflichtig.

### § 10.2.5. Registrierbescheinigungen
Für Hunde, die im Register geführt werden, dürfen lediglich Registrierbescheinigungen ausgestellt werden, die sich in ihrer Aufmachung deutlich von den Ahnentafeln des PSK unterscheiden. Die Vorfahren dieser Hunde dürfen nur dort geführt werden, wenn sie in einem von der FCI anerkannten Zuchtbuch geführt wurden. Sonst sind diese Felder durch einen entsprechenden Vermerk zu entwerten.

### § 10.3. Wurfeintragung
Die Wurfeintragung soll von der vollendeten 8. Lebenswoche bis zum Ablauf der 12. Lebenswoche erfolgen. Sie ist vom Züchter zu beantragen.

**§ 10.3.1. Wurfantrag**
Der vorgeschriebene Vordruck für die Wurfmeldung ist der Wurfantrag. Dieser muß vollständig und wahrheitsgemäß ausgefüllt werden.

**§ 10.3.2. Unterlagen**
Die Wurfmeldung ist vom Zuchtwart, unter Beifügung folgender Unterlagen, an die Zuchtbuchstelle zu senden:
- Wurfantrag / Zuchtwartbericht (Original)
- Zwingerschutzkarte
- Ahnentafel der Hündin im Original
- Ahnentafel des Deckrüden (wenn im Eigentum des Züchters), sonst eine Ablichtung davon
- Bewertungsnachweise für Rüde und Hündin
- Leistungsurkunde und Körschein (falls vorhanden)
- Nachweise über einzutragende Siegertitel
- HD-Untersuchungsergebnisse (falls vorgeschrieben)
- Verrechnungsscheck über die Eintragungsgebühren

Die Zuchtbuchstelle prüft die Unterlagen. Wenn diese vollständig und stimmig sind, werden die Ahnentafeln erstellt.

**§ 10.3.3. Eintragungsgebühren**
Die Berechnung der Eintragungsgebühren erfolgt nach der im PuS veröffentlichten Gebührenordnung des PSK. Ist der Wurfmeldung kein Verrechnungsscheck beigefügt bzw. nicht in der richtigen Höhe ausgestellt, erfolgt der Versand der Ahnentafeln gegen Nachnahme.

**§ 10.3.4. Falschangaben**
Stellt sich nach der Wurfeintragung heraus, daß die Eintragung unter falschen Voraussetzungen erfolgte, wird sie gelöscht. Die Ahnentafeln werden für ungültig erklärt. Eine Veröffentlichung hierüber erfolgt im PuS. Maßnahmen gegen den oder die Beteiligten behält sich der Vorstand vor.

**§ 10.3.5. Ahnentafelzweitschriften**
In Verlust geratene Ahnentafeln müssen für ungültig erklärt werden. Nach der Veröffentlichung in der Vereinszeitschrift fertigt die Zuchtbuchstelle nach sorgfältiger Prüfung des Antrages eine Zweitschrift der Ahnentafel gegen Gebühr an. Bei Hündinnen sind darauf bisherige Würfe und ggf. bestehende Auflagen nachzutragen.

# III. Zuchtwartbestimmungen

## § 11. Allgemeines

Allen Mitgliedern stehen Zuchtwarte zur Beratung in Zuchtangelegenheiten zur Verfügung. Zum Zuchtwart sollte deshalb nur ein Mitglied gewählt werden, das über die notwendigen Zuchtkenntnisse verfügt. Zuchtwarte sind die unmittelbaren Ansprechpartner und Berater der Mitglieder in Zuchtangelegenheiten. Sie kontrollieren die Zuchtstätten und die Einhaltung der Zuchtbestimmungen.

**§ 11.1 Bestätigung**
Die Ausübung der Rechte und Pflichten, die über die o. a. Beratung der Zuchtangelegenheiten hinausgeht, bedarf der Bestätigung durch den engeren Vorstand des PSK. Diese erfolgt, wenn die persönlichen Voraussetzungen erfüllt und der Nachweis einer erfolgreichen Ausbildung erbracht sind.

**§ 11.2. Antrag**
Die Ernennung zum Zuchtwart ist über die Landesgruppe zu beantragen:
Antragsvoraussetzung ist:
- eine ununterbrochene Mitgliedschaft im PSK von fünf Jahren
- die erfolgreiche Zucht von mindestens fünf Würfen der Pinscher- und Schnauzer-Rassen
- zuchtverbessernde Aktivitäten der PSK-Rassen

Nachzuweisen sind:
- die Teilnahme an mindestens fünf Wurfabnahmen
  eines amtierenden Zuchtwartes
- die Teilnahme an einer offiziellen Schulungsveranstaltung des PSK (wenigstens auf Landesebene)

**§ 11.3.**
Die Zuchtwarte werden nach Ablegung ihrer Prüfung bestätigt und in der Vereinszeitschrift veröffentlicht. Der Züchter soll den für ihn zuständigen Zuchtwart seiner Ortsgruppe beauftragen, steht dort kein Zuchtwart zur Verfügung, kann der LG-Zuchtwart oder der Zuchtwart einer benachbarten Ortsgruppe beauftragt werden. Ein einmal gewählter Zuchtwart darf für denselben Wurf nur aus dringenden Gründen und nur nach Genehmigung des Hauptzuchtwartes gewechselt werden.

**§ 11.4. Zuchtrichter**
Zuchtrichter des PSK sind bestätigte Zuchtwarte.

**§ 11.5. Landesgruppenzuchtwarte**
Sie betreuen die Zuchtwarte ihrer Landesgruppe und tragen für deren Aus- und Weiterbildung Sorge. Sie sind die Ansprechpartner des Vorstandes. Mit dem Hauptzuchtwart pflegen sie eine vertrauensvolle Zusammenarbeit und halten engen Kontakt zu ihm. Ihnen angezeigten oder bekanntgewordenen Unregelmäßigkeiten in der Zucht gehen sie nach und ermitteln den Sachverhalt. Die gewonnenen Erkenntnisse sind dem Hauptzuchtwart mitzuteilen.

**§ 11.6. Übergangsregelung**
Für die Umsetzung der vorstehenden Bestimmungen wird ein Bestandsschutz der bisherigen Zuchtwarte und Landesgruppenzuchtwarte gewährt.

**§ 11.7. Zuchtausschuß**
Wegen der Vereinsgröße und der besonderen Problematik bei der Betreuung verschiedener Rassen stehen dem Hauptzuchtwart Zuchtausschüsse als beratende Gremien zur Verfügung (vergl. § 31 Abs. 1 der Satzung).

## § 12. Tätowieren

Alle Welpen müssen tätowiert werden. Die Tätowierung ist bei der Endabnahme vom Zuchtwart vorzunehmen bzw. zu kontrollieren und auf dem Wurfantrag zu bescheinigen. Für evtl. Folgen aus der Tätowierung durch einen Zuchtwart des PSK, die nicht auf grobe Fahrlässigkeit zurückzuführen sind, haftet der Züchter.

**§ 12.1. Tätowierort**
Tätowiert wird mit grüner Tätowierfarbe, und zwar auf der Innenseite des linken Ohres, der linken Bauchfalte oder auf der Innenseite des linken Oberschenkels.

**§ 12.2. Tätowiernummern**
Der Züchter hat dazu die bei der Zuchtbuchstelle beantragten Tätowiernummern bereitzuhalten. Die festgesetzten Vornamen der Welpen sind mit der Zuchtbuchnummer auf dem Wurfantrag zu vermerken.

## § 13. Wurfabnahme

Der vom Züchter beauftragte Zuchtwart muß die erste Wurfbesichtigung in der ersten Lebenswoche der Welpen durchführen. Die Wurfabnahme soll zwischen der vollendeten 8. und der 10. Lebenswoche erfolgen. Der gesamte Wurf muß in der Zuchtstätte im Beisein der Mutterhündin abgenommen werden.
Der Zuchtwart
- prüft ob die Bestimmungen der Zuchtordnung beachtet werden,
- ergänzt den vom Züchter und vom Deckrüdenbesitzer ausgefüllten Wurfantrag um seinen Bericht und unterschreibt diesen unter Angabe seiner deutlich lesbaren Mitgliedsnummer.

In dem Bericht ist insbesondere auf Fehlfarben, Scheckzeichnungen, weiße Brustflecken, Zahnfehler und Kieferfehlstellungen sowie sonstige Auffälligkeiten der einzelnen Welpen oder des Wurfes einzugehen. Bei Rüden ist anzugeben, daß die Hoden im Hodensack liegen, fühlbar oder sichtbar. Auf festgestellte Verstöße gegen die Zuchtordnung oder Zweifel an der Rassereinheit der Welpen ist hinzuweisen.

**§ 13.1. Vordrucke**
Der Wurfantrag / Zuchtwartbericht wird in einem Original und vier Durchschlägen erstellt. Eine Durchschrift erhält der Züchter, eine Durchschrift verbleibt beim Zuchtwart. Das Original ist mit zwei Durchschlägen an die Zuchtbuchstelle zu senden, diese schickt einen Durchschlag an den Hauptzuchtwart und einen Durchschlag an den jeweiligen Landesgruppenzuchtwart.

### § 14. Kosten

Für jede Wurfbesichtigung und -abnahme erhält der Zuchtwart vom Züchter eine Aufwandsentschädigung nach der Gebührenordnung des PSK.

## IV. HD-Bestimmungen

### § 15. Allgemeines

Die Hüftgelenksdysplasie (HD) ist von den erblichen Erkrankungen die am längsten und besten erforschte und stellt ein schwerwiegendes Problem dar, dessen Bekämpfung zu den unverzichtbaren Aufgaben des PSK gehört.

### § 16. Untersuchung

**§ 16.1. Untersuchungspflicht**
Untersuchungspflicht sind Riesenschnauzer, Schnauzer und Deutsche Pinscher, wenn sie zur Zucht zugelassen werden sollen. Das Mindestalter für die Untersuchung (Röntgenaufnahme) beträgt 12 Monate.

**§ 16.2. Röntgentierarzt**
Die Röntgenaufnahme ist von dem in Anspruch genommen Tierarzt in Sedation durchzuführen; anzufertigen ist eine Aufnahme des Beckens in gestreckter Haltung.

**§ 16.3. Bewertungsbogen**
Der Tierarzt hat auf dem vom PSK herausgegebenen Bewertungsbogen zu bestätigen, daß er
- auf etwaige Urheberrechtsansprüche an den Röntgenaufnahmen zu Gunsten des PSK verzichtet
- die Identität des Hundes überprüft bzw. den Hund tätowiert hat
- für die Erstellung der Aufnahme den Hund ausreichend sediert hat
- keine weiteren Hilfsmittel Verwendung gefunden haben.

Der Röntgentierarzt schickt die Aufnahme und den Bewertungsbogen mit dem Original der Ahnentafel an den Gutachter des PSK. Auf dem Original der Ahnentafel bestätigt der Tierarzt die durchgeführte Röntgenuntersuchung.

**§ 16.4. Gutachter**
Zu Gutachtern dürfen nur approbierte Tierärzte bestellt werden, die das Qualifikationsverfahren des »Hohenheimer Modells« mit Erfolg durchlaufen und sich zu einer Fortbildung im Rahmen dieses Modells verpflichtet haben. Der Gutachter darf im PSK keine Funktion ausüben und nicht selbst Züchter der von ihm zu begutachtenden Rasse sein.

**§ 16.4.1. Bestellung des Gutachters**
Die Bestellung und Abberufung des Gutachters erfolgt in der Regel durch den VDH-Vorstand auf Vorschlag des

Rassehund-Zuchtvereins nach Anhörung des VDH-Zuchtausschusses. Die Abberufung muß erfolgen, wenn die vorstehenden Voraussetzungen nicht mehr erfüllt sind oder auf begründeten Antrag des Rassehund-Zuchtvereins.

**§ 16.5. Kosten der Auswertung**
Die Kosten der Auswertung trägt der Hundebesitzer, sie werden nach der Gebührenordnung des PSK festgesetzt.

**§ 16.6. Befund**
Nach der Zahlung der Gebühr erhält der Eigentümer des Hundes den Befund zugeschickt. Die Röntgenaufnahme verbleibt beim Gutachter bzw. beim PSK.

**§ 16.7. Einspruch**
Einspruch gegen den Befund ist zulässig. Er muß schriftlich beim jeweiligen HD-Beauftragten eingelegt werden. Die Frist ist gewahrt, wenn der Einspruch spätestens vier Wochen nach Veröffentlichung des Befundes im PuS dort eingeht. Der HD-Beauftragte erteilt schriftlich die Zustimmung zur Erstellung eines Obergutachtens.

**§ 16.8. Obergutachten**

**§ 16.8.1. Obergutachter**
Zum Obergutachter kann nur ein Angehöriger einer Uni-Klinik bestellt werden. Für dessen Bestellung ist der VDH-Vorstand zuständig.

**§ 16.8.2. Verfahren**
Nach Eingang der Einspruchsbestätigung sind innerhalb einer Frist von drei Monaten zwei weitere Röntgenaufnahmen bei einer der Uni-Kliniken in Berlin, Gießen, Hannover, München oder Stuttgart-Hohenheim anfertigen zu lassen. Diese Röntgenaufnahmen müssen das Becken des Hundes in gestreckter und gebeugter Haltung zeigen. Diese Aufnahmen werden von den Kliniken an den Obergutachter des PSK gesandt, der sich auch die bewerteten Aufnahmen des Gutachters zuschicken läßt. Die Bewertung des Obergutachters wird im PuS veröffentlicht. Das Ergebnis kann nicht angefochten werden.

# V. Schlußbestimmungen

## § 17.

Jedes Mitglied ist verpflichtet, sich über Inhalt und etwaige Änderungen der Zuchtordnung selbständig zu unterrichten.

Die Nichtigkeit von Teilen dieser Zuchtordnung zieht nicht die Nichtigkeit der gesamten Ordnung nach sich.

Der PSK-Vorstand wird ermächtigt, in dringenden Fällen die Zuchtordnung zu ändern und die Änderungen durch Veröffentlichung im PuS in Kraft zu setzen.

Beschlossen auf der erweiterten Vorstandssitzung am 25. Mai 1995 in Gera.

Die Zuchtordnung wird im PuS veröffentlicht und tritt mit dem 01. Januar 1996 in Kraft.

Der Vorstand des PSK
Arnold Dierkes, 1. Vorsitzender

# Körordnung des Pinscher-Schnauzer-Klubs 1895 e.V.

**(Stand 01/1992)**

## Inhaltsübersicht



## 1. Zweck der Körung

Durch die Körung soll der gesunde und wesensmäßig einwandfreie Zuchthund herausgestellt werden. Körung bedeutet mithin Zuchtauslese und besondere Empfehlung zur Zucht. Die Körung erfolgt auf Lebenszeit.

### 1.1 Körzucht

Welpen aus einer Körzucht erhalten entsprechend gekennzeichnete Ahnentafeln.
Voraussetzung: Die Eltern müssen angekört sein.

### 1.2 Leistungszucht

Welpen aus Leistungszucht erhalten entsprechend gekennzeichnete Ahnentafeln.
Voraussetzung: Die Eltern müssen mindestens die Schutzhundprüfung I bzw. die Internationale Prüfung Kl. I haben.

### 1.3 Kör- und Leistungszucht

Welpen aus Kör- und Leistungszucht erhalten entsprechend gekennzeichnete Ahnentafeln bei Vorliegen der Voraussetzungen nach Ziff. 1.1 und 1.2.

## 2. Voraussetzungen zur Körung

Der PSK unterscheidet zwei Körmöglichkeiten je nach Rasse:

a) Die **Körung über die Körprüfung**
   - Körprüfungen werden als besondere Veranstaltungen durchgeführt, auf denen Körmeister des PSK (KM) die Wesensstruktur der gemeldeten Hunde ermitteln.

- Das Zulassungsalter: 18 Monate.
- Die Körprüfung kann einmal, frühestens nach 6 Monaten, wiederholt werden.

b) Die **Körung über die Begleithundprüfung**
- Die Begleithundprüfung (BH) wird von Prüfungsrichtern aller vom VDH anerkannten Rassehundzuchtvereinen und Gebrauchshundsportverbänden abgenommen.
- Das Zulassungsalter: 12 Monate.

Für beide Körscheine ist die Ausdauerprüfung Voraussetzung.
- Die PSK-Ausdauerprüfung (AD) kann von Prüfungsrichtern oder von Körmeistern des PSK abgenommen werden.
- Das Zulassungsalter: 14 Monate bis 8 Jahre.

Wenn alle erforderlichen Nachweise vorliegen, kann beim Leistungsbuchamt (LBA) der Körschein beantragt werden.

**2.1 Körschein über die Körprüfung**

Körmeister des PSK vergeben auf eigens dafür anberaumten Veranstaltungen, sog. Körprüfungen, eine Wesensbeurteilung.
Dabei werden individuelle Eigenschaften geprüft, wie
- Reizschwelle, Temperament, Mut und Härte,
- Führigkeit und Verhalten im Straßenverkehr, Verhalten des Hundes unter erschwerten Verkehrsverhältnissen.

Es können nur Riesenschnauzer, Schnauzer und Deutsche Pinscher von PSK-Mitgliedern gemeldet werden.
Die Anmeldung soll 8 Tage vorher schriftlich beim Prüfungsleiter vorliegen.
Der Körmeister stellt eine Bescheinigung auf Vordruck aus.
Folgende Nachweise müssen zur Ausfertigung des Körscheins an das LBA gesandt werden:

**2.1.1** bestandene Ausdauerprüfung (AD),

**2.1.2** Bescheinigung vom Körmeister,

**2.1.3** HD-Untersuchungsergebis -0- oder -1-,

**2.1.4** Zwei Ausstellungsbewertungen im zuchtfähigen Alter von 2 verschiedenen, vom PSK anerkannten Zuchtrichtern mit Bewertung »SG« oder »V«,

**2.1.5** Ahnentafel des Hundes.

**2.2 Körschein über die Begleithundprüfung**

Für geprüfte Begleithunde der Rassen Schnauzer, Deutsche Pinscher, Zwergschnauzer, Zwergpinscher und Affenpinscher kann mit folgenden Nachweisen der Körschein beim LBA beantragt werden:

**2.2.1** bestandene Ausdauerprüfung,

**2.2.2** bestandene Begleithundprüfung (BH)

**2.2.3** Zwei Ausstellungsbewertungen im zuchtfähigen Alter von 2 verschiedenen, vom PSK anerkannten Zuchtrichtern mit Bewertung »SG« oder »V«,

**2.2.4** HD-Untersuchungsergebnis -0- oder -1- bei Schnauzern und bei Deutschen Pinschern (die HD-Auswertung von Zwergschnauzern, Zwergpinschern oder Affenpinschern ist erwünscht, aber nicht Voraussetzung),

**2.2.5** Ahnentafel des Hundes.

## 3. Ausrichtung der Körprüfung

**3.1** Verantwortlich für die Ausrichtung der Körprüfungen sind die Landesgruppen. Diese Veranstaltungen gehören zum Aufgabenbereich der LG-Sportbeauftragten. Die Landesgruppen können die Durchführungen an Ortsgruppen delegieren.

**3.2** Die Anzahl der Körprüfungen innerhalb einer LG richtet sich nach dem Mitgliederstand. Für je angefangene 500 Mitglieder kann eine Körprüfung durchgeführt werden.
Termine und Orte dieser Veranstaltungen sind möglichst auf der Jahreshauptversammlung der LG festzulegen.

**3.3** Terminschutz ist sehr frühzeitig zu beantragen (8 Wochen vorher).

**3.4** Die Teilnehmer an der Körprüfung müssen der LG angehören, in deren Bereich die Veranstaltung durchgeführt wird.
Die Anmeldungen zur Körprüfung müssen folgende Angaben des gemeldeten Hundes erhalten:
- Rasse/Farbe, Name, ZB-Nr., Wurftag,
- Eltern des Hundes,
- Ausbildungskennzeichen (AK), falls vorhanden,
- Wiederholung der Körprüfung - ja/nein,
- Haftpflichtversicherung für den Hund,
- Anerkennung der Ordnungen des PSK.

**3.5** Die Prüfungsleitung hat für jeden Hund einen Vordruck (vom LBA) vorzubereiten, der dem KM zur Verfügung zu stellen ist; davon
- 1 Exemplar für Hundebesitzer,
- Durchschrift an Leistungsbuchamt des PSK (LBA),
- Durchschrift zum Verbleib beim KM.

## 4. Durchführung der Körprüfung

Hunde, die während der Körprüfung deutliche Wesensmängel erkennen lassen, sind vom Körmeister sofort zurückzustellen.
Der KM muß sich vor dem Weg in den öffentlichen Verkehrsraum aus Sicherheitserwägungen einen Eindruck über den Kontakt zwischen Hund und Hundeführer verschaffen können. Hierzu kann er auf dem Übungsplatz ein angemessenes Kurzprogramm verlangen (z. B. Abrufen).
Jeder Teilnehmer hat sich nach den Anweisungen des Körmeisters und der Prüfungsleitung zu richten.
Die Entscheidung des amtierenden Körmeisters ist endgültig.

### 4.1 Wesensprobe-Umweltsicherheit

Die Überprüfung erfolgt im öffentlichen Verkehrsraum gemäß Teil -B- der AZG/PO für Begleithunde (BH).
Der zu überprüfende Hund soll sich dabei stets neutral gegenüber anderen Menschen und Hunden, unbefangen und keineswegs ängstlich zeigen; er muß sich vom KM anfassen lassen.
Dieser Teil der Körung muß unbedingt unter realistischen Bedingungen durchgeführt werden. Es genügt nicht, wenn die Überprüfung der Verkehrssicherheit in unmittelbarer Übungsplatznähe durchgeführt wird.
Der KM muß auf sorgfältig ausgesuchter, geeigneter Umgebung bestehen.

**4.1.1** Die sich im öffentlichen Verkehrsraum ergebenden realen Situationen sind in den Ablauf mit einzubeziehen.

**4.1.2** Gehen auf Gehweg, KM folgt
- HF wird von Passant geschnitten
- Radfahrer klingelt
- HF zum KM, Begrüßung mit Handschlag und Unterhaltung

**4.1.3 Im Passantenverkehr**

- 2 x halten ( 1 x »Sitz«, 1 x »Platz«)
- Geräusche durch Bahn o. ä.

**4.1.4 Anbinden**

- HF 2 Minuten außer Sicht
- Hund soll sich ruhig verhalten (kein Zerren, Bellen)
- anderer Hund wird vorbeigehen (5 Schritte Abstand)

**4.1.5 Ableinen in Nebenstraße**

- Mindeststrecke 50 Meter
- HF genau einweisen (Hund muß i. d. Hand d. HF bleiben)
- Heranrufen auf Anweisung (2 - 3 HZ erlaubt).

**4.2 Schußschallgleichgültigkeit**

Auf die Schallunempfindlichkeit ist großer Wert zu legen.
Alle Hunde, welche die Wesensprobe - Verkehrssicherheit bestanden haben, werden an der Führleine von den Hundeführern auf den Übungsplatz oder ein vorher bestimmtes Gelände geführt.

4.2.1 Die teilnehmenden Hundeführer werden mit ihren angeleinten Hunden in Gruppen aufgestellt. Die Hunde werden dann an loser Leine in einem großen Kreis geführt. Mit einer Schreckschußpistole (6 mm oder 9 mm) werden auf Weisung des Körmeisters mehrere Schüsse im zeitlichen Abstand von etwa 10 Sekunden abgegeben. Die Entfernung zwischen dem »Schützen« und den Hunden soll 15 bis 20 Meter betragen.

4.2.2 Zeigt ein Hund Fluchtverhalten, ist er sofort von der weiteren Prüfung auszuschließen. Angriffsverhalten ist fehlerhaft und kann nur akzeptiert werden, wenn der Hund sofort wieder von HF unter Kontrolle gebracht wird. Gewünscht ist der neutrale Hund!

**4.3 Die Veranlagungsüberprüfung**

Nicht der Ausbildungsstand wird geprüft, sondern Mut, Härte/Belastbarkeit, Selbstsicherheit und Unbefangenheit des Hundes.
Jeder Hund ist individuell zu überprüfen.

**4.3.1 Helfer mit Schutzkleidung**

Dem KM wird ein mit vorschriftsmäßiger Schutzkleidung und einem lederumwickelten Schlagstock ausgestatteter Helfer unterstellt.
Hier kommt nur ein erfahrener Sportfreund infrage, der sich vor Beginn der körmäßigen Helferarbeit an einem Probehund zur individuellen Vorgehensweise am Hund genau mit dem KM abstimmt.

**4.3.2 Überfall**

KM und sein Helfer befinden sich auf dem Prüfungsgelände.
Der Hundeführer geht mit angeleintem Hund in Richtung des etwa 50 Schritt entfernten Versteckes des Helfers.
Auf Anweisung des KM führt der Helfer einen Angriff auf den Hund aus. Der HF hat die Leine fallenzulassen.
Der Hund muß den Schutzarm fassen und halten.
Während der Hund beißt und gut festhält, werden zwei deutliche Schläge auf dem Rumpf des Hundes angebracht.
Auf Anweisung des KM bleibt der Hund still stehen, und der Hundeführer nimmt seinen Hund zurück.

**4.3.3 Verfolgen/Einholen**

Der Helfer legt den Stock ab und entfernt sich auf Zeichen in die vom KM angewiesene Richtung, während der Hund am Halsband festgehalten wird. Wenn der Helfer sich 50 Schritte entfernt hat, dreht er sich um und macht heftige Drohbewegungen in Richtung Hundeführer und Hund.

Auf Anweisung des KM läßt der Hundeführer die Leine los und schickt den Hund zum Helfer. Wenn der Hund etwa bis auf 20 Schritte herangekommen ist, soll der Helfer mit dem Schutzarm abwehrend auf den Hund zulaufen.
Der Hund soll sofort fest fassen. Tut er dies nicht, muß der Helfer selbständig einen kurzen Fluchtversuch machen. Hierbei hat der Hund unbedingt zuzufassen.

### 4.4 Die Bewertung

Da der Körmeister jeden Hund individuell beurteilt, kann er einzelne Prüfungsteile wiederholen lassen bzw. den Ort der Überprüfung wechseln, um die tatsächliche Veranlagung eines Hundes zu erkunden.

#### 4.4.1 Schußschallgleichgültigkeit ist zu unterscheiden in:

a) absolut ruhig, frei und unbeeinflußt
b) nur anfangs leicht beeinflußt, nach kurzem Schreck ist er knallgleichgültig
c) bellt oder/und drängt sich an den Hundeführer
d) bellt oder/und zerrt an der Leine, zeigt Fluchtverhalten
e) bellt oder/und wird aggressiv gegen andere Hunde oder Menschen und läßt sich nicht beruhigen.

Auswertung a) und b) = I.O., c) an anderer Örtlichkeit wiederholen, d) und e) = sollten zurückgestellt werden.

#### 4.4.2 Wesensprobe-Umweltsicherheit

Die vom KM im öffentlichen Verkehrsraum geprüfte
- Führigkeit im Straßenverkehr,
- Verhalten unter erschwerten Verkehrsverhältnissen,
- Verhalten des kurzfristig im Verkehr alleingelassenen Hundes,
- Verhalten gegenüber Tieren,
- Gehorsamsübung im Verkehr

sind wichtig für die moderne Rassehundzucht.
Der Körmeister des PSK bescheinigt den Gesamteindruck des sich im Verkehr bewegenden Hundes.

#### 4.4.3 Wertmeßziffer

WMZ 1: zurückhaltend, zögernd, wenig Selbstvertrauen zeigend, beißt nicht oder nur sehr spitz in den Schutzarm (zu niedrige Reizschwelle)
WMZ 2: angriffswütig, überhart, auslassen nur mit tätiger Einwirkung des Hundeführers (niedrige Reizschwelle)
WMZ 3: hartes und festes Zufassen, energisches Drängen zum Helfer, aufmerksam, voller Biß (gutartig, mittlere Reizschwelle)
WMZ 4: weniger hart, aber selbstsicher zufassend (hohe Reizschwelle)
WMZ 5: weicht aus beim Bedrängen, stellt - aber beißt nicht, nicht ausreichender Schutztrieb (zu hohe Reizschwelle)

#### 4.4.4 Reizschwelle

Die Beurteilung der Reizschwelle erfolgt während der gesamten Veranlagungsüberprüfung.
(Als Reizschwelle bezeichnet man den Grenzwert, der gerade noch genügt, um den Reiz über die Schwelle des Bewußtseins treten zu lassen)
Erwünscht ist die mittlere Reizschwelle bei unseren Hunden.

#### 4.4.5 Körfähig

- sind Hunde mit WMZ 2,3 und 4.
- Hunde mit ausgeprägter Lärmempfindlichkeit oder mit WMZ 1 oder 5 werden zurückgestellt.
- Ebenso sind Hunde, die nicht als gutartig bezeichnet werden können und die Wesensprobe-Umweltsicherheit nicht bestehen, zurückzustellen.

Beschlossen am 26.09.1991, Der Vorstand

„Russ Plavia 28.2.99